尽 善 尽 美　　弗 求 弗 迪

华为组织变革

中国企业转型升级的标本解析

王旭东
孙科柳
著

电子工业出版社·
Publishing House of Electronics Industry
北京·BEIJING

内 容 简 介

本书从变革的价值、组织进化、聚焦业务、组织优化、流程贯通、平台整合、管理创新、变革管理等方面深刻剖析了华为变革的动因、变革的方法论以及变革过程的有效管理，不但有理论，还有大量的案例分析。此外，本书从不同的视角再现了组织变革中华为人的思想变化，使得情节更加饱满，希望能帮助读者更好地了解华为组织变革的底层逻辑。

本书可作为企业中高层管理者、组织发展专家（OD）以及管理咨询顾问的参考用书，也可作为企业启动管理变革项目的培训教材。

图书在版编目（CIP）数据

华为组织变革：中国企业转型升级的标本解析 / 王旭东，孙科柳著. —北京：电子工业出版社，2022.4

ISBN 978-7-121-43185-2

Ⅰ . ①华… Ⅱ . ①王… ②孙… Ⅲ . ①通信企业－企业管理－研究－深圳 Ⅳ . ① F632.765.3

中国版本图书馆 CIP 数据核字（2022）第 047936 号

责任编辑：杨　雯

印　　刷：三河市鑫金马印装有限公司

装　　订：三河市鑫金马印装有限公司

出版发行：电子工业出版社

　　　　　北京市海淀区万寿路 173 信箱　邮编：100036

开　　本：720×1000　1/16　印张：17.25　字数：247 千字

版　　次：2022 年 4 月第 1 版

印　　次：2022 年 4 月第 1 次印刷

定　　价：68.00 元

凡所购买电子工业出版社图书有缺损问题，请向购买书店调换。若书店售缺，请与本社发行部联系，联系及邮购电话：（010）88254888，88258888。

质量投诉请发邮件至 zlts@phei.com.cn，盗版侵权举报请发邮件至 dbqq@phei.com.cn。

本书咨询联系方式：（010）57565890，meidipub@phei.com.cn。

在全球新冠肺炎疫情蔓延和美国持续加压的艰难局势下，2021年第一季度华为实现营收1500.27亿元，净利润为168.5亿元，虽然营业收入略有下降，但是净利润却同比增长26%。在面对重重困难时，华为为什么能坚挺如一，保持稳定且持续的增长呢？关键之一就是华为是一个能够不断自我进化的企业，根据内外部环境的变化，持续推进管理变革，不断提升企业的核心竞争力。

我们回过头来看华为的发展历程，不难发现：华为的历史就是一部管理变革史，华为的成功也是管理变革的成功，甚至可以说，没有持续不断的管理变革，就没有今天的华为。

华为的变革为什么能持续成功呢？第一，变革是"一把手工程"，华为的CEO和高管团队深度参与，并领导变革，是管理变革的发起者、领导者与捍卫者。同时，华为拥有一个全职参与变革工作的团队，全身心投入到变革的队伍中。第二，意识到变革的艰巨性和复杂性，华为有自己的变革方法论——先僵化，后优化，再固化，以循序渐进的方式持续推进变革。第三，坚持在变革的过程中锻炼队伍，华为把变革的基因植入到公司各层管理干部和核心骨干员工身上，构建了不断自我变革的动态能力。第四，华为变革一直从世界的最佳实践中，引进最先进的管理体系。华为对标最佳管理实践，并不是一味照本宣科，而是学习它背后的底层逻辑。第五，华为在管理变革上持续性投入，从1998年到2020年，华为在管理变革方面的投资占销售收入的比例年平均超过1%，20多年如一日，使得管理改进的不确定性通过管理投入的确定性而得到了解决。

如今很多企业在学习华为的管理，可是在学习过程中，往往一知半解，未能深刻领会华为组织变革的底层逻辑，同时缺乏对自身情况的理性分析，从而导致在变革项目的推进中，要么在过程中从管理层到基层都心力交瘁，要么在变革结束后依然如嚼石蜡，结果不尽如人意。众多企业经营者和管理者不由得陷入了迷茫：该如何开展组织变革？变革应该从哪些方面入手？应该如何把控变革节奏？变革中的阻力如何有效化解？如何保证变革导向结果的成功？

为了帮助企业经营者和管理者摆脱迷茫，掌握组织变革的方法论，笔者和自己的团队策划、编写了本书。虽然每个人对华为的管理变革有着不同的理解，视角和感触也不尽相同，但作为华为众多变革项目的亲历者，我仍然希望通过我的解读能够让大家更加清楚地了解到华为组织变革成功背后的原因。本书从变革价值、组织进化、聚焦业务、组织优化、流程贯通、平台整合、管理创新、变革管理等方面深刻剖析了华为变革的动因、变革的方法论以及变革过程的有效管理，不但有理论，还有大量的案例分析。

衷心希望本书及其工具方法能够对读者朋友们有所启发，并能够提供切实有效的帮助。因为笔者水平有限，若您有有益的建议，恳请不吝赐教。

王旭东

第 1 章
变革是组织精进的基本路径

1.1 组织变革的内涵 2

1.1.1 组织与组织变革 2

1.1.2 组织变革的动因 5

1.1.3 组织变革的方向和意义 7

1.2 企业存在的价值基础 8

1.2.1 价值创造模式与企业形态 9

1.2.2 价值区与业务组合管理 10

1.2.3 选择企业的价值创造方式 12

1.3 华为管理的底层思想 14

1.3.1 三大管理常识 14

1.3.2 三大管理理论 16

1.3.3 活下去是企业的硬道理 18

1.4　在持续变革中生存与发展 19

1.4.1　适应行业与环境的持续变化　19

1.4.2　朝向熵减，激发组织活力　22

1.4.3　追求基于组织效率的价值最大化　24

1.5　组织变革对企业家的要求 24

1.5.1　驱动企业成长的四种能量　24

1.5.2　企业家的管理自觉　26

1.5.3　强大的意志力是变革必胜的基础　27

第 2 章

华为的组织进化史

2.1　企业成长与管理建设 32

2.1.1　成长阶段、战略行为与管理　32

2.1.2　战略决定结构，结构反作用于战略　35

2.1.3　华为组织与管理的演进　36

2.2　第一阶段：创业求生存 38

2.2.1　创业求生存阶段的关键举措　38

2.2.2　创业求生存阶段的坎坷和危机　40

2.2.3　从直线型到直线职能型　42

2.3　第二阶段：二次创业和走向国际化 43

2.3.1　二次创业，走向国际　43

2.3.2　二次创业阶段的危机　46

2.3.3　从直线职能型到矩阵式　48

**2.4　第三阶段：真正实现全球化，成为
世界级企业** 50

2.4.1　走向全球化，成为世界级企业　51

2.4.2　世界级企业的组织文化跃迁　53

2.4.3　组织结构从单核走向多核　55

2.5 第四阶段：追求"云、管、端"一体化 56

2.5.1 打通网络管道，形成"云、管、端"一体化 57

2.5.2 追逐未来：华为云计算 59

2.5.3 从矩阵式组织走向流程化组织 61

第 3 章

业务牵引组织变革

3.1 以市场为驱动，以客户为中心 64

3.1.1 坚持以客户需求为驱动，实现业务增值 64

3.1.2 加强交付与服务能力，赢得客户认可 65

3.1.3 组织发展要与业务发展匹配 67

3.2 组织变革要促进业务发展 68

3.2.1 组织变革要支撑长远业务发展 68

3.2.2 组织与业务变革遵循的原则：七反对原则 70

3.2.3 组织变革三部曲 71

3.3 聚焦主航道，控制多元化 74

3.3.1 坚持聚焦主航道不动摇 74

3.3.2 聚焦主航道的原则：压强原则 76

3.3.3 坚持聚焦，抑制多元化扩张冲动 78

3.4 梳理组织权责，推进矩阵化管理 80

3.4.1 明确组织职责 81

3.4.2 推进矩阵式管理，保持高效作战能力 82

3.4.3 华为矩阵式组织运作的特点 84

3.5 基于业务变化，调整组织结构 85

3.5.1 组织结构支持关键活动的实施 85

3.5.2 重新设计组织结构以完成关键任务 87

3.5.3 让组织结构与业务战略一致 89

第 4 章
构建灵活作战组织

4.1 组织诊断与分析 92

4.1.1 组织诊断模型 92

4.1.2 组织诊断的实施 95

4.1.3 组织诊断分析及意义 97

4.2 组织结构设计 99

4.2.1 组织结构设计的原则 100

4.2.2 华为组织结构的构建 101

4.2.3 部门职责分析与设计 103

4.3 统分治理，协同作战 106

4.3.1 统分治理：业务要发展、集团不分家 106

4.3.2 分层分权，让代表处拥有自主决策权 108

4.3.3 建立信息沟通渠道，实现协同作战 109

4.4 从职能组织到项目团队 111

4.4.1 以项目为中心，激发一线活力 111

4.4.2 打造面向客户的"铁三角"作战单元 113

4.4.3 明确权责，促进"铁三角"落地 115

4.5 权力下沉，让一线呼唤炮火 117

4.5.1 让听得见炮声的人呼唤炮火 118

4.5.2 大胆授权，打赢"班长的战争" 119

4.5.3 依据授权原则，避免胡乱授权 121

第 5 章

流程贯通的运作体系

5.1 承载业务需求,建设流程化组织 124

5.1.1 流程要承载业务,为业务服务 124

5.1.2 聚焦关键问题,向流程化组织进化 125

5.1.3 强化流程责任制,淡化功能组织的权威 126

5.2 流程优化要为一线服务 129

5.2.1 流程优化要对准客户"痛点" 129

5.2.2 流程优化要以提高一线战斗力为宗旨 131

5.2.3 持续优化流程,提高流程效率 132

5.3 打造覆盖全业务的流程体系 134

5.3.1 华为的业务流程变革历程 134

5.3.2 端到端贯通,建设覆盖全业务的流程体系 137

5.3.3 驱动商业成功的三大流程:IPD、LTC 和 ITR 140

5.4 华为 IPD 变革和 PDT 团队 142

5.4.1 IPD 变革 142

5.4.2 IPD 业务管理体系框架 144

5.4.3 构建 PDT 团队协同开发,共同为产品成功负责 146

5.5 华为供应链管理变革 148

5.5.1 识别变革前的问题 148

5.5.2 拜师 IBM,推进供应链变革 149

5.5.3 华为供应链变革的意义 152

5.6 华为财经管理变革 154

5.6.1 财经管理变革:四个统一 155

5.6.2 集成财经服务 IFS 变革的背景 156

5.6.3 全面推进集成财经管理变革 158

第 6 章

资源与平台的整合

6.1 **构建管理体系，从必然王国走向自由王国** 162

6.1.1 引入外脑，构建国际化管理体系 162

6.1.2 结合自身实践，灵活学习 164

6.1.3 实现从必然王国走向自由王国 165

6.2 **加大平台投入，持续提升竞争力** 167

6.2.1 平台管理缔造华为的成功 168

6.2.2 聚集优质资源，构建资源平台 169

6.2.3 打造合规的内控环境，提升企业运作效率 171

6.3 **坚持全球化研发策略，构建创新平台** 173

6.3.1 坚持全球化的研发策略 173

6.3.2 持续加大研发投资力度，形成核心技术优势 176

6.3.3 加强知识产权能力建设，强化核心竞争力 177

6.4 **开放创新共享，实现全球能力布局** 179

6.4.1 开放要与潮流同步，实现可持续发展 179

6.4.2 成立联合创新中心，提升竞争力 181

6.4.3 集成与被集成，共建行业生态繁荣 183

6.5 **构建全球化信息平台，支撑业务高效运作** 184

6.5.1 华为信息化的演进 184

6.5.2 构建全球化信息系统，实现便捷办公 186

6.5.3 建设全球联合作战系统，支撑业务发展 187

第 7 章

管理创新与制度化

7.1 华为的管理创新与进步 190

7.1.1 华为文化推动管理的改良与提高 190

7.1.2 重视管理创新，让管理成为真正的核心竞争力 192

7.1.3 坚持管理创新，提升管理效率 193

7.2 优化价值创造管理循环，导向共同奋斗 194

7.2.1 聚集业务发展，全力创造价值 194

7.2.2 简化绩效考核，健全价值评价体系 197

7.2.3 优化价值分配，导向持续奋斗 199

7.3 多元化激励，激发组织活力 200

7.3.1 价值分配上打破平衡 200

7.3.2 员工持股，共享利益 202

7.3.3 强化精神激励 204

7.4 让人力资源管理融入业务 206

7.4.1 人力资源管理要导向业务，导向冲锋 206

7.4.2 人力资源要在"炮火"中转身 209

7.4.3 面向业务战略构建人力资源组织 210

7.5 HR 三支柱建设与 HRBP 能力转型 212

7.5.1 构建客户导向的 HR 三支柱 212

7.5.2 推行 HRBP 模式的挑战 214

7.5.3 HRBP 的职责和使命 216

第 8 章
华为组织变革管理

8.1　组织变革的文化引领 222

8.1.1　组织变革与思想共识　222

8.1.2　关注与人相关的八个关键要素　223

8.2　组织变革的试点导入 226

8.2.1　树立正确的变革观念　227

8.2.2　明确变革步骤，科学推进变革　228

8.2.3　试点先行，由点到面推进变革项目　230

8.3　变革项目的计划管理 232

8.3.1　基于现状和准备度，进行项目规划　232

8.3.2　项目方案适配与融合　235

8.3.3　总体推行计划与实施计划　237

8.4　变革项目的组织保障 240

8.4.1　组织变革机构设计　241

8.4.2　项目推行组织的设置　242

8.4.3　变革各阶段的宣传方案与培训　245

8.5　变革项目过程管控 248

8.5.1　关注组织变革的失败因子　249

8.5.2　变革项目过程监控与问题管理　250

8.5.3　建立项目组沟通机制　254

8.6　变革项目激励与持续改进 255

8.6.1　变革效果的评估与绩效激励　255

8.6.2　变革的持续推进与优化　257

参考文献 259

第 **1** 章
变革是组织精进的基本路径

统计数据显示，50 年前进入《财富》世界 500 强的企业到今天只剩下不到 60 家。为什么如此多的企业在短短的 50 年时间里就走向了衰落？关键原因之一是对过往成功路径的过度依赖。华为始终秉承着"活下去，是华为的最高纲领，也是最低纲领"的理念，不断"折腾"自身，持续开展变革，从世界最佳实践中引入并学习先进管理机制，以确保组织始终具有强大的活力。

1.1　组织变革的内涵

在过去的 30 多年中，华为之所以能够持续获得成功，主要在于企业能够持续进行组织变革，突破组织桎梏，不断向前发展。

1.1.1　组织与组织变革

在现代社会生活中，组织是人们按照一定的目的、任务和形式编制起来的社会集团。而从管理学上来说，所谓组织是指这样一个社会实体：它具有明确的目标导向、精心设计的结构和有意识协调的活动系统，同时又与外部环境保持密切的联系。

当今世界，唯一不变的或许就只有变化本身。一个组织想要生存、发展与壮大，就要随着内外部环境的变化适时调整它的目标和结构。如果组织只在一个航道上发展，就容易形成惯性，一旦面临环境变化，就很可能遭遇失败。因此组织需要不断革新调整，从外界吸取能量，以保持组织的持续健康与存活。

当企业的战略发生调整及所处的发展阶段出现变化时，企业需要有不同的业务结构、组织方式、流程、IT 等管理工具来与之相匹配。而这个匹配的过程就叫做变革。

物理学家薛定谔在其著作《生命是什么》中说过："一个生命有机体在不断地产生熵——或者可以说是在增加正熵——并逐渐趋近于熵的最大状态，即死亡。要摆脱死亡，要活着，唯一的办法就是从环境里不断地汲取负熵……有机体就是靠负熵为生的。"类似地，企业通过变革，持续构建并升级管理体系，就能不断从外界吸取能量，实现健康且可持续的发展。

华为之所以能实现持续性增长，关键在于它的变革管理已经体系化了。自 1998 年以来，华为开展了一系列流程、组织以及 IT 等方面的重要管理变革，如图 1-1 所示。

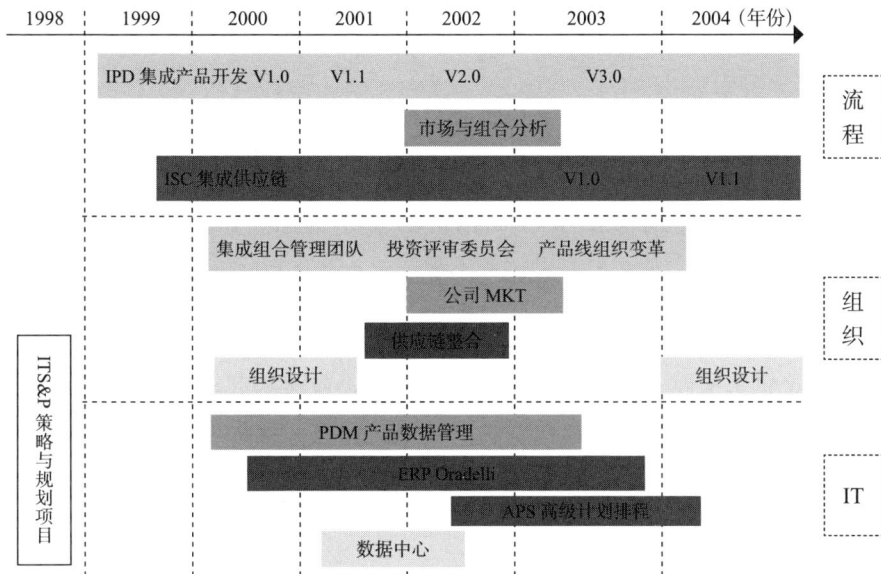

图 1-1　华为在流程、组织以及 IT 等方面的管理变革

在 2009 年，当听到"印度客户把手机价格砍到了 50 美元，拉美客户把手机价格砍到了 75 美元"的消息时，任正非心里有些难受。华为手机如果继续这样下去，卖得越多，就会亏得越多。如果赚不了钱，终端还有什么继续做下去的理由呢？运营商是华为的客户，华为要以客户为中心，但如果客户要华为亏本，华为是不会干的。此时，有些人建议：干脆别做终端了，又累又苦，还不挣钱！

就在华为快要放弃终端时，苹果手机跳入了华为的眼中。

2007 年，iPhone 第一代智能手机问世，销量为 136 万部；到了 2008 年，iPhone 的销量达到了 1163 万部；2009 年，iPhone 的销量更是超过了 2000 万部。巨大的智能手机市场让华为看到了机会，坚定了华为继续做终端的决心。于是，华为决定加速终端业务的重造工程。

首先是调整华为终端的组织结构：把华为旗下所有面向消费者的业

务，如手机、其他终端设备及芯片业务等整合在一起，组成华为消费者BG业务，并将它从组织和战略层面提升到与运营商BG和企业BG同等的位置。消费者BG向下继续划分为终端公司、终端云业务部、消费者芯片三部分。

在调整组织结构后，为了让新的组织适应终端战略的变化，克服旧组织的惯性，终端需要有一个强大的领导团队。华为便将战略与营销体系总裁余承东调任华为消费者BG的CEO。在接手华为消费者BG后，余承东明确提出，华为要在3年内成为全球顶级的移动终端品牌。

华为终端开始缩减产品生产线，放弃了销量很大但并不赚钱的低端功能手机，把主要精力放在了少数几款机型上，向高端智能终端发展。在砍掉低端功能手机后，华为终端把近百个手机产品队伍进行了整合，构筑了软件和硬件开发平台，充分发挥大平台的研发价值。同时，还提前布局终端芯片领域，构建核心竞争力。

经过一年多的研发，华为终端的第一款手机P1于2012年上市，虽然上市之初收获了不少好评，但是全年销售量才50多万部，而同期小米手机的销量超过千万部。后来在回忆P1的操盘过程时，余承东认为，华为终端当时就是缺乏面向最终消费者的意识，不了解客户的需求。为了带领大家彻底转变为以消费者为中心，余承东带领终端领导团队去零售店站台，与消费者进行零距离接触，了解消费者的需求和痛点。2014年，华为Mate7发布，上市后供不应求，华为终端开始实现真正的腾飞。

随着终端市场竞争日趋激烈，从2015年起，华为终端开始重兵开拓海外市场，构建属于自己的海外销售体系。2016年，为了让华为终端在今后三年内在高端市场立住脚，华为做出决策：用一到两年的时间实现消费者业务在华为大平台下相对独立的公司中运作，让华为终端拥有更多、更大的决策权限。截至2018年年底，华为终端业务收入增长了66倍，首超500亿美元，且正式超过运营商业务，成为华为两大战略主线之一。

虽然华为终端在短短几年的时间内迅速超过小米、OPPO、vivo等厂商，成为中国智能手机市场的霸主，但是余承东认为，华为终端丝毫不能懈怠。随着全场景智慧化体验时代的来临，华为终端更应该把握好未来的前进方向，以强大的执行力加快构筑强大的核心能力，不断挑战与进取，去赢得更加美好的未来！

2020 年，美国继续加压打击华为。为了应对美国的制裁，华为基于原先的终端"1+8+N"策略对消费者业务进行了如下调整：优化产业组合，增强产业韧性，如成立 Cloud&AI BG，大力发展华为云业务；以用户为中心，打造全场景无缝的智慧体验，如华为消费者 BG 正式成立了一个新部门——全球生态发展部，主管华为移动服务生态（HMS）建设，以摆脱对谷歌移动服务（Google Mobile Services,GMS）系统的依赖。通过这些调整，华为在未来会着力打造平板、PC、穿戴、智慧屏、AI 音箱、耳机、VR、车机等产品，以在一定程度上弥补因手机销量下滑所导致的营收损失。

华为终端通过对组织结构、规模及组织成员观念、态度等进行变革，实现了由弱到强的蜕变。今天的华为终端虽然已经很成功了，但是它并没有停留在原地，而是继续向前。过去 100 年来，世界上许多成功的公司都因不能适应变化而倒下，要适应外部变化，唯有自我进化。因此，组织必须保持开放和持续变革。

1.1.2　组织变革的动因

现代管理学之父彼得·德鲁克说过："我们无法左右变革，我们只能走在变革的前面，变革是无法避免的事情。"组织需要不断自我革新调整，这其中既有外部因素的影响，又有内部因素的作用。外部因素包括宏观经济环境变化、科技持续进步、企业对环境资源的依赖性以及市场竞争观念的转变等；内部因素包括企业本身成长的要求、企业的组织机构调整、改善组织管理水平及组织成员内在动机与需求的变化等。

20世纪80年代初期，美国经济正值衰退时期。当时利率高昂，美元坚挺，形势日益严峻，失业率达到了"大萧条"以来的最高点。虽然通用电气公司的利润一直保持得不错，但是公司出现了明显的官僚化倾向，公司员工数量高达40多万人，其中有经理头衔的就超过了2.5万人，高层经理超过了500人，副总裁甚至有130人之多，管理层级多达12层，导致信息传递速度慢，决策效率低。

1981年，为了摆脱困境，通用电气公司选择了杰克·韦尔奇来担任公司的第八任总裁。杰克·韦尔奇就任时，对于公司内部的官僚体制现象，做过生动的形容："当你穿着12件衣服出门的时候，你还能感觉到气温吗？官僚体制就是我们那12件衣服！"

上任后，杰克·韦尔奇便开始了大刀阔斧的改革：卖掉了大量没有发展潜力的部门和业务，缩减部门数量；改造通用电气的组织结构，大规模裁员，砍掉大量的中间管理层，最终公司的管理层级变为了4级，使得公司的决策效率得到显著提高。最终，通用电气成功走出困境。

可见，在美国经济衰退、公司日益官僚化等多方面因素的影响下，通用电气开启了组织变革的大幕。

现在是易变（Volatile）、不确定（Uncertain）、复杂（Complex）、模糊（Ambiguous）的VUCA时代，变革已经成为常态，没有一个企业能够在维持现状的情况下长久生存与发展。但是企业不能为了变革而变革，必须结合自身实际情况来决定是否变革以及何时变革。

今天的华为仍在进行的变革，是基于华为当前所处的全球恶劣环境和无法阻挡的智能化数字化发展潮流，并结合自身的管理实践而展开的。在企业组织变革的过程中，基于实际、立足于实际并且有利于实际改善的变革，才能取得关键性的成功和突破，为组织的优化和进步提供支撑与保障，最终作用于整个企业。

1.1.3　组织变革的方向和意义

知识经济的浪潮正在冲击着人类社会的各个方面，包括人们的思维模式、工作方式及生活方式。企业的组织结构同样也面临着知识经济的严峻挑战。随着社会的发展和时代的变迁，传统的组织结构已经不能适应当今时代变化迅捷的经营环境了，知识经济时代的组织变革已成为大势所趋。

组织变革的含义表明，变革是组织实现动态平衡的发展阶段。当组织原有的稳定和平衡不能适应新形势的要求时，就要通过变革来打破原有的稳定和平衡，但是打破它们本身并不是目的，目的是建立适应新形势的新的稳定和平衡。

现代企业组织都是开放的社会技术系统，组织想要维持和发展，必须不断调整和完善自身的结构与功能，提高在多变背景下生存、持续和发展的灵活性和适应能力。管理学大师彼得·德鲁克曾告诫企业，要每隔 6 ~ 12 个月就打开企业的天窗，看一看外面的世界。阿里巴巴以平均每年 2 ~ 3 次的速度调整组织结构，与之相伴的是阿里巴巴高管的轮岗。小米从 2016 年起，每年至少调整一次公司的组织结构。

组织变革主要目标有：优化组织功能，提升组织的人力资源管理效能，为组织目标的实现打下坚实基础；通过实现组织管理改进和提升，促进组织经营业绩的大幅度提高；使组织更富有竞争性，让组织的市场地位得以重塑和巩固。这三个目标会成为组织变革不同的工作方式和切入点，最后殊途同归。华为多年来一直强调变革的方向是"多打粮食"和"增强土地肥力"。

2000 年，在华为以年利润 29 亿元人民币位居全国电子信息百强企业首位之时，任正非发表了《华为的冬天》，文中指出："在管理改进中，一定要强调改进我们最短的那一块木板。各部门、各科室、各流程主要领导都要抓薄弱环节。要坚持均衡发展，不断地强化以流程型和时效型为主导的管理体系的建设，在符合公司整体核心竞争力提升的条件下，不断优化你的工作，提高贡献率。"

到了 2013 年，华为虽然超越爱立信成为全球第一的电信设备制造商，但是公司强调未来将持续推行管理变革，变革的目的是要多产粮食（销售收入、利润、优质交付、提升效率、账实相符……），以及增加土地肥力（战略贡献、客户满意度、有效管理风险），这样才可能持续保持竞争的优势。

近年来，随着公司规模不断增大，公司的高级干部却越来越集中在后方，前方面向客户的就剩下低职级人员。如果权力审批集中在上层，带来的后果是什么？是官僚主义的产生。于是在 2019 年，华为强调组织变革的主要目的是避免官僚主义产生，增强作战能力。

虽然变革的内容一直在变化，但是华为对于变革的方向始终有着一个明确的认知：增加收入、多产粮食。正如任正非强调的："我们是赶着牛车创业的，现在是高铁时代了，在未来 20 ~ 30 年内，传统社会一定会演进为信息社会，虽然其实现形式我们尚不明白，但趋势已经明显。我们要做的，就是在管理上永远贯彻以客户为中心，聚焦价值创造。"

1.2　企业存在的价值基础

对于企业和企业家来说，只有充分认识企业存在的价值规律，才能有针对性地做好战略管理和组织建设工作，从而让企业占领价值高地，实现长期的、稳定的增长。企业组织变革的思想基础也必须遵循这一价值规律。

1.2.1　价值创造模式与企业形态

当下是一个价值高度变化、商业不确定性高的时代。当企业发现一个地方有价值时，挖掘之后价值可能很快就没有了。例如，手机从功能机到智能机，相机从光学到数码，通信从语音传输到视频传输，再到现在的超宽带传输，都是剧烈的变化。如果企业不能在价值转移的过程中去变革它的管理体系、战略体系和产品创新体系，那么它就很有可能跟不上这些快速的变化，从而走向衰落。为此，企业在进行价值创造的同时不仅需要了解价值、获取价值，还要根据技术和客户需求的变化及时进行价值转移。

根据企业价值创造方式的不同，企业可以划分以下三种形态：

第一种是相对稳定的产品 / 服务企业。该类企业的商业确定性比较高，对管理的依赖相对比较低，如贵州茅台。它只是在白酒行业进行价值创造，不需要太多的价值转移，因此它的价值创造模式是从价值发现到价值创造。

第二种是具有投资特性的产品企业。该类企业处在一个商业确定性高度变动的行业中，既要能进行价值创造又需具备价值迁移的能力，如华为。华为是靠通信设备起家的，到了 2011 年在全球通信设备市场中的份额已经达到了 30%，很难再提升了。在这种情况下，企业需要向新的价值区迁移。于是，华为从运营商市场先后迁移到企业市场、消费者市场，现在又要进入智能汽车、云服务等市场。可见，该类企业的价值创造模式是从价值创造到价值迁移。

对于具备投资特性的产品企业来说，这里的投资不一定是指对外投资。投资有两种方式：对内投资和对外投资。对内投资是指企业自己投资做研发；对外投资是相对对内投资而言，企业的投资并购就是一种对外投资。华为在 2020 年的 1419 亿元研发费用基本上都投资了自己的产品，是对内投资而不是对外投资，但是都是一种投资行为。

第三种是纯粹的投资机构。纯粹的投资机构本身并不参与创造价值的过程，更多的是发现和获取。无论是 VC（风险投资）公司还是 PE（私募股权投资）机构，它们的模式都是价值发现和价值获取。例如，巴菲特创立的伯克希尔哈撒韦公司发现可口可乐的价值被低估了，就在 1987年买入了可口可乐的股票，后来可口可乐股票大涨，伯克希尔哈撒韦公司就获取了价值。因此，该类企业的价值创造模式是从价值发现到价值获取。

1.2.2　价值区与业务组合管理

高度变迁的商业环境下价值区是不断改变的，为此企业要能不断进入新的高价值区。要进入新的高价值区，企业就需要对行业的价值分布规律进行分析，因为不同的行业的价值分布是不一样的：有些行业的价值区在产业链条中间，有些在两端，而且还在不断地变化。

在电脑行业的价值链中，上游是软件、硬件、零部件及芯片，微软和英特尔就处在电脑行业价值链的上游，而且是价值最高的区域；中间是制造行业，例如，富士康等企业就处于在该区域，它们的利润微薄，利润率只有 2% ～ 3%；下游是整机，如联想、惠普等企业处在该区域，它们的利润率同样也只有 2% ～ 3%。这就是电脑行业的价值分布。如果企业能很早认识到行业的价值分布规律，那么它就能提早布局，以向高价值区迁移。

价值分布规律还与企业所处行业的市场特性有关，为此企业需要了解市场特性。简单来说，大致有三种市场，分别是：①天然垄断，如部分能源企业占据了资源，具备高度的垄断性；②天然分散，如餐饮、服装行业；③通过竞争，趋于集中，如华为。

企业之所以要不断进入高价值区，是因为当企业在某个领域专注成长到一定阶段时，就会遇到"天花板"。为了解决这个问题，企业需要提前进行业务组合管理：当成熟业务接近"天花板"时，企业要去发展成长业务，而且在成长业务尚未碰到"天花板"时还要去开拓探索业务。简而言之，就是吃着碗里的，看着锅里的，想着田里的。

对于探索业务而言，最重要的是产品成型、实验成功、获取客户；对于成长业务来说，最重要的是市场份额、收入增长；在成熟业务中，最重要的是现金流、运营效率、经营质量。企业如果能同时对这三种业务进行有效的管理，那么就能不断地向前发展。

华为的网络交换机、无线基站等都是成熟业务。因为到了 2011 年，华为已经成长为通信设备行业的前三名了。整个通信设备市场的规模只有1500 亿美元，华为的市场份额已经超过 20%。此后，通信设备行业的增速开始放缓，华为的成熟业务开始接近"天花版"。

为了能够健康地生存下去，企业必须要增长。于是，华为在 2011 年决定进入企业业务和消费者业务，企业业务和消费者业务就成了华为的成长业务。到今天，企业业务还在成长之中，而且还能增长三四年。那么三四年以后又该怎么办？为此华为又开拓了探索业务，如人工智能、汽车解决方案等。

在企业培育成长业务、开拓探索业务的过程中，必然会发生价值迁移，而企业价值迁移的方式主要有以下五种。

第一种是产品品类扩张，即根据企业核心能力扩张产品品类。例如，华为从运营商设备到企业网络、消费者终端，始终围绕其主航道——ICT领域来扩张产品品类。

第二种是链条游走，即从价值链的一个环节迁移到价值链的另一环节。例如，高通成立的时候，本来要做通信设备，但是它发现通信设备链条太长了，于是便聚焦在通信设备链条上的一个核心环节：芯片。如今，高通已经成长为全球最大的无线半导体供应商。简而言之，链条游走就是企业要在链条里找到合适的位置。

第三种是形态转换，即从销售设备到销售解决方案、从制造到服务。例如，IBM 从大型机到服务器，再到软件、到服务，从传统的服务到现在的云计算服务，都是在进行形态转换。

第四种是要素放大，即围绕价值链的某一要素构建商业价值。例如，麦当劳通过连锁店的扩张，占用了大量的房地产资源，最终其获利主要是来自租金，而不是来自汉堡。

第五种是动能迁移，即通过打破既有价值分布，创造新的市场空间。例如，微信本身不收费，但是腾讯通过它构建了庞大的网络业务、广告业务，相当于在盈利结构上进行迁移。

综上所述，企业在发展的过程中要不断去发现新的高价值区，同时还要做好业务组合管理，这样才能避免遇到成长的"天花板"，实现可持续发展。

1.2.3　选择企业的价值创造方式

价值创造的方式就是商业模式。所谓商业模式，就是企业赚钱的来源和方式。我们可以用一种比较简单的表述来解释企业的商业模式，即企业是加工什么资源，靠什么能力来创造什么价值。企业的商业模式大致可以分为五类：第一类是资源型，如中国石油天然气集团有限公司、巴西淡水河谷公司；第二类是供应链型，如小米、OPPO 及 vivo；第三类是品牌型，如 LV、可口可乐；第四类是技术型，如苹果、华为；第五类是平台型，企业通过搭建一个平台，让供需双方或者其他的玩家在平台上交易、创造价值，企业赚取平台费用，如阿里巴巴、腾讯。

对于不同商业模式的企业而言，它的竞争力来源是不一样的。

对于资源型企业而言，它的竞争力来源是规模效应和成本优势。钢铁行业是中国很传统的一个行业，中国也是全球最大的钢铁生产国，但是中国钢铁行业是生存环境很惨淡的一个行业，导致这种惨淡状况的主要原因是中国钢铁行业的上游资源铁矿石的产量小。最大的铁矿石生产国是澳大利亚和巴西，必和必拓、力拓、淡水河谷三家企业占了全球铁矿石产量的80%，而且它们之间建立了价格联盟。

供应链型企业的竞争力来源是效率、质量、成本、快速响应及轻量级研发；而品牌型企业的竞争力来源是符号、故事以及文化。为什么女士喜欢 LV？因为 LV 是一种符号性的东西。华为为什么不是品牌型企业呢？因为它的品牌依托于它的产品与技术，一旦产品和技术落后了，品牌就一文不值。

技术型企业是要靠持续投入形成技术优势来获利，如果没有长期的投入，企业就无法生存下去。平台型企业的竞争力来源则是网络效应与转换成本。互联网公司之所以容易形成一家独大，是因为它具备网络效应，如当今的微信是其他社交软件很难颠覆的。

由此可见，企业必须要认清自己的定位，这样才能增强自己的竞争力。很多企业的失败主要是因为没有清晰定位自己的商业模式。

中国智能手机行业是从 2011 年开始进入高速发展期的。从 2011 年到 2016 年，所有智能手机企业都在增长。为什么呢？因为在这段时间内，智能手机行业正处在行业红利阶段，竞争还没那么激烈，每家企业都能找到自己的位置。

然而，从 2017 年开始，智能手机行业的增速放缓，部分智能手机企业由于无法找准自己的定位，逐渐被淘汰，如金立、酷派、锤子等，而华为、小米、OPPO 及 vivo 等企业却活下来了。为什么呢？因为华为的定位比较清晰，是技术型公司，要靠技术创新来赢得客户；而小米、OPPO及vivo将自己定位为供应链型企业，它们在供应链上做了很大创新：小米是中国第一个做互联网直销的，而OPPO和vivo是营销渠道加制造，因为它们原本就是电子制造出身。

商业模式是不断变化的，就好比拓扑学的变化。现在最大的拓扑结构改变就是从传统企业到平台企业的变化。传统企业是管道模式，从物流、生产到交付是线型的，客户只在一端，供应商和客户不搭边。而在平台模式中，客户是双边的。

单边市场是从供应商到客户的线性价值创造，靠一元化的产品与服务直接盈利；而双边市场则是供应商和客户可转换的多维价值创造，靠多元化的产品或服务间接获利，这都是商业模式的一种变化。企业如果选对了商业模式，就要去了解它、利用它，而不要被商业模式所惑。

1.3　华为管理的底层思想

经过30多年砥砺耕耘，华为已经成长为中国民营企业的标杆，无数人都在探寻华为成功的秘诀，剖析华为的内在基因，学习华为经营的精髓。而华为成功的秘诀其实很简单：尊重常识、尊重科学。正如华为高级顾问田涛所说："华为的成功在于始终没有忘掉常识，并且长期遵循和坚守了商业组织的基础常识。"

1.3.1　三大管理常识

在管理上，关键是能不能把常识做到位、做到极致，只有做到位、做到极致，才有可能在激烈的市场竞争中胜出。华为的成功之道并不精妙，也不高深，就是坚守管理常识，践行管理常识。所谓常识就是那些被时间反复验证的一套规律，它广泛存在于我们生活的周围，构建了整个世界的运转体系。华为在构建管理体系的过程中，无非是把一些最朴素的管理常识做到了极致。华为在管理中所坚守的常识主要有以下几条。

第一是商业常识。商业常识就是"以客户为中心"。客户是企业唯一的商机，企业必须找到自己的客户在哪里，知道客户的需求是什么，企业创造的价值要有客户买单，才能发展下去。华为强调，为客户服务是公司存在的唯一理由，并将以客户为中心写入了企业的核心价值观。

第二是人性常识。人性常识就是"以奋斗者为本"。员工是企业价值创造的主体，也是企业价值创造的根本动力。无论他们是本科生还是博士生，都需要生存，都想过得更好，所以在管理他们时，要注意顺应人性，满足大家的欲望。

华为的人力资源管理政策就是建立在合理人性假设的基础之上，坚持以奋斗者为本，让奋斗者获得合理的回报。首先是尊重作为价值创造的主体的劳动，华为强调价值分配要优先分配给劳动者，让劳动所得与资本所得的比例大致保持在 3∶1；其次是绩效结果导向，华为对员工的评价不会看他的学历而是看他价值创造的结果；再次是员工持股，共享企业成功的利益；最后是在价值分配上要打破平衡，拉开优秀的员工和普通的员工的薪酬差距。

第三是组织常识。人是群居性动物，喜欢聚集在一起，而且协同起来的力量也最大。但是一群人如果没有规则地聚在一起，那就是乌合之众。用流程和制度把他们连接起来，就会变成一个组织。企业的制度、流程及对员工的激励越好，组织的内耗就越少，人们就能更好地团结在一起为客户创造价值。在华为，组织常识被称为群体奋斗。

华为自始至终就是围绕这三个常识做事。尽管常识通常是一些老掉牙的知识和显而易见的智慧，但是把常识做到极致就是伟大。柯林斯在《再造卓越》一书中，通过分析 11 家由辉煌走向衰落的企业，揭示了企业衰落的五个阶段：狂妄自大，盲目扩张，漠视危机，寻求救命稻草，被人遗忘或濒临死亡。其中，狂妄自大本质上就是蔑视常识。同时，这三大常识也构成了华为管理思想的基础。

探寻常识、敬畏常识、遵循常识、坚守常识、以商业常识来经营管理企业成了华为 30 多年来在管理上所坚守的最基本的底线，也是其能获得持续成功的关键所在。

1.3.2　三大管理理论

除了尊重常识，在华为的成功秘诀中还有尊重科学。华为尊重的科学主要包括以下三大科学理论。

第一是物理学。在华为，经常可以听到"压强原则""聚焦战略""针尖战略"等，其实这些都来自物理学中的概念。

针尖战略实际上来自物理学中的压力原理，也就是说，在力相同的情况下，受力面积越小，压力就越大。而华为将其应用于企业的经营管理中，其含义是集中优势资源实现重点突破。

对于华为的针尖战略，任正非曾做过一个形象的比喻："水和空气是世界上最柔软的东西。但火箭是由空气驱动的，燃料燃烧后，高速运动的气体产生巨大的推力，穿过一个叫作拉瓦尔喷嘴的小孔，可以把人类推到宇宙中。同样，只要在高压下将水从一个小洞中喷射出来，就可以用来切割钢板。"

第二是进化论。物竞天择、适者生存等理论都是来自进化论。作为一个有机体，如果企业的组织、流程、管理体系不能随着市场环境的不断变化而进行对应的调整，那么它很可能是短命的。为了构建先进的管理体系，华为从 1998 年开始拜师 IBM，在内部构建专门的变革组织，将变革常态化，不断更新企业的流程和组织，支撑企业实现可持续发展。

第三是系统论。华为用到了很多系统论的方法术语，如熵减、从混沌到清晰，以及"开放妥协灰度"文化等。系统只有开放才能够不断更新，一潭死水很快会腐败，而大海是永远不会腐败的，所以才有了任正非的"一杯咖啡吸出世界能量""组织要靠熵减"的观点。

1854 年，德国物理学家鲁道夫·克劳修斯首次提出了熵增定律的概念。他认为："在一个封闭的系统内，热量总是从高温物体流向低温物体，从有序走向无序，如果没有外界向这个系统输入能量的话，那么熵增的过程是不可逆的，最终会达到熵的最大状态，系统陷入混沌无序。"简而言之，熵增定律是指在一个孤立的系统里，如果没有外力做功，其总混乱度（熵）会不断增大。

因此，熵增定律被认为是有史以来最令人绝望的物理定律，英国化学家阿特金斯曾将它列为"推动宇宙的四大定律"之一。因为宇宙也是一个封闭的系统，而封闭系统总是会趋向于熵增，最终慢慢达到熵的最大值，出现物理学上的热寂，变得像沙漠一样。在任正非将熵理论用于企业经营管理中后，他曾多次发表过类似的观点。在 2015 年的一次花园谈话中，他说："封闭系统内部的热量一定是从高温流到低温，水一定是从高处流到低处，水流到低处不能再回流，那就意味着零降雨量，那么这个世界将全部成为超级沙漠，最后生命就会死亡。"

华为的管理体系之所以不易被人理解，是因为引入了物理学、系统论以及进化论中的理念。但实际上，大道至简。

1.3.3 活下去是企业的硬道理

对于一家企业来说，活下去并非容易的事，要始终健康地活下去更难，因为它每时每刻都面对着激烈的市场竞争、内部复杂的人际关系及变幻莫测的外部环境。企业必须在发展的过程中不断地改进和提高，这样才能活下去。

华为一直强调企业战略的首要任务是活下去并可持续发展。正如《华为基本法》的规定："公司的战略是不要片面地强调收入与利润的增长，而是要保持核心竞争力的同步提升，确保公司的可持续发展。"

自创立之日起，经过不断努力，华为在 2000 年实现了销售收入 220 亿元的成就，同时在国际电信市场也谋得了一席之地。此时，任正非却发表了一篇震惊许多企业的文章——《华为的冬天》，他在其中写道："公司所有员工是否考虑过，如果有一天，公司销售额下滑、利润下滑甚至破产，我们要怎么办？我们公司的太平时间太长了，在和平时期升的官太多了，这也许就是我们的灾难。泰坦尼克号也是在一片欢呼声中出的海。而且我相信，这一天一定会到来。面对这样的未来，我们怎样处理？我们是否思考过？我们有好多员工盲目自豪，盲目乐观，如果思考过的人太少，这个未来也许就快来临了。居安思危，不是危言耸听。十年来我天天思考的都是失败，对成功视而不见，也没有什么荣誉感、自豪感，而是危机感。也许正是这样，华为才存活了十年。我们大家要一起来想，怎样才能活下去，怎样才能存活得久一些。失败这一天是一定会到来的，大家要准备好迎接，这是我从不动摇的看法，这是历史规律。"

华为始终坚持着围绕"活下去"的目标铸造企业核心竞争力。坚持提升中高层职业管理者们为客户增创价值的服务使命感及责任心，坚定低成本、高增值为客户服务的正确方向，并且长期保持着艰苦奋斗和自我批判的拼搏精神，持续创业、创新，不断优化业务管理流程，快速反应市场竞争、快速响应客户需求。

商业的本质是赢利，而赢利的前提是企业必须活着。经营企业要赚钱，但是首先要做到的却是避免亏损。公司必须确定一个必须达到的最小利润率。如果企业的每一个最小利润率都实现了，赚钱就是自然而然的事情。用华为高级顾问吴春波教授的话来说："活下去既是最低战略，也是最高战略，企业只有先活着，才有希望，只有活下去，一切目标都才有达成的可能。"

事实上，坚持以"活下去"为标准评价企业成败的并不是只有华为，管理大师彼得·德鲁克早在 20 世纪 50 年代初期便曾说过，企业的首要责任是活着。当时，德鲁克的这种观点被认为是保守的，是与当时多数经济学家们的观点相对立的。后者普遍认为，企业存在的目的就是要谋求利润的最大化。然而，60 多年过去了，德鲁克先生"保守"的观点已经被世界上大多数企业认同，而那些把赢利的目标凌驾于企业生存全上的观点的企业，却已经消亡了数以百万计。

1.4　在持续变革中生存与发展

伟大企业的铸就，需要不断的管理演进。华为之所以不会被轻易打倒，关键原因之一是它拥有强大的生存与发展能力，而这是靠着华为基于行业与环境的持续变化，不断升级管理体系，提升管理水平实现的。

1.4.1　适应行业与环境的持续变化

没有没落的行业，只有没落的企业。企业如果想要不没落，就必须用创造性思维，主动去变革，以变求生。尤其是随着信息技术的突破，企业生存环境的变化速度更是呈几何级数上升，应变力已经成为企业生存的关键要素。华为能够活下来而且还活得很好，主要在于华为已经拥有了强大的应变力。

"管理体系的建立和提升决定了公司长期的存亡和发展。"这句话充分体现了管理体系的重要性。笔者所在团队通过梳理与总结多年的管理咨询案例，基于管理功能、执行体系、战略与执行的协同体系、业务和人的协同体系、变革习惯与主动进化及文化和核心基因的内化等维度，将企业的管理水平划分为直觉级、功能级、体系级、组合级及价值级五个等级。图1-2给出了不同管理水平下企业的管理特征、市场特征、典型企业、产业阶段及竞争能力。

	直觉级	功能级	体系级	组合级	价值级
管理特征	创始人做出好产品，进入好市场。但企业无管理流程，无发展战略	具备一定的管理知识，建立营销、人力等管理职能。但功能分割严重，缺乏核心战略的牵引	发展战略清晰，目标客户明确，形成一套围绕战略执行的管理体系	有意识优化产品组合，淘汰旧产品，沿核心能力进入新产品和新市场，找到新空间	战略变革、管理创新的价值观及生存逻辑已内化为公司的本能和文化，公司失败的风险极低
市场特征	抓住市场机会，获得一席之地。但追随者开始进入	存活几十家，面临激烈竞争	剩下3~5家，现金流好。但现有产品和市场已经到顶	1~2家独大，沿核心能力向新产品、新市场延伸。但变革失败的风险仍较大	形成不断变革创新的企业文化，成为跨越时代的大型企业
典型企业	早、中期创业型企业	达到规模以上的中型企业	大行业的龙头企业，如格力、美的	全球化、跨若干大行业的龙头企业，如华为	世界级百年老店，如IBM、可口可乐
产业阶段	单一产业培育期	单一产业发展期	单一产业成熟期	全球市场一体化，跨产业融合	产业衰落-兴起循环往复
竞争能力	满足需求	产品、营销、成本优势	品牌/技术领先战略执行组织体系	无形资产网络效应组合管理	价值观与文化理念

图 1-2　管理水平分级

企业可以参考表1-1对自身管理体系进行评估，以确定自身管理体系所处的等级，进而找到需要进一步改进的点，为企业下一步的管理改进指明方向。

表 1-1　企业管理水平的判定

维　度	直觉级	功能级	体系级	组合级	价值级
管理功能	◔	◔	●	●	●
执行体系	◑	◔	●	●	●
战略与执行的协同体系	○	◔	●	●	●
业务和人的协同体系	○	○	◔	●	●
变革习惯与主动进化	○	○	◔	◔	●
文化和核心基因的内化	○	○	◔	◑	◔

　　回顾华为的发展历程可以发现，在 1993 年之前，华为的管理水平可以说是直觉级，靠感觉来管理，但是公司的学习能力强，愿意学习。从 1993 年到 1998 年是功能级。在这个阶段，华为的绩效年年高速增长，但是企业的研发、供应链却跟不上业务发展。在这种背景下，华为于 1999 年启动了大规模的管理变革，从研发变革和供应链变革做起，然后逐渐扩展到其他领域。通过持续的变革，华为建成了现在的管理体系。华为的管理水平也从直觉级升级到功能级、再到体系级，一直到现在的组合级。

　　如今，华为的生存和发展的能力已经很强了，即使面对美国、英国等国家的联合打压，华为依旧顽强地生存下来了，这就是管理的力量。

　　企业的管理变革历程是循环不断的、没有终结的。只要企业活着，它的管理就需要基于行业与环境的持续变化不断地改进，这样企业才能够实现持续的健康增长。

1.4.2　朝向熵减，激发组织活力

据美国《财富》杂志报道，世界 500 强企业平均寿命为 40 ~ 42 年。在美国的企业中，大约有 62% 的寿命不超过五年，中小企业的平均寿命不到七年，只有约 2% 的企业能存活 50 年以上。在 1900 年美国排名前 25 名的公司，到 20 世纪 60 年代只剩下两家。在 1961 年财富 500 强排名前 25 名的公司，如今只剩六家。而中国企业的状况更加惨不忍睹，新创业的公司只有不到两年的平均寿命，一大半的企业活不过五年，存活十年以上的民营企业更是屈指可数。中国人民大学教授彭剑锋教授指出，这些企业大多是死于熵增。

既然企业熵增必将导致企业走向死亡，那么企业需要对熵增的具体表现有一定的了解，如表 1-2 所示。

表 1-2　企业熵增的表现

层　面	具体表现	后　果
企业层面	组织懈怠，流程僵化一刀切，技术创新乏力，业务固定守成	导致组织的活力和创造力不断下降
个人层面	贪婪懒惰，安逸享乐，缺乏使命感，没有责任感	导致员工压力过大，动力不足，创业激情衰减，不愿持续艰苦奋斗

在任正非看来，企业就是一个小宇宙，熵增定律是很难被打破的。因此他认为只要华为还存在，就必须得对抗熵增。为了对抗华为的熵增，实现熵减，关键是要让企业充满活力。也就是说，企业如果想要长期生存，就应当逆向做功。为此，华为表示要将公司发展为具有开放、不平衡、非线性特征的耗散结构。

耗散结构是比利时物理学家、诺贝尔奖得主普里戈金（Ilya Prigogine）在研究不违背热力学第二定律的情况下，阐明生命系统自身的进化过程时提出的新概念。他认为："耗散结构是指在开放和远离平衡的条件下，在与

外界环境交换物质和能量的过程中，通过能量耗散过程与系统非线性动力学机制，使能量达到一定程度后，熵流可能为负，系统总熵可以小于零，则系统通过熵减就能形成新的有序结构。"

在 2011 年华为市场大会上，任正非也提到了耗散结构，并对其进行了解释："什么是耗散结构？你每天去跑步锻炼身体，就是耗散结构。为什么呢？你身体的能量多了，把它耗散了，就变成了肌肉，变成了有力的血液循环。能量消耗掉，就不会有糖尿病，也不会肥胖，身体变苗条了，人变漂亮了，这就是最简单的耗散结构。那我们为什么需要耗散结构呢？

"大家说，我们非常忠诚于这家公司，其实就是公司给的钱太多了，不一定能持续。因此，我们把这种对企业的热爱耗散掉，用奋斗者和流程优化来巩固。奋斗者是先付出后得到，这与先得到再忠诚有一定的区别，这样就进步了一点。我们要通过把潜在的能量耗散掉，从而形成新的势能。吃了很多牛肉，不去跑步，就成了美国大胖子；吃了很多牛肉，去跑步，就成了刘翔。都是吃了牛肉，耗散和不耗散是有区别的。"

可见，耗散结构是企业熵增的解决方案。通过建立耗散结构，对内激发活力，对外开放，与外部交换物质和能量，把企业里面那些衰败为熵的东西全部排出系统，如腐败的制度、无产出的员工、旧的思想等。然后吸收新鲜血液、活性因子，如先进的理念、新的人才、先进思想等，不断提升企业发展势能，拓展业务发展的作战空间。

企业如果想要熵减，延长寿命，就要建立耗散结构，使企业逆向做功，从无序混乱重回有序发展。正如任正非所说："公司只有长期推行耗散结构，保持开放，才能与外部进行能量交换，吐故纳新，持续地保持组织的活力。"

1.4.3　追求基于组织效率的价值最大化

如何提升组织效率一直困扰着国内的大部分企业。怎样在做大做强的同时，建立起高效的运作体系？实践证明，只有在企业发展的过程中坚持不断地进行管理变革，企业才能打造出有核心能力的高效运作体系。

华为在 20 多年的管理变革历程中，始终强调企业变革的目的是优化管理，提升组织的管理效率。2001 年，任正非发表了《华为的冬天》一文，又再次强调了管理变革的目的是提升组织效率。

管理变革的目的往往是提高内部运营效率，"拧干毛巾最后一滴水"，向内部管理要效益。华为有近 20 万名员工，如果每一个人都能节省一分钟时间，节省一分钱，长年累月下来都是巨大的提升。围绕着这个目标，华为的管理变革是脚踏实地的，从细微处着手，针对当前内部管理的痛点逐个击破，而不是全面铺开。

1.5　组织变革对企业家的要求

企业如果想要实现持续性发展，那么企业家是至关重要的。因为优秀的企业家具备良好的管理自觉，在企业实现从 0 到 1 的发展之后，他们会不断引进并升级企业的管理体系，提升企业的管理效率，把企业的发展由企业家推动转变为组织能力驱动，从而支撑企业的长久发展。

1.5.1　驱动企业成长的四种能量

企业从小到大是需要四种能量来驱动的，它们分别是：企业家精神（Entrepreneurship）、管理流程（Management Process）、目标与激励（Cause）及文化（Culture）。而在企业成长的不同阶段，需要的管理能量是不一样的，如图 1-3 所示。

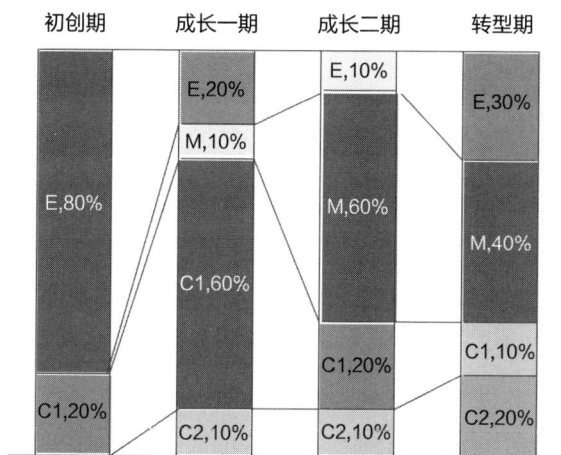

E：企业家精神；M：管理流程；C1：目标与激励；C2：文化

图 1-3　驱动企业成长的四种能量

从图 1-3 中可以看出，在企业初创期，企业家精神是最主要的，其次是目标与激励。什么是企业家精神？企业家精神是企业家特殊技能（包括精神和技巧，如独特的个人素质、价值取向、思维模式、经营理念等）的集合与抽象表达，是一种重要而特殊的无形生产要素，是对企业家理性和非理性逻辑结构的一种超越和升华。现代管理学之父彼得·德鲁克认为，企业家精神是企业家表现出来的战略前瞻性，以及市场敏感性和领导力。通过企业家的前瞻性领导力，企业进行创新、创造，并实现从 0 到 1 的发展。因此，在企业初创阶段，企业家精神是最重要的能量。

在企业创立后进入成长一期时，也就是行业有红利时，目标与激励成了最重要的能量，其次是企业家精神。因为在企业创立后，需要激励管理者与员工围绕同一个目标去奋斗，以让所有人有一个强有力的奋斗动机。而当企业家精神、目标与激励共同发挥作用时，企业文化也慢慢形成。所谓企业文化是一种软性的力量，能弥补管理流程的不足。

当企业进入成长二期时，行业红利结束，每个行业都在走向集中，企业间的竞争开始加剧。此时，企业只有具有比竞争对手更强大的管理能力，才能存活下去。因此，管理流程是这一阶段驱动企业实现持续增长的最主要能量。如在家电行业，几十年前可能有上百家公司，10 年前可能也有几十家公司，可是如今家电行业就只剩下三五家有竞争力的公司了。要想长久地生存下去，企业就要构建强大的管理能力。

在企业转型期，管理流程依旧是驱动企业发展的最主要能量。不过，此时企业家精神又再次兴起，因为企业要探索新的市场空间，以找到新的生存方式。

企业家精神、管理流程、目标与激励及文化四种能量在企业的发展过程中，自始至终都是存在的，只是这四种能量在企业不同阶段发挥的作用是不一样的。相信几乎所有企业大体上都符合该逻辑。

1.5.2　企业家的管理自觉

一家没有为人类做贡献的精神，不敢冒险，不愿意做利益分享，不能够开放学习的企业，是不可能走得太远的。也许靠机会，它能够成功，但是在各种条件下，它不一定能走得太远，所以企业家的格局决定了一家企业长期增长的潜力和发展的高度。也就是说，企业家除具备企业家精神以外，还要具备良好的管理自觉。所谓管理自觉是指企业家能不能及时意识到管理的重要性。管理的重要性主要体现在以下三个方面。

第一是组织比个人更有力量。企业本质上要靠组织、团队去奋斗，而不是靠企业家个人。笔者在多年的管理咨询中，发现很多企业不具备这样的认知，它们认为是个人的成就造就了企业，没有意识到集体、团队的力量，这样的企业注定是难以走得很远的。

任正非本人具有很好的管理自觉，他很早就认识到了管理的力量。华为早期的干部人员还被要求读过《十天速成管理学》。该书是 1993 年公司内部的一个中层管理者翻译的一本由日本人所著的书，不到 100 页，任正非还特意为这本书作了序。要知道在 1993 年，华为的营收刚刚突破 1 亿元，员工也只有几百人，还是一家典型的创业公司。

现在如果你去问那些创业公司的创始人在创业阶段对管理有多大的感觉，他们当中的绝大部分人会表示，在创业阶段，更关心的是如何在市场的激烈竞争中活下去，几乎都是靠着自己的感觉来管理公司。但是任正非为这本书作序的第一句话是这么写的："一个人的力量是有限的，只有千百万人的力量才是强大的。管理几十人、几百人已经很难了，你如果要管理几千人、几万人，那就会更加困难，这时候要靠什么？管理。"

第二是组织是有逻辑的。怎样组织好一个团队是有方法、有流程的，而不是简单地把人组织在一起。企业家需要对组织的逻辑有一定的认知。

第三是管理具有科学性、专业性。企业发展到一定的规模后，需要有专业化、科学化的管理，这样企业才能够形成强大的力量。只要有科学性就可以学习、实践，把它拿到公司来，再基于公司的实际情况来进行裁减、适配，形成自己的管理体系。华为正是认识到了管理具有科学性与专业性，于是从西方引入先进的管理体系，如产品研发、供应链、财经、人力资源等方面的工具方法。不过，在人力资源领域，华为在西方工具中融合了中国的思想，构建了独具华为特色的管理体系。

总的来看，只有具备良好的管理自觉，企业才会在实现 0 到 1 的发展之后，引入管理、发展管理以及完善管理，把企业的发展从企业家推动转变成组织推动、组织能力驱动，从机会驱动转换成体系渠道，带动企业实现从 1 到 n 的发展。简而言之，企业家具备良好的管理自觉，及时建立和升级不依赖于企业家个人的管理体系，是企业有序、持续发展的关键。

1.5.3　强大的意志力是变革必胜的基础

组织变革总归是"一把手工程"。对任何一个公司来说，变革的思想往往源自一到两位公司高层管理者。IBM 在 2014 年对 48 个国家的企业进行了一项名为"成功变革之路"的调研，期间总共做了 1390 次的访谈及在线调研。经过统计分析后发现，在企业成功变革的重要因素排名中，排名第一的是高层领导对变革的支持力度。

许多变革案例表明，组织变革是需要公司的核心领导亲自挂帅的，变革的主推者必须是企业的核心领导或实际掌权者，否则，变革到最后必然会走向失败。相对而言，华为的变革体现了一种核心领导层的勇气。用任正非的话来说："做一件正确的事不难，但是持续做一件正确的事非常不易，这就需要管理者拥有坚定的变革意志和决心。"

以华为 IPD 变革为例。IPD 变革项目刚启动的时候，一些华为的干部存在抵触心理。这些干部中有不少都是名校 MBA，做过多年的职业经理，有自己的管理理念，并且最重要的是，华为的业绩是他们亲自做出来的，因此他们怎么能容忍这些"外来和尚"对他们指手画脚？

任正非提出，IPD 变革由顾问全权负责，不服从指挥、耍小聪明的人将被开除出项目组或降职、降薪处理。其间，不积极配合的高级干部被免职的有十余人。在任正非看来，把顾问请进来却又不报以信任，还不如不请。为了最大限度地发挥顾问的价值，华为安排了最好的位置给顾问，车接车送。许多华为人都抱有疑虑：花那么多钱到底值不值？

IPD 项目实施到最关键的时刻时，IBM 近 300 位资深顾问入驻华为，这些顾问每一个都是能独当一面的好手，有不少在 IBM 做过研发项目的资深经理。这些顾问手把手、一对一地教华为项目经理如何实施 IPD 流程。

尽管在这期间发生了华为研发高层集体出走事件，但 IPD 项目因为顾问的大力投入，不但没有中断，反而以体系的力量扛起了运作的重任。任正非认为表示，花 5 亿多元请全球最顶尖的 200 多个专家工作还是值得的，如果给他们发工资，费用肯定比这个高。

正是在高层领导的大力支持下，华为的 IPD 变革取得了显著的成果：

2008 年，在 IPD 实施 10 年之后，华为销售收入增长了 20 倍，研发周期缩短近一半，研发成本降低了三成。

在华为的发展历程中，能够体现企业家的变革意志和决心对华为产生巨大影响的事件不胜枚举，尤其是不惜重金聘请全球顶尖咨询公司的专家来帮助华为推行管理变革，其中包括 IPD 变革、ISC 变革、财经管理变革、营销体系变革、组织结构变革、战略变革及人力资源变革等。如果企业最高层领导没有强大的变革意志力，那华为的管理变革不会推行得如此顺利，也不会建立起今天的国际化管理体系。

任正非曾说："危机的到来是不知不觉的，如果没有宽广的胸怀，就不可能正确对待变革。如果不能正确对待变革，而是抵制变革，公司就会死亡。"这句话是说给华为人听的，同样也是说给所有企业管理者听的。如果你没有勇气去面对变革，不敢主动去尝试变革，那么你的组织就会被时代所淘汰，这并不是危言耸听，而是历史发展的必然趋势。

第②章
华为的组织进化史

　　著名组织发展专家娜奥米·斯坦福说:"组织结构是受商业战略和运营环境驱动的。"对于华为来说,无论是早期的直线职能型组织结构,还是后来的强矩阵式组织结构,都是根据当时内外环境以及业务发展战略进行优化调整的,确保组织结构始终朝着正确的方向前进,最终助力企业实现可持续发展。

2.1　企业成长与管理建设

如果是一个行业领先者，就要思考两件事：第一，如何防范别人追赶；第二，如何持续保持领先。如果是一个跟随者，也要思考两件事：第一，如何找到领先者的软肋，去攻击他；第二，如何在市场上、在规模上尽量接近，进而超越对手。如果是一个模仿者、后进者，则要思考如何构建差异化，与领先者做得不一样，赢得生长的机会。这就是企业处于不同发展阶段的战略选择。华为的发展历程便是一个最好的见证。

2.1.1　成长阶段、战略行为与管理

管理学界认为，企业和人一样，是有生命周期的。我们借用生命周期理论（见图 2-1），来看看企业在不同的成长阶段管理的重点是什么，是如何实现螺旋向上发展的。

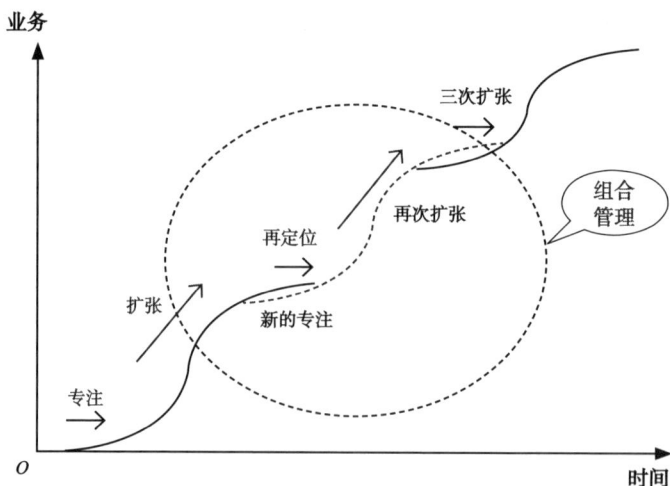

图 2-1　企业的生命周期

在企业初创阶段，专注和不断探索是成功的必然要求。企业在该阶段主要是为了寻找与探索生存的机会，还谈不上是正规组织，但是开始形成了组织的胚胎，孕育了基本治理、利益结构及文化基因。组织建设的主要任务是建立商业模式、构建核心创业团队以及制定基础的组织规则。

在创业成功之后，接下来会进入快速扩张阶段。通过快速扩张，企业内部会形成一股强势的上升势头，人员和业绩也会随之进入上升通道。此时，要靠企业心智模式、"资源—流程—利润目标"、"使命 / 愿景 / 价值观"，进行有效管理。

许多企业在创业期的管理能力、资源基础是比较薄弱的，能够超越创业期，摆脱生存风险，关键在于获得了好的市场机遇。不过在进入快速扩张阶段后，企业需要在巩固业务模式的同时，集聚关键资源以构建关键能力和管理机制。

企业很快就会成长到顶峰，成为行业领先者。在需要保持高利润的情况下，业务增长的空间已经很难挖掘，管理者预期的增长速度和实际的增长速度之间就会存在差距。要想实现再成长，企业需要进行战略重构。在该阶段，企业的战略主题是重新出发，主要战略行为是探寻新的市场机会，选择新的业务领域，对商业模式进行创新等。

当企业发展到该阶段后，高度的不确定性和残酷的市场竞争环境对组织提出了多方向的进化要求。因此，企业的组织结构会呈现"叠加"状态：既能激活个性，又能实现联合；既有组织边界，又无组织边界……

由此可见，企业的成长，就是"专注—扩张—再定位"的循环过程。华为的成长路径是与企业的生命周期相匹配的，如图 2-2 所示。

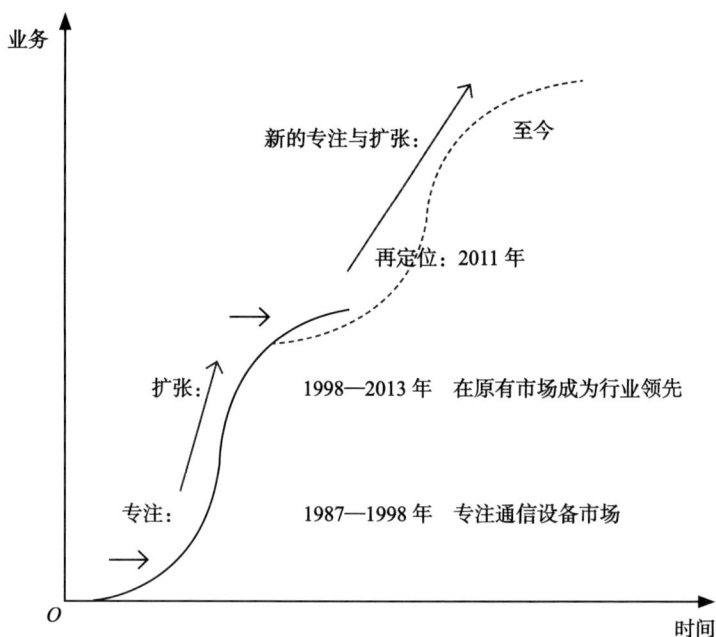

图 2-2　华为的成长路径

　　从 1987 年到 1993 年，华为的销售额从零做到了 1 亿元。在这个阶段，华为找准了自己的定位：专注通信设备市场，依靠技术领先来扩张市场。

　　从 1993 年到 2013 年是华为的扩张阶段。其中，从 1993 年到 2000 年前后是国内扩张阶段，华为在该阶段成长为国内最大的通信设备制造商；从 2000 年到 2013 年是全球扩张阶段，在该阶段，华为沿着选定的业务范围扩张，同时构建管理体系，以提升企业的管理效率。在 2011 年，华为实现营收 300 亿美元，占有通信设备市场的份额达到了 20%。

　　然而，通信设备市场空间是有限的，华为不可能一直保持持续增长。要想继续保持持续增长趋势，华为就需要寻找新的空间，这就是企业的再定位。华为选择了什么？通信设备行业上的两个市场：企业市场和消费者市场。找到新的空间之后，华为继续保持专注和进行新的扩张。

　　在华为的成长历程中有两个比较显著的特征：第一，战略和组织两个维度始终是在动态调适中齐头并进。华为解决了国内大部分民营企业未能解决的组织建设和能力提升问题。第二，变革是一种常态，始终存续于企业成长的过程之中。

企业的成长是一条漫长且没有终点的道路。一家企业不可能完全沿着别人的路标前行，但是可以将别人的发展作为一面镜子，照出自身发展过程中的问题，然后结合自身实际情况，探索出适合自身成长的发展路径，华为就是通过这样的方法来摸索并找到符合自身的成长道路的。

2.1.2　战略决定结构，结构反作用于战略

战略与企业成长阶段是相适配的。在不同的发展阶段，企业关注的重点是不一样的。

在企业的初创期，定位最重要，即针对目标市场要有清晰的洞察与业务设计。此时，企业的能力是有限的，不可能做太多的事情，因此初创的企业一定要克制欲望、抵制诱惑，专注做好一件事。同时，业务要做到差异化，即企业在该阶段要确定做什么产品或服务、主要针对哪类客户、能够为客户提供什么独特价值等，以与竞争对手有明显区分，这样企业才有可能获得竞争优势。

到了成长期，企业的发展可以划分为两个阶段。第一个阶段是行业的红利阶段，即行业初创并开始成长的阶段。此时，行业的市场增长很快，每一家企业几乎都能从行业中分到一杯羹。不过，随着市场红利逐渐结束，企业就会进入成长期的第二个阶段，行业开始重新洗牌，市场增长放缓。如果此时企业的管理能力、技术能力或其他能力不足的话，就会被淘汰。由此可见，企业在该阶段必须拥有比竞争对手更好的管理能力才能长久存活下去。

在企业进入转型期后，如果企业要想活下去，就需要进入新市场，开拓新的业务。此时，企业的重新定义是最重要的。所谓重新定义就是基于

企业在成长期形成的核心能力，选择新市场，获取新能力，然后走向新的发展之路。如果企业能够逐渐从一个市场进入另一个新市场，而且还能够实现可持续发展，那就表明企业已经具备了基业长青的能力。

企业进入的新市场需要具备以下条件：第一是市场的空间要足够大；第二是市场的竞争还没有固化，因为一旦形成了稳固的竞争格局，企业是很难打破现有的局面的；第三是需要和企业的核心能力有连接，如果企业完全跳出自己的核心能力去重新打造一块业务，是非常困难的。

企业在根据自身所处不同发展阶段调整战略的同时，为了保证企业的发展，还需要对自身组织结构进行调整。因为组织是战略实施的重要保障，所以组织结构要服从于组织的战略。管理学家阿尔弗雷德·钱德勒通过对美国100家大型企业的战略与组织结构间的关系进行对比分析，也验证了这个观点：当企业的战略是效益导向时，就会采用直线职能型组织结构；当企业准备实施市场扩张战略时，则会采取更适宜的事业部制或虚拟事业部制组织；当企业不仅想快速反应市场客户需求，还想让产品与研发投资方向可控时，那么在企业文化配合的基础上，通常会采取以项目组为核心的流程化组织。阿尔弗雷德·钱德勒在研究中还发现，企业战略的制定和实施还会受到企业所采用的组织结构的制约和影响。

简而言之，战略决定结构，结构也反作用于战略。华为30多年的发展历程也非常好地诠释了这一理念。华为在进行阶段性战略调整的同时，为了支撑公司战略的实施与达成，也会同步进行一系列的流程再造、组织结构变革，从最初的直线职能型的组织结构，逐渐演变成了现在的以项目为中心的强矩阵式组织结构。后文将会对华为在发展历程中的企业战略和组织结构的相互作用进行详尽的阐述。

2.1.3 华为组织与管理的演进

组织形态是指由组织当中纵向的等级关系及其沟通关系、横向的分工协作关系及其沟通关系形成的一种无形的、相对稳定的组织结构。它反映的是组织成员间的分工协作关系，体现了一种分工和协作的框架。

经过 100 多年的变化演进，企业的组织形态已形成了若干种标准的结构形态，如直线制、职能制、事业部制（分部制）、矩阵制等。所有组织结构的变革几乎都是基于这些标准的结构形态来进行的。

在企业组织演变过程中，直线制、职能制、事业部制、矩阵制等组织结构在时间上是存在先后顺序的。一般来说，后一种组织结构在很大程度上是为了解决前一种组织结构的矛盾和问题而产生的，但是它本身又蕴含新的矛盾和问题，于是又引发了更后面的一种组织结构的产生。如此不断推动组织结构向前演变，找到每个阶段最匹配的组织结构，使得企业的持续发展得到保障。

华为从小企业起步，经过一系列演变，形成了直线职能型的组织结构。但是随着公司的快速发展、组织规模的扩张，如何更好地管控公司呢？

当时有一家国际咨询公司的顾问建议华为参照 GE（通用电气）采用事业部制。因为 GE 采用事业部制后，业务发展得很好。可是任正非在仔细研究了事业部制模式以后，否决了这个建议。他给出的理由如下：

第一，事业部制就像古代的诸侯分封制，每个人都有自己的小家，都会打自己的小算盘。到时外部还没乱，组织内部就先乱了。如汉朝初期的七国之乱、明朝的靖难之役。如果把事业部制放到企业中，也会让公司在大的战略方向上做不到力出一孔。

第二，华为的客户集中度高，技术共享强，一旦设置事业部，就会把客户资源割裂，把研发的技术体系割裂。而且在事业部下，移动只提供无线的方案，固网只提供固网的方案，业务软件只提供业务软件的方案，那就没有谁能为客户提供整体而又全面的解决方案了，这违背了华为战略聚焦的原则。

相较而言，矩阵式组织结构能较好地解决以上两个问题，因此华为直接选用了矩阵式组织结构。

从成立到现在，华为已经走过 30 多年的历程。在这些年中，华为的战略是根据环境的变化不断进行调整的，而组织形态也在追随着战略进行演进、优化：从职能型组织向项目型组织转变，从单核组织结构走向多核组织结构，使得企业长期处于发展的进程中。因此，这么多年以来，华为始终是中国企业发展史上的一面旗帜。

2.2 第一阶段：创业求生存

从 1987 年到 1995 年是华为的野蛮生长时期。为了能在国际电信巨头的夹击下活下来，华为瞄准机会，极力抢占市场份额，实现了创业初期的快速扩张。但是随着企业的发展，各种组织问题开始凸显，华为领导层意识到，企业还是得有正规化的管理才能实现持续发展。由此，华为拉开了组织变革大幕。

2.2.1 创业求生存阶段的关键举措

1987 年华为成立的时候，中国通信设备市场几乎被西门子等国际电信巨头的产品所垄断，其中包括日本的 NEC（电气股份有限公司）和富士通、美国的 AT&T（电话电报公司）、加拿大的北电、瑞典的爱立信、德国的西门子、比利时的贝尔以及法国的阿尔卡特，这在业内被称为"七国八制"。而华为是一家无资金、无技术、无背景的民营企业，因此，华为的产品在北京、上海、广州等一线城市几乎没有立锥之地。于是，活下去成了华为需要首先考虑的问题。

作为一名退役军人，任正非深受毛泽东军事战略思想的影响。当时，华为选择了一条后来被称为"农村包围城市"的销售策略——先将产品投放至国际电信巨头没有深入的广大农村市场，步步为营，最后占领城市。事实证明，这个战略不仅使华为避免了被国际电信巨头扼杀，更让华为获得了长足的发展，积蓄了打城市战的资本。

在"农村包围城市，最后夺取城市"的战略下，经过全体华为人在农村市场几年的努力，华为在国内市场节节取胜，销售收入从 1988 年的 800 万元左右，增长到了 1996 年的 26 亿元，实现了"农村包围城市"的阶段性胜利。

华为能够成功地在创业阶段顽强生存下来，也离不开华为人的艰苦奋斗，其具体表现主要有华为的"狼性精神"和"床垫文化"。

华为的"狼性精神"诞生于华为创立初期。在当时竞争极其激烈的市场环境下，生存是第一要义。1996 年，邮电部在北京召开了全国交换机产品订货会，华为的潜在客户邮局派了代表参加。华为当时派了一支由业务人员与工程师组成的 400 人代表团参会，人数是其他通信设备商的 10 倍有余。凭借这股"人潮"，华为成功从上海贝尔、朗讯等国际电信巨头手中抢走了订单。

对于华为的"床垫文化"的起源，任正非在《天道酬勤》一文中曾详细介绍："创业初期，我们的研发部从五六个开发人员开始，在没有资源、没有条件的情况下，秉承 20 世纪 60 年代'两弹一星'艰苦奋斗的精神，以忘我工作、拼搏奉献的老一辈科技工作者为榜样，大家以勤补拙、刻苦攻关，夜以继日地钻研技术方案，开发、验证、测试产品设备……没有假日和周末，也不分白天和夜晚，累了就在地板上睡一觉，醒来接着干，这就是华为'床垫文化'的起源。虽然如今床垫已主要是用于午休了，但创业初期形成的'床垫文化'记录的是老一代华为人的奋斗和拼搏，是我们宝贵的精神财富。"

靠着"农村包围城市"的销售策略,以及独有的奋斗文化,华为在西方电信巨头的夹击下顽强地生存了下来,并实现了快速扩张。

2.2.2 创业求生存阶段的坎坷和危机

在创业初期的前 10 年左右,为了抓住市场机会,抢占市场份额,华为不得不采用掠夺性的人才策略来支撑它的野蛮式扩张,用任正非的话说就是:"先封你一个团长,没有兵可以招嘛!"这一做法使得华为员工的数量急剧增加。到了 1995 年,华为的员工已经从创业时的六个人增长至 850人。那时的任正非还没有意识到组织建设的重要性,一心只想着如何做大企业。

一天,IBM 的总裁郭士纳开着一辆富康车在深圳的北环大道上慢慢腾腾地行驶。任正非开着一辆奔驰车从后面疾驶而来。在看到郭士纳的一刹那,任正非大声向郭士纳问:"你开过奔驰吗?"郭士纳以为任正非想和他赛车,便踩了一脚油门超过去了。

没多久,任正非开着奔驰就赶上来了,又问了郭士纳同一个问题:"你开过奔驰吗?"郭士纳又一脚油门超过去了。但很快又被任正非赶上了,任正非又问:"你到底有没有开过奔驰?"这次,郭士纳决定不搭理任正非了。

不久后,郭士纳突然看到任正非的车撞在了路边的防护栏上,于是停好车过去帮他。任正非说:"你为什么不回答我?你知不知道我想问你什么?我想问的是你知道奔驰车的刹车在哪里吗?"

这是在华为内部流传着的一个笑话,旨在说明当时为了快速扩张,华为忽略了对组织的管理:学会了踩油门,却没有学会踩刹车。

同时,因为缺乏对于急剧膨胀的员工队伍进行科学有效的管理,在企业的快速扩张中，企业越来越依赖个人英雄主义，导致个人英雄主义与企业发展的矛盾凸显，进而对企业的组织管理带来了巨大的困扰。

有一次，任正非偶然间听到两个业务员的谈话，他们提到一个项目，业务员已经跟了好久，却一直没有取得进展，因为对方的项目负责人经常出差，导致业务员始终没有机会和项目负责人见面，每次都无功而返。

了解了详情之后，任正非没有像其他企业的领导那样，简单地给予员工几句鼓励了事，而是对他们说："不要泄气，能把对方资料给我看看吗？有机会我上门去试试。"任正非知道，跑客户最需要的就是耐心，只要多跑几次，多少会有收获。

两个业务员以为任正非是在开玩笑，不过既然老板发了话，还是认真地将资料整理了一遍，交给了老板。没想到，三天之后，任正非突然打电话告诉业务员，那个项目已经谈好了，你们下午就可以去签约了。

签约时，华为业务员从对方负责人那里了解到了事情的全部经过。在拿到资料后，任正非亲自跑去了对方公司。而且为了能在第一时间见到对方负责人，连续三天，任正非每天都会抽出一个下午的时间到对方公司去等候，甚至有一天连晚饭都没有吃，一直等到晚上九点钟，直到对方公司的员工都下班了，他才见到了对方的负责人。对方公司的项目负责人看见任正非后，不由得被华为人的耐心和毅力打动，当即决定与华为签约。对方负责人说："华为人为了签约，如此孜孜不倦地守候，有这份精神和坚持，做出来的产品肯定没问题。"

可见，早期的华为还是严重依赖个人英雄主义的。但是如果纯粹依赖个人英雄主义来获取项目的成功，没有构建规范的管理体系，就会导致项目有时成功有时失败的情况，进而使公司难以实现可持续发展。于是，华为便开启了企业的管理变革大幕。

2.2.3　从直线型到直线职能型

公司刚成立时，华为既没有资金，也没有科研人员，当时的首要目标是寻找生存机会以活下去，而且员工数量少，部门功能单一，研发的产品种类也比较单一，因此此时华为主要是通过直线制来进行企业管理，还谈不上什么组织结构。到了1991年，公司员工数也才发展到50多个人。尽管有组织结构，但是也是国内中小企业经常采用的直线型组织结构，所有一级部门负责人直接向任正非汇报。

这种权责分明、协调容易、反应快速的组织结构，使得华为在创业初期迅速完成了原始资产的积累。到了1994年，华为员工人数增长至600多人，销售收入突破8亿元人民币大关，同时公司的产品也从单一的交换机转向其他数据通信产品机以及移动通信产品，市场范围遍及全国各地。此时，单纯的直线型组织结构的缺陷日益突显：没有专门的职能机构、管理者负担过重、部门间协调差等。因此，华为开始由直线型组织结构向直线职能型组织结构转变，除了有业务流程部门，如中研总部、市场总部、制造部，还有支撑流程部门，如财经系统、行政管理部，其组织结构大致如图2-3所示。

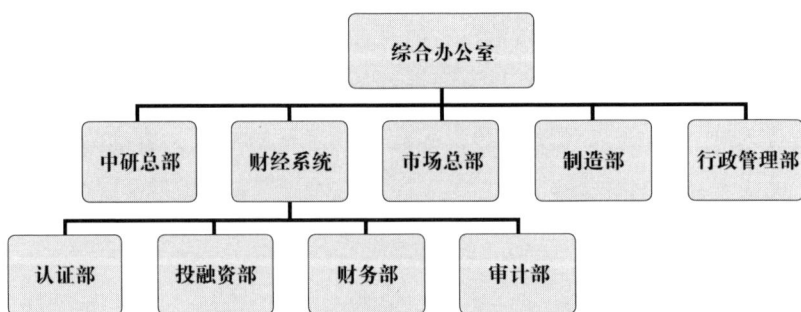

图 2-3　华为直线职能制组织结构（示例）

华设置了综合办公室，下辖中研总部、财经系统、市场总部、制造部及行政管理部。主管人员在其职责范围内有绝对或完全的职权；各系统中任何一个部门的管理人员只对其直接下属有直接的管理权；每个部门的员工都只需向自己的直接上级报告。这种简单明确的树状型组织结构，和华为的集中化发展战略是相匹配的。

作为公司的最高领导，任正非能够将他下达的命令与有关战略部署快速传达下去；作为员工，能很快知道自己该做什么。

直线职能型组织结构的特点是组织结构简单，权力集中。高层管理者能对市场做出快速反应，迅速统一调配资源参与竞争。

华为在直线职能型组织结构下，公司的所有市场营销策略就都可以第一时间由公司高层管理者直接传导到一线，从而快速完成公司的营销任务。再者，通信设备行业是技术、资金与人才密集的行业，华为的直线职能型组织结构可以让公司第一时间支撑公司的研发战略。由此，华为突破了当时国际电信巨头一统天下的局面，在市场中站稳了脚跟，并获得了极大的发展。

2.3　第二阶段：二次创业和走向国际化

1996 年至 2003 年是华为的二次创业时期。在这一时期，华为完成了它所有体系的变革，包括管理体系、流程体系、供应链体系及人力资源体系等。尽管这一阶段是华为最艰难的时期，但是也正是因为这一阶段的管理变革，华为的销售收入成为业界国内第一，并开始向国际市场进军。

2.3.1　二次创业，走向国际

从 1995 年开始，华为意识到国内的通信骨干网络已经基本铺设完成，传统交换设备市场韶华已逝。并且，国内电信基础设施的大规模投入期即将过去，到时候国内市场很难支撑华为这么大规模的企业发展。因此，华为必须找到新的快速增长的市场空间，而向国际市场进军成了华为的必然选择。

任正非在《天道酬勤》中写道："我们在 GSM 上投入了十几亿元研发经费，多少研发工程师、销售工程师为之付出了心血、努力、汗水和泪水。在 1998 年我们就获得了全套设备的入网许可证，但打拼了八年，在国内无线市场上仍没有多少份额，连成本都收不回来。2G 的市场时机已经错过了，我们没有喘息，没有停下来，在 3G 上又展开了更大规模的研发和市场开拓，每年有近 10 亿元的研发投入，已经坚持了七至八年。因为收不回成本，华为不得不到海外寻找生存的空间……"

面对这样的局面，华为将目光转向海外，开始了它的二次创业。2001年，华为在五洲宾馆举行了员工海外出征誓师大会。任正非引用古代诗人的诗句"青山处处埋忠骨，何必马革裹尸还"来为这支"军队"壮行。

然而，当华为走出国门，拓展国际市场时，放眼望去，所有能看到的良田沃土早已被西方国际电信巨头抢占一空，只剩下那些偏远、动乱、自然环境恶劣的国家或地区。由于西方国际电信巨头动作稍慢，这才留给了华为一线机会。

为了抓住这些机会，华为在进军国际市场的过程中，采用的是"先易后难"的战略。也就是"农村包围城市"的海外翻版：先抢占这些偏远、动乱、自然环境恶劣、销售额低的国家或地区。华为早期在国外取得的订单多数来自东南亚、非洲与东欧等地区，如表 1-2 所示。在彻底征服这些市场后，华为就逐步开始向欧美等发达国家或地区渗透。

表 2-1　华为开拓国际市场的时间表

进入年份	市场区域	主要国家或地区
1997 年	独联体	俄罗斯
1997 年	拉美	巴西等国家

进入年份	市场区域	主要国家或地区
1998 年	南部非洲	南非
1999 年	东南亚	泰国、新加坡、马来西亚
2001 年	欧洲	法国、德国、英国、西班牙、葡萄牙、瑞典等 26 个国家
2001 年	北美	美国、加拿大
2001 年	亚太	中国香港、印度尼西亚、尼泊尔、日本、韩国
2003 年	中东北非	埃塞俄比亚、尼日利亚、肯尼亚、毛里求斯、乌干达

在华为国际化的过程中，无数优秀华为儿女离别故土，远离亲情，奔赴海外，无论是在疾病肆虐的非洲，还是在硝烟未散的伊拉克，海啸灾后的印度尼西亚，地震后的阿尔及利亚……到处都可以看到华为人奋斗的身影。我们有员工在高原缺氧地带开局，爬雪山、越丛林，徒步行走了八天，为服务客户无怨无悔；有员工在国外遭到歹徒袭击，头上缝了 30 多针，康复后又投入了工作；有员工在飞机失事中幸存，惊魂未定又救助他人，赢得了当地政府和人民的尊敬；也有员工在恐怖袭击中受伤，或几度患疟疾，康复后又继续坚守岗位；我们还有三名年轻的非洲籍优秀员工在出差途中因飞机失事不幸罹难，永远地离开了我们……

经过华为人将近 10 年的努力，华为市场覆盖了亚太、欧洲、中东、非洲以及美洲地区，并于 2005 年实现了海外销售收入首度超过国内销售额。图 2-4 给出了华为的国际化能够取得成功的关键点。

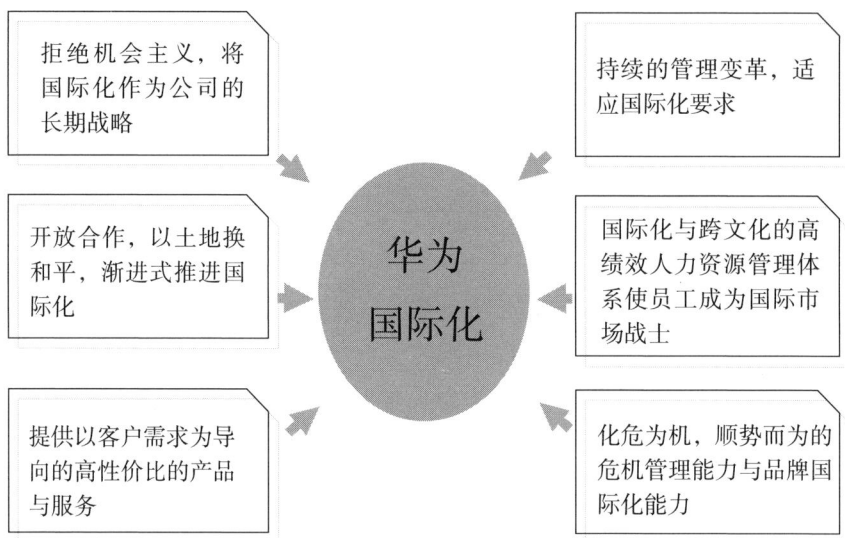

图 2-4　华为国际化成功的关键点

当前，一些企业国际化的口号和气势远大于其国际化的行动，其中部分企业虽然大胆地迈出了国际化的第一步，但是却始终没能在国际市场上站稳脚跟，而华为国际化的成功正好能够给这些企业带来很好的启示与借鉴，提升其国际化成功的可能性。

2.3.2　二次创业阶段的危机

一次创业在给华为带来辉煌的同时，也沉淀下来不少亟待解决的问题。其中最大的问题是，一次创业的成功使公司的一些干部开始沉迷于过去的成功，陷入自我封闭状态，既不愿正视公司面临的危机和压力——竞争对手依旧很强大、市场竞争越发激烈，也不愿在超越自我的基础上，在思想和行动上接受新的磨炼，承担起公司二次创业的新的使命和责任。

华为领导者对此也有着清醒的认识，在冷静思考后，当时负责市场工作的孙亚芳向任正非提议干脆来个市场部大辞职，对僵化、保守的干部进行一次大整顿。

市场部大辞职事件虽然发生在 1996 年，但其实华为从 1995 年年末就开始准备了。我们可以从任正非在 1995 年 11 月发表的讲话《解放思想，迎接 96 年市场大战》中看出端倪：

"到今年年底前所有市场部正职干部向公司提交述职报告，述职报告里检讨 1995 年的工作，提出明年的工作计划，希望在递交述职报告的同时，也要提交辞去正职的报告，在两份报告中公司一定会批准一份。市场部是公司的先锋队，以后全公司都要采用这个模式，要推广到所有部门中去。"

1996 年 1 月，孙亚芳带领团队中的 26 个办事处主任，同时向公司递交两份报告——一份辞职报告，一份述职报告，由公司视组织改革后的人力需要，具体决定接受每位递交报告者的哪一份报告。

华为"主动辞职、重新竞聘上岗"的内部整训运动持续了一个月左右。其间，没有一位辞职的干部表现出不满，市场部代总裁毛生江的话或许道出了当事人的心声："关心我的人经常会问我，我对这些在不在乎？别说我不在乎。我在乎的是华为的兴旺和发展；在乎的是一代华为人付出的青春、热血和汗水；在乎的是我能够继续为华为做些什么；在乎的是自己从工作中不断磨炼出来的自信心；在乎的是战友们的期望和嘱托。其他的比如什么面子、位置，那些虚的东西，我是真的不在乎！"

在这次竞聘考核中，大约有 30% 的干部被替换下来。就地下岗，择优录用，华为也由此开启了大规模人力资源体系的建设。

市场部大辞职的成功让任正非坚定了引进外部先进的科学管理体系的决心。正如四年后，他对市场部大辞职的评价："市场部集体大辞职，对构建公司今天和未来的影响是极其深刻和远大的。任何一个民族、任何一个组织只要没有新陈代谢，生命就会停止。如果没有市场部集体大辞职所带来的对华为公司文化的影响，任何先进的管理、先进的体系在华为都无法生根。"

随后，华为开始与世界领先的企业合作，学习他们的管理经验，结合自身实际发展情况对企业业务流程进行重整，建立符合自身的组织管理制度，在八年内华为相继完成了人力资源体系、战略管理体系、流程体系等的变革。通过管理变革，华为销售收入成为业界国内第一，开始走向海外，真正成为国际化的公司。哪怕在 2001 年面对全球 IT 泡沫的破裂，2002 年公司销售收入出现发展历史上首次下滑的情况下，华为也能安然度过，并自 2003 年后依然保持超过 50% 的增长。

2.3.3　从直线职能型到矩阵式

1998 年，华为的销售额已经达到了 89 亿元，员工数量已经达到了 9500 人。到了 2000 年，华为的销售额突破了 200 亿元，连续五年增长率都达到了 100%。

华为在这段时期的战略逐渐从集中化转向横向一体化，从单一产品逐渐进入移动通信、传输等多类产品领域，开始向着多元化方面发展，市场范围遍及全国各省市。

随着人员数量与业务复杂度的不断增大，公司效率却始终无法提升，反而是华为直线职能型组织结构的缺点日益凸显：第一，大权集中于一个人手中，做任何决策都要层层上报。同样地，公司的战略也需要通过各部门的管理者层层往下传递，致使公司决策与执行的效率低，不能及时对市场的变化做出反馈。第二，职能部门间缺乏有效的交流与沟通，内部信息传达不顺畅，处于各自为战的状态，导致很多工作或决策需要各级领导去推动协调，管理效率低下。可以说，直线职能型组织模式的优点已然消失殆尽。因此，华为从 1998 年年初开始进行组织结构的调整，从划小经营单位开始，建立了如图 2-5 所示的事业部制与地区部相结合的二维矩阵式组织结构。

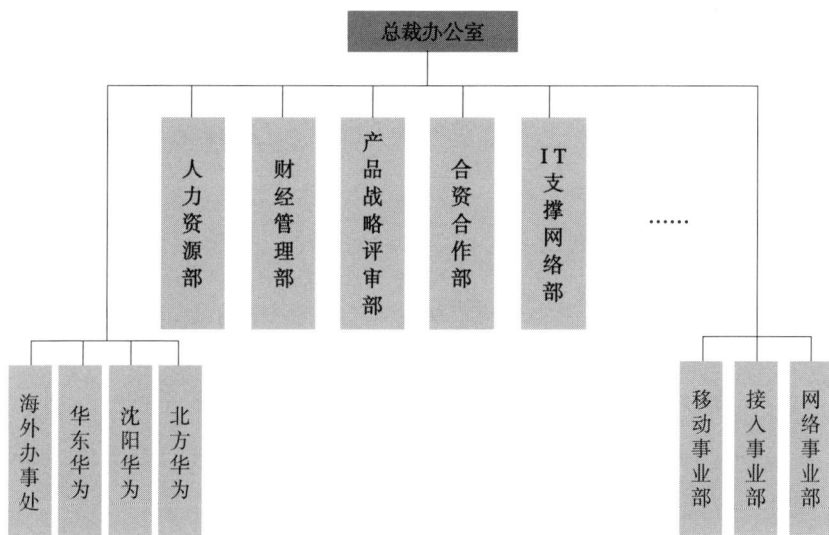

图 2-5 华为矩阵式组织结构

为了能推行该组织结构,《华为基本法》对组织结构提出了明确的要求:

公司的基本组织结构将是一种二维结构——按战略性事业划分的事业部和按地区划分的地区公司。事业部在公司规定的经营范围内承担开发、生产、销售和用户服务的职责;地区公司在公司规定的区域市场内有效利用公司的资源开展经营。事业部和地区公司均为利润中心,承担实际利润责任。

职能专业化是建立管理部门的基本原则。公司的管理资源、研究资源、中试资源、认证资源、生产管理资源、市场资源、财政资源、人力资源和信息资源等,是公司的公共资源。

对象专业化原则是建立新事业部门的基本原则,即产品领域原则和工艺过程原则。按产品领域建立扩张型的事业部,按工艺过程建立服务型的事业部。其中,扩张型事业部是利润中心,实行集中政策,分权经营。应在控制有效的原则下,使之具备开展独立经营所需的必要职能,既充分授权,又加强监督。

地区公司是按地区划分的、全资或由总公司控股的、具有法人资格的子公司。地区公司在规定的区域市场和事业领域内，充分运用公司分派的资源和尽量调动公司的公共资源寻求发展，对利润承担全部责任。在地区公司负责的区域市场中，总公司及各事业部不与之进行相同事业的竞争。各事业部如果有业务拓展的需要，可采取会同或支持地区公司的方式进行。

当按职能专业化原则划分的部门与按对象专业化原则划分的部门交叉运作时，就形成了矩阵式组织结构。

可见，事业部和地区公司是华为经济利益的主要来源。企业总部，主要是企业的职能部门代表企业总裁对企业公共资源进行管理，对各事业部、子公司、业务部门进行指导和监督。总部主要做重大决策控制和服务，以集中优势资源和精力突破市场难点。

矩阵式组织结构不仅帮助华为解决了之前职能制组织结构的弊端，而且大大提升了华为在二次创业阶段的业务拓展速度和产品质量，支撑着华为的可持续发展。到了 2004 年，华为的销售额达到了 462 亿元人民币，人员规模也增长到了 30 000 人。

2.4　第三阶段：真正实现全球化，成为世界级企业

从 2004 年开始，华为进入发展的第三个阶段：真正实现全球化，成为一家世界级企业。在这一时期，任正非多次表示："华为总有一天会死去……我们现在所做的一切努力就是为了延长华为的寿命，让华为不要死得那么快，更不要死得那么惨！"为此，华为提出要成为 ICT 解决方案供应商，不再是简单地卖通信设备，而是要进一步做大做强，向着世界级企业迈进。

2.4.1 走向全球化，成为世界级企业

随着增长速度每年超过 40%，2005 年华为首次实现海外销售收入超过国内收入。在迎来海外市场的快速增长的同时，华为大量地招募新生力量投入到浩浩荡荡的海外大军中，同时不断地加强管理体系和 IT 系统的复制推行。

从 2005 年到 2007 年，随着国际化进程的不断深入，语言问题和管理体系的全球推行落地成了华为国际化过程中遇到的两个主要问题。

对于语言问题，为了确保中国籍员工能和外籍员工顺畅沟通，提升工作效率，华为从两个方面做了改变：一方面，成立旨在帮助员工提升语言能力的语言改革小组，并将语言标准纳入任职资格之中，还设定了工作规则去推动变革；另一方面，让国外员工到中国总部参加文化、实践及技能的培训，尝试接受华为特有的文化。

对于管理体系全球推行落地，华为的领导层明白业务的背后需要先进的管理体系支撑，而管理的背后要靠 IT 系统落地。在业务所触达的各海外分支机构，华为都会进行 IT 系统的部署与管理体系的推行，从而实现全球一体化的管理，提升企业的管理效率。

在这一时期，华为各职能管理部门的墙上都有一张全球落地作战图，上面根据推行落地的进展不断插上红色的旗帜，实时显示着各管理体系及系统的落地情况。通过业务先行，管理与 IT 逐步复制推行，华为管理体系实现了在不同国家的二次实践，为公司拓展海外业务提供了极大的助力。

全球化发展也带来了对人才管理体系的挑战。为保障走向全球化的人才供给，华为在人才培养体系方面也做了各方面的努力，如成立华为大学、和 Hay Group 开启第二次合作研发领导力模型、建立管理干部的标准等。截至 2006 年年底，华为共在海外设立了 8 个地区部、28 个区域培训中心、100 多个分支机构。

华为大学于 2005 年正式注册成立。华为大学的使命是"融汇东西方智慧与华为实践，助推企业全球化发展"。它不仅为华为员工及客户提供众多技术解决方案和管理及通用技能培训，同时也是东西方文化的"搅拌机"。在华为大学，10 多万名华为人不但接受华为管理哲学、制度、价值观、行为准则等的培训，还经常受到各种不同的文化与思想的激荡。

2007 年，华为实现销售收入 169 亿美元，其中 72% 来自海外市场，不仅远高于国内的其他通信企业，还领先于联想（50%）、TCL（53%）等大型 IT 龙头企业，而且本土化员工的比例达到了 57%。自此，华为真正成长为一家世界级企业。

2008 年，华为以 183 亿美元的销售收入，在全球通信设备市场上超越了阿朗（阿尔卡特与朗讯合并）、北电、摩托罗拉，与爱立信、诺西（诺基亚与西门子合并）三分天下，用了 14 年时间实现了任正非在 1994 年提出的三分天下的梦想。

1994 年，华为推出的 C&C08 机在市场取得空前成功，这是华为在通信设备核心技术方面的第一次突破，当时的华为刚刚在通信行业立稳脚跟。任正非一次在厨房和厨师一起给员工做饭时，中间突然冲出厨房，大声宣布："10 年后，世界通信市场三分天下，华为占其一！"要知道，当时深圳做交换机的企业就有 200 多家，在全国有将近 500 家，而且华为的员工人数才 200 人。当时很多人都觉得他是痴人说梦。

然而不久后，在公司内部讲话中，任正非却再次重申了"10 年后，全球通信行业三分天下，华为占其一"的观点。公司不少员工认为这是老板在吹牛忽悠他们。不曾想在 14 年后，任正非于 1994 年提出的三分天下的梦想在 2008 年真的实现了，华为在全球电信设备市场、消费电子及企业级信息服务等领域都获得了领先地位。

2010 年，华为销售收入达到了 280 亿美元，超越诺西成为仅次于爱立信的全球第二大通信设备制造商；到了 2013 年，其销售额已经超过 2000 亿元，达到了 2400 亿元人民币，员工人数也从 2004 年的 3 万人增长到了 2013 年的 15 万人。至此，华为已经超越所有竞争对手，包括其最大的竞争对手爱立信，正式成为该行业的老大，公司也完全成了一家跨国化的大企业，其海外销售占比已经超过 70%。同时，华为也于 2010 年首次进入全球 500 强企业，排名第 397 名，其后其世界排名稳步前进。到了 2020 年，华为的排名已经到了全球 50 强以内。

2.4.2 世界级企业的组织文化跃迁

随着国际化进程的不断深入，华为遇到了诸多的管理问题，其中一个主要的问题就是如何使不同的文化恰当地融合。比如说，沙特阿拉伯办事处在 2005 年时员工人数就已经超过了 300 人。我们知道，沙特是伊斯兰国家，他们的工作人员每天都会在固定的时间放下手上的工作去参加礼拜，如果华为的员工也这样做，那就会给华为沙特办事处的日常运营带来比较大的挑战。类似的困扰同样发生在其他国家办事处。这就要求华为在国际化过程中，既要尊重不同国家和地区的文化，又要向外籍员工灌输企业的价值观，通过文化融合找到两者的平衡点。

然而，之前华为文化的表现形式主要是《华为基本法》，带有浓重的中国特色。为了与国际接轨，真正走向全球化，成长为一家世界级企业，华为先是于 2005 年更换了企业标识，把原来的红太阳标识改为菊花标识，之后又对公司的愿景、使命和核心价值观进行了重新界定。

2005 年 5 月 8 日，华为更换了企业标识。更换之前，华为的标识是红太阳，11 根线，一轮红日喷薄而起；更换后标识变成了红菊花，八条线，色彩更丰富。有人调侃这个变化说："华为从 2005 年换标之后，华为人的工作时间由 11 小时变成了八小时。"

伴随着华为标识的更换，华为也重新界定了愿景、使命和核心价值观。

华为新界定的愿景是"丰富人们的沟通和生活"。现在有的企业把使命放在前边，这是错的，应该把愿景放在前边。这点在企业文化中应该规范一下，国外的企业也都是愿景在前。华为同样选择了将新愿景放在使命之前，实现与国际接轨。

华为的新使命有两点：①华为的追求是实现客户的梦想。②聚焦客户关注的挑战和压力，提供有竞争力的通信解决方案和服务，持续为客户创造最大价值。

2008 年，华为成立了"核心价值观整理工作小组"，经小组提议 EMT 审议，形成了六条核心价值观：成就客户、艰苦奋斗、自我批判、开放进取、至诚守信、团队合作。

经过一系列整理，华为的愿景、使命、战略和核心价值观等形成了一个完整的体系，更符合国际表达规范，也便于海外员工和客户理解、接受。

除此之外，另一个主要问题是大企业病的问题。随着华为业务在海外的不断扩张，组织机构也越来越膨胀，大企业病开始显露。

2010 年，华为员工张运辉以"五斗米"为笔名在心声社区发表了题为《华为，你将被谁抛弃》的文章，文中所罗列了公司的"十大内耗"：①无比厚重的部门墙；②肛泰式（膏药式）管控体系；③不尊重员工的以自我为中心；④"视上为爹"的官僚主义；⑤令人作呕的马屁文化；⑥权利和责任割裂的业务设计；⑦集权而低效的组织设计；⑧挂在墙上的核心价值观；⑨言必称马列的教条主义；⑩夜郎自大的阿 Q 精神。

尽管这是从华为底层发出的呼声，不见得一定正确，但是确实表明当时的华为或多或少地患上了大企业病。在 2009 年 1 月的华为销服体系奋斗颁奖大会上，华为提出要从中央集权管理过渡到分权制衡管理，让一线拥有更多的决策权，以适应千变万化的情况并能够及时决策。与此同时，任正非更是提出华为要从"功能型组织"向"项目型组织"变革，形成面向客户的"铁三角"作战单元，打破功能壁垒。

尽管消除大企业病不是一蹴而就的事情，但是华为在发展过程中始终在与大企业病抗争，正如任正非所说的："解决大企业病也不是一朝一夕的事，要先炮轰，然后再一点点改革。我们只要看到方向，就能慢慢改革，提高效率。"

2.4.3 组织结构从单核走向多核

在这一阶段，为维持良好的企业表现和为长期持续增长奠定基础，华为几乎每年都会结合公司战略的调整来优化公司的组织结构，但是整体架构还是矩阵式的。

2004 年后，华为在产品开发战略上采取了纵向一体化、多元化和国际化并举的战略，在市场竞争战略上采取了与合作伙伴共赢的战略。于是，华为也开始对组织结构进行调整，在 2003 年的基础上进行优化，将组织结构转变成以产品线为主导的组织结构。虽然引进多家咨询机构进行流程再造，但华为的主体结构依然是以市场和客户需求为导向的以产品线为主导的组织结构，以化小利润中心的模式，加快决策速度，适应快速变化的市场。

2011 年，华为对组织结构又做了一个比较大的调整：重新梳理业务部门。原来按照业务类型将业务部门划分为设备、终端、软件服务等，现在则按照客户类型划分为面向运营商、企业、消费者及其他业务（主要包括能源业务、芯片业务以及互联网业务等）。这样一来，华为在业务方面就分出了四个核，分别是运营商业务、企业业务、终端业务和其他业务。划分后的业务组织称为 BG（Business Group，业务集团）。各 BG 是面向客户的端到端的运营责任中心，对公司的有效成长和效益提升承担责任，对经营目标的达成和本 BG 的客户满意度负责。

在 2011 年的组织结构变革中，华为将研究与开发在组织上进行了划分。开发归在各 BG 下面，仍然采用产品线的组织方式。比如说，运营商有无线产品线、固网产品线、数据通信产品线、业务软件产品线等。研究从研发中划分出来以后，专门成立了"2012 实验室"，主要是负责前沿技术和面对未来不确定性的探索性研究。

该组织结构是在 BCG（波士顿咨询公司）指导下，由华为自己的高层团队设计的。在这一结构的支撑下，华为成长为一家多元化的全球企业。在 2012 年，面临全球金融危机和欧债危机的双重危机，华为依然实现了销售额同比增长 24.5% 的成绩。

然而，该组织结构仅仅在运行一年后，就出现了以下几个主要问题。第一是核心业务的边界越来越模糊，因为各 BG 和 SBG 外部都有足够的市场空间，所以各 BG 和 SBG 都有比较强的业务扩张欲望，因此在新的组织结构运行一年后，各 BG、SBG 就向公司打申请报告、要投资、要资源，从而使得公司的资源被分散了。第二是华为原来认为做企业业务，只要整个复制运营商的模式就可以做上去，结果因为能力还没建立起来，导致企业业务严重亏损。第三是市场的主维度在组织和管理上被削弱了。于是，华为高层开始思索如何进行组织结构调整，以解决当前组织结构面临的问题，支撑企业实现可持续发展。

2.5　第四阶段：追求"云、管、端"一体化

云计算就像 IP 技术一样，可以用在任何需要传播信息的地方。就像

IP 技术改变整个通信业一样，云计算也将改变整个信息产业。于是在 2010 年，华为确定了要为客户打造优秀的云计算平台，让全世界所有人能像用电一样，享用信息的应用与服务。

2.5.1　打通网络管道，形成"云、管、端"一体化

随着智能化时代的到来，互联网技术和新商业模式正在逐渐改变人类的生活与工作方式。新的时代不仅催生了新的产业，也给传统产业带来了危机。

作为一家传统通信设备商，华为虽然保持着高速增长的趋势，但是却始终保持着强烈的危机意识。面对 IT 领域和 CT 领域融合的趋势，在 2010 年华为云计算研讨会上，华为第一次提出了"云、管、端"一体化战略，对公司整体战略进行了重大调整，从单纯的 CT 产业向整个 ICT 产业扩展，打通网络管道，形成了"云、管、端"三位一体化。

任正非说："在云平台上我们要更加开放，同时将信息流的管道的直径做得比太平洋还大，让它拥有更大的能力、心胸，迎接各种云下来的雨。我们的开放要像黄河、长江、密西西比河一样，让雨水在任何地点、以任何方式都能方便流入，我们在风起云涌的云业务上要更多地包容，我们永远不可能独自成功，千万朵云要靠千万个公司来做。云的价值是由市场来决定的，只有能为客户所用的云，才会生存下来。

"信息网络的未来其实可以简化为两个东西：一个是管道，一个是云。未来的管道至少是太平洋的规模，而不是黄河、长江。

"我们在云平台上要尽快赶上并超越思科，在云业务上我们要追赶谷歌。让全世界所有的人能像用电一样享用信息的应用与服务。"

"云、管、端"一体化战略中的"云"是企业 EBG，面向企业经营基

础网络、企业通信、数据中心、行业应用等产品业务，并提供基于云计算技术的数据中心解决方案；"管"是运营商 CNBG，面向中国移动等运营商经营通信设备业务；"端"是消费者 CBG，面向消费者经营手机等终端业务。

2014 年，运营商 CNBG 与企业 EBG 合称为"泛网络"，致力于经营管道相关业务。

2017 年，华为成立云业务单元 BU（Business Unit），致力于经营公有云业务。同年年底，华为推出了企业的新使命和新愿景：把数字世界带入每个人、每个家庭、每个组织，构建万物互联的智能世界。

2018 年，华为将公有云、私有云、AI（Artificial Intelligence，人工智能）、大数据、计算、存储、IoT（Internet of Things，物联网）等与 IT 强相关的产业重组，组建了 Cloud & AI 产品与服务 BU，致力于经营云相关业务。

2019 年，华为消费者 CBG 宣布将实施"1+8+N"全场景战略，其中"1"代表华为手机，"8"代表华为旗下平板、TV、音响、眼镜、手表、车机、耳机、PC 等各种终端产品，"N"代表移动办公、智能家居、运动健康、影音娱乐及智能出行等延伸业务。

2020 年，华为将 Cloud & AI 升级为 BG，成为与运营商 CNBG、消费者 CBG 和企业 EBG 并列的第四大 BG，是华为未来业务的增长点。

至此，华为"云、管、端"一体化战略正式形成。"云、管、端"一体化并不是一套封闭的体系，而是开放的。华为积极与合作伙伴合作，为客户提供更具竞争力的云计算解决方案，帮助客户快速适应未来的各种云业务变化，为客户构筑弹性、虚拟、开放的云数据中心网络，从而支持企业云业务实现可持续发展。

2.5.2 追逐未来：华为云计算

互联网的产业分工把电信行业管道化了，电信运营商要借助云化重回价值链顶端。电信行业的云化迫使电信设备商软硬件解耦，颠覆了该行业原来的软硬件捆绑盈利模式。作为全球最大的电信设备商，华为电信业务的盈利模式同样面临着严峻挑战！

对华为来说，云计算是集成化的动态基础设施，能够把 IT 以服务的形式提供给内部（私有云）或外部（公有云）。它不仅能够帮助企业更好地布置新服务，更快地响应客户新需求，也能够把 IT 开销由资本性开销转变为营运性开销。客户也能够依据自身的要求和计划使用云计算模型，并且收获各种成果。用任正非的话来说："华为好比一棵大树，云计算就是这棵大树真正的根系。华为如果不能在云计算上获得领先优势，那么，肢体庞大的华为就会风雨飘摇。"

华为从 2007 年开始提前布局云计算领域。厚积薄发是华为的经典战法，即通过长期技术积累建立云计算的技术储备，并等待火山喷发的那一刻。

2007 年，华为成立聚焦云计算的虚拟化研究部。该部门有一两百名员工跟踪、研究云计算，且对这些员工并没有考核要求。如果最后发现这事情不靠谱，就到此为止，继续深入是没有意义的；但如果发现这事情靠谱，并已经证明成功了，华为就会开始将其作为确定的事情做饱和攻击。

2010 年 11 月，华为极为高调地发布了云计算战略及其端到端解决方案，同时启动了"云帆计划 2011"，这是华为战略重心发生转移的显著标志。2011 年年初，华为正式成立了企业 BG，密集投资 IT 和云计算技术，为全面云化布局。同年 11 月 1 日，在深圳举行的云计算大会上，华为正式发布了"云帆计划 2012"。在该计划的发布中，华为首次明确了其云计算的三大战略：大平台、促进业务和应用的云化、开放共赢。为了保障该战略的有效实现，华为特别成立了 IT 产品线部门，下设云平台领域、服务器与存储领域、数据中心解决方案领域和媒体网络领域，进而以云计算为平台基础，重新打造 IT 产品。

2015 年 7 月 30 日，华为宣布将在城市云、金融云、媒资云、园区云、软件开发云等五个板块进入企业云服务（公有云）市场。华为表示，每年在云计算业务上的投资将不低于 5 亿美元。

这一系列战略行动的背后，恰恰是华为加快推进云计算战略的实施步骤。经过多年的布局和持续投入，华为在云计算领域取得了不俗的成绩。

2016 年 3 月，德国电信携手华为发布开放电信云服务，标志着华为在云技术上及格了。自 2017 年以来，华为云一直处于快速发展中。以 2019 年 6 月为例，华为的云业务单月收入同比 2018 年 6 月增长了 5.5 倍，华为云规模客户数增长了 33 倍。

据华为云业务总裁郑叶来介绍，2020 年华为云已在城市、制造、医疗、汽车、园区、互联网等 10 大行业的超过 500 个项目中实践落地，帮助企业实现智能化升级。权威机构数据显示，华为云 2020 年营收增长率高达 202.8%，2021 年第一季度华为云国内市场份额环比增长 2.3%，达到 19.7%。

综合来看，华为云虽然营收增长很明显，但是基数还比较低，规模还不足以与阿里云、腾讯云直接争锋。

华为对此有着清醒认识，并在 2020 年华为全球分析师大会上提出，公司未来将在三个方面来打造具有差异化与更大价值的华为云解决方案：第一，将把公司耕耘了 30 年的 ICT 和云技术进行充分融合，拉通公司的端、边、管、云，构建一个端到端的解决方案；第二，把自身数字化的经验以及经历，借由云来形成解决方案，更好地服务于公司的政企客户；第三，坚持共创、共赢、开放的理念，和广大合作伙伴一起打造一个开放的云、一个领先的云。

2.5.3　从矩阵式组织走向流程化组织

在进入追求"云、管、端"一体化阶段后，矩阵式组织结构的弊端开始凸显，具体表现为：

（1）职能部门分工过细，机构重叠、数目众多，造成了大量的资源浪费。

（2）职能部门之间壁垒厚重，信息流不通畅，沟通成本高。组织官僚化，部分员工丧失进取心，只懂得按部就班例行工作。

（3）矩阵式组织下负责业务管理的业务线和负责职能管理的资源线割裂，二者的责权不对等，资源线负责提供炮弹，对质量负责，承担的是责任；业务线有开疆拓土和呼唤炮火的权利，却不对资源负责任，导致业务线向资源线大量提需求，拖累拖垮了资源线，同时也对项目目标的达成产生了影响。

为了增强组织的灵活性，保持对客户需求的快速反应能力，华为基于"云、管、端"一体化战略，开始了新一轮对组织结构的优化调整，由矩阵式组织向流程化组织转变。

流程化组织是为了提高对客户需求的反应速度而建立起来的以业务流程为中心的组织。流程化组织与传统的职能型组织相比，存在很多不同（见表 2-2）。

表 2-2　流程化组织与职能型组织的对比分析

类　别	流程化组织	职能型组织
组织结构	扁平化，以流程为中心	垂直科层，以职能为中心
运作机制	以客户为导向，着眼端到端的价值创造，拉通各部门协同运作	有职能界限，各部门追求局部优化；协调机制不健全
管理方式	分权	集权
沟通方向	垂直与水平相结合	水平

流程化组织至少拥有以下优势：

（1）打破了以部门为管理结构的模式，转变成以业务流程为核心的管理模式，从而把公司粗放的管理，一步步细化到一个个具体的项目当中。

（2）由以前的对人负责变成如今的对事负责，渐渐改变了权力中心的组织模式，淡化了功能组织的权威。

（3）流程体系是固定不动的，这样即使员工或管理者出现离职或轮岗等现象，工作效率与产品质量也不会受到影响。

（4）在流程中能够设置监控点，方便随时进行检查控制。

在华为追求"云、管、端"一体化的过程中，组织结构转型为流程化组织，不仅可以解放管理人员与业务骨干，让他们将精力和智慧投入到不确定性和有挑战性的工作上，进而将人的价值更加充分地发挥出来，更重要的是能够让企业更快速且及时地对市场变化做出反应，占据市场主动权，使自己立于不败之地。

第 3 章
业务牵引组织变革

华为今天的成就，很大程度上来自业务转型的成功。但不管业务如何变化，华为所坚持的战略方向、战术、原则和为客户服务的本质从未动摇，始终坚持以市场需求和价值创造来推动企业组织的发展。

3.1　以市场为驱动，以客户为中心

很多企业为了强化领导意志，不断加强自上而下的管控能力，这种组织设计造成了信息传递慢、决策效率不高等问题。反观华为，组织变革始终坚持以客户为中心，以市场为驱动，不断释放企业活力，提升组织的快速作战能力，从而为企业的长期发展埋下蕴含强大生命力的种子。

3.1.1　坚持以客户需求为驱动，实现业务增值

在华为的核心价值观中，第一条是以客户为中心。华为人认为，业务驱动就是市场驱动，市场驱动就是客户驱动。基于产业价值链，以客户需求为驱动，华为将自身定位为通信设备领域的系统集成服务商与量产型公司，为客户提供有竞争力的端到端通信解决方案，并围绕通信设备领域的整个产品生命周期形成完整的产品线，公司的盈利模式主要是依靠通信设备的整个产品生命周期赚钱。即使现在华为已经成长为全球领先的 ICT 基础设施和智能终端提供商，但是产品与解决方案设计上仍然坚持以客户需求为驱动，通过为客户提供智能与安全可信的 ICT 解决方案，帮助客户创造价值。

相信很多企业家自创业那天起就一直在思考：企业如何才能活下去，并活得比较好？任正非也不例外。不过，相较于大多数创业者，任正非比较早地领悟到了"企业活下去的根本"是为客户创造价值，通过成就客户成就自己。

"以客户为中心"的核心价值主张在华为由来已久，而"以客户需求为驱动"更是这一主张的核心立足点。在发展初期，华为便清晰地意识到，"质量好、服务好、运作成本低，优先满足客户需求"是提升满足客户价

值主张和企业盈利能力的关键，也是其长期健康活下去的根本。华为轮值董事长郭平表示，华为的内在驱动力和成长秘诀就是坚持以客户为中心，为客户创造最大价值。

为了带领公司实现"为客户提供服务"的目标，华为在 EMT（经营管理团队）下专门设有战略与客户常务委员会，主要职责是承担务虚工作，通过务虚拨正公司的工作方向，协助 EMT 制订公司战略，确保整个公司的战略执行符合客户需求导向；在各产品线、各地区部建立营销部，专注于客户需求的理解、分析，确保客户需求能快速地反馈到公司并放入产品的开发路标中。同时，明确贴近客户的组织是公司的"领导阶级"，是推动公司流程优化与组织改进的原动力。在这样的组织结构中，公司的中层和领导层都是公司的服务层。为一线服务，为客户服务。

5G 时代来临，在 2016 年 10 月 28 日召开的"出征·磨砺·赢未来"研发将士出征大会上，任正非说道："我们今天集结 2000 多名高级专家及高级干部走上战场，背上他们自己制造的降落伞，空降到战火纷飞的战场，把深厚的技术理解力与强大的战场掌控力结合起来，才能站在战略制高点上，真正理解客户需求，真正成为客户的战略伙伴。'春江水暖鸭先知'，你不下水，怎么知道天气变化？"

华为派出 2000 多名研发高级人员奔赴一线，就是为了帮助客户解决问题，实现商业成功，进而使公司获得长期有效的增长。结合市场需求，有针对性地研发、制造和销售，避免公司资源的浪费，让公司的创造力发挥到实处，这就是华为能够持续稳定发展的重要基础。

3.1.2　加强交付与服务能力，赢得客户认可

在业务上坚持以客户需求为驱动的同时，华为强调要通过持续的管理

变革，打造全球化的交付与服务平台，不断提升公司的交付与服务的质量，从而赢得更多客户的信任与认可。

权威研究机构 Gartner Group（高德纳咨询公司）在观察通信设备行业多年后，对观察结果加以分析，发现在通信设备行业中，许多大公司派出去解决客户问题的人员都不多，一般派五个工程师到客户端驻点就是高规格了。有些公司为了省事，会采用远端视频遥控交付和维护，根本不会派工作人员前往现场。

但是，华为却不同。为了能够满足客户的需求，华为可以派出一支12人组成的团队前往现场，与客户讨论、研究出最适合的设备。在交付过程中，只要出现问题，哪怕出问题的地点远在青藏高原，华为的工程师也会奔赴现场，与客户一起解决问题。在华为，从高级主管到新的工程师，都十分重视客户问题，总是第一时间前往现场帮助客户解决问题，获得了许多客户的赞赏。

通过为客户提供全方位的交付服务，为客户创造价值，公司就会赢得客户的信任与认可，同时能为公司创造更多的价值。

多年来，华为以实现全球化的交付与服务为目标，秉承着"公司的设备用到哪里，就把服务机构建到哪里，贴近客户提供优质服务"的理念，在国内30多个省的300多个地级市都建有服务机构，在全球140多个国家都有贴近用户的服务中心，如北京全球网络演进和体验中心、罗马尼亚全球服务中心、印度尼西亚业务运营中心等，持续加强企业交付与服务能力的建设，以真正了解客户，及时发现客户需求，并满足不同地区的客户需求。

在加强全球化交付与服务能力的同时，华为还强调公司首先需要做的就是为客户提供低成本、高质量的产品与服务，以提高企业的市场竞争力，获得更多客户的青睐。于是，华为提倡端到端的改进提升，牵引产品的易交付性、易维护性、易用性，同时进行全流程商业竞争力的改进，而不是只关注产品技术。

3.1.3 组织发展要与业务发展匹配

30 多年过去了，华为实现了从"一无所有"到"三分天下"、从"积极跟随者"到"行业领先者"的跨越式发展。

随着公司进入无人区，华为于 2017 年提出了新的愿景和使命："把数字世界带入每个人、每个家庭、每个组织，构建万物互联的智能世界。"同时华为重新明确了公司战略：聚焦 ICT 基础设施和智能终端，使能数字化转型。

为支撑公司长期战略，适应未来公司业务管理的需求，华为主动求变。经过公司高层近一年的酝酿和研讨，最终由人力资源委员会纲要工作组初步拟订了《华为公司人力资源管理纲要 2.0 总纲（公开讨论稿）》。它不仅总结了过去 30 年来公司人力资源管理不断使能企业发展过程中所积累的成功经验，还结合了企业的新愿景和使命，提出了公司业务管理与组织运作的新模式。

虽然华为在过去 30 多年的持续努力中取得了巨大的成就，但是公司的人力资源管理仍面对组织活力未被不断激发的问题。其中包括组织队形变化跟不上业务的变化，具体表现为：

（1）成熟业务组织僵化。组织设置过于追求标准化与上下对齐，难以适应客户的变化需求，且组织形态与资源投入未能匹配业务发展阶段的实质需求，人均效率提升过于依赖指标约束，缺乏强有力的机制牵引成熟业务冗余资源的及时释放及向新业务的动态转移。

（2）成长业务与新发展业务组织管控过度。过于慎重、过程烦琐、程序复杂的审批程序，导致组织队形调整相对于新业务变化的速度缓慢，不利于业务快速发展与组织使能展开。

（3）职能碎片化、多头管理、过度管理等导致组织低效、运作成本较高。公司各类各级组织不同程度上都存在职能碎片化、责权不清、责权不对等的问题，"婆婆过多"式的多头管理、"伸手过长"式的过度管理现象较普遍，组织整体纵向层级多、横向运作关系复杂，沟通与协同成本过大，而且组织运作流程运营厚重、过程管控烦琐、监督问责过度等较大程度地抑制了一线作战力量的创造积极性与能动性，形成了不信任的工作氛围。

《华为公司人力资源管理纲要 2.0 总纲（公开讨论稿）》的起草和发布，其意义堪比当年起草《华为基本法》，它为公司的组织变革指明了方向，牵引人力资源体系持续升级，保障了组织的活力。

3.2　组织变革要促进业务发展

教育专家乔治·克里斯托弗·利希滕贝格说："我不能断言，如果变革，事情会变得更好；我可以断言的是，如果想变得更好，就必须变革。"华为强调组织变革要促进业务发展。为了实现这一目标，华为在变革中遵循着七反对原则，以先僵化、后优化、再固化的变革三部曲为指导方针。

3.2.1　组织变革要支撑长远业务发展

一般而言，企业在进行组织变革的过程中，业务发展对组织模式的影响是最大的。组织模式必须服从于公司业务发展，并且要在公司业务发展做出调整时及时改变。

创业早期，华为公司的产品主要是国内市场的程控交换机。此时，华为的首要任务是聚焦所有部门的力量和资源去研发具有自主知识产权的程控交换机。当时华为的业务相对简单，因此公司便采用了直线职能型组织模式，各部门职能划分明确，各司其职。

到了 1995 年，华为研发的程控交换机在国内市场呈现火爆状态。在国内市场火爆的同时，华为也意识到国内电信设备市场正趋于饱和，于是便开始把眼光转向国际市场。为此华为打破原有的直线职能型组织模式，开始向矩阵式组织模式发展，以适应差异化的外部战略环境。

在组织变革的过程中，华为还对授权体系做了优化，对作战单元加大授权，同时配以监督机制，确保组织的灵活性。

2017 年，任正非在华为公司监督与管控体系延伸建设思考汇报会上表示："将来作战中心授权前移，监督也随之前移。未来五至十年，公司将按 1500 亿美元的销售收入规模来实施业务组织改革。公司董事会和它的咨询性质委员会侧重于确定制度和规则，而不是讨论决策具体项目。国家层面就是作战平台，BU 是作战中心、利润中心。要构建一个新的分权制衡机制，作战线越短越好，BU 直接指挥作战单元，并对作战结果承担责任。

"作战平台和监管平台同时前移，基层要发挥作用，我们需要层层组织承担起责任来。现在我们有 18 个销售收入 20 亿美元、34 个销售收入 10 亿美元的代表处。需要提升岗位职级，提高作战能力和监管能力。同时，我们也要选拔有资历的人来担任子公司监督性董事会成员，合理化调整职级和薪酬，让大家积极去冲锋。"

总的来说，组织变革的目的是适应公司未来业务发展的要求，提高组织的效能，为客户提供满意的产品和服务，以及实现组织的可持续发展。

3.2.2　组织与业务变革遵循的原则：七反对原则

管理变革要坚持从实用的目的出发，达到适用目的的原则。为此，华为在组织与业务管理变革中，提出了七反对的原则。

（1）坚决反对完美主义。任正非说过："搞流程不存在完美，流程哪来的完美？流程是发展的、改变的，外部世界一直在变，你搞完美主义我时间等不起，你可能要搞一年，但是我希望你半年搞出成果！"

（2）坚决反对烦琐哲学。不要烦琐，尽量简化，能够两步走的就两步走，不要用三步、四步，对于客户来说越简单越好，管理内容也是越简单越好。

（3）坚决反对盲目的创新。有很多创新是被允许的，但是不支持盲目创新，没有经过实践验证的创新是要反对的。只有经历数年的充分认证，才能进行必要的革命。

（4）坚决反对没有全局效益提升的局部优化。不要只看自己那一块，没有全局的观念。华为强调，如果这项变革只能给你一个部门带来利益，对华为整体却毫无益处，那就保持原状，不要去修改它！

（5）坚决反对没有全局观的干部主导变革。参与变革的人员一定要有全局观进行运作协同，而不是屁股决定脑袋。如果主导变革的干部都不理解变革的目的，那他还适合站在这个位置上吗？不适合！不适合就要让位。

（6）坚决反对没有业务实践经验的人参加变革。变革就是把以前的成功经验进行复制建立体系，如果参与变革的人都不懂业务，他能有成功经验吗？华为强调，变革的干部需要有丰富的实践经验。

（7）坚决反对将没有充分论证的流程进行使用。流程在正式推出之前要找一些部门或者团队做试点。试运行完了以后再去做适当推广，一直到最后的全球推广。

从华为成立之初的组织变革到人力资源薪酬绩效管理变革、从IPD（产品研发体系）到LTC流程变革、从IFS到端到端业务统一平台管理，都以七反对原则作为变革的核心指导原则。七反对原则是华为对多年管理变革进行回顾总结后，提炼出来的精华，从模式到目的乃至实施主体都为变革设置了边界，从而在最大限度上确保变革能够得以顺利实施，变革走向不发生偏离。

华为从不忌讳谈公司的"病灶"，更是敢于改革一切不适应及时、准确、优质、低成本实现端到端服务的东西。但是华为在改革过程中一直强调要遵循七反对原则，渐进改良、优化，无穷逼近合理，这同时也给其他公司的变革提供了启示与忠告。

3.2.3　组织变革三部曲

变革时难免会让很多人有权力旁落的感觉。再者，华为聚集了数万名优秀知识分子，他们脑子灵活，虽然能够快速接受新事物，但是也非常有怀疑精神，在变革中容易形成很多思想和见解，导致精力分散。在 IPD 变革第一阶段汇报总结会上，任正非斩钉截铁地明确了公司变革的三部曲："我最痛恨那些'聪明人'，他们认为自己多读了两本书就了不起，有些人还不了解业务流程是什么就去开'流程处方'，流程七疮八孔的，总出问题。"他还说道："我们切忌产生中国版本、华为版本的幻想。引进要先僵化、后优化、再固化。"

华为的变革三部曲：先僵化、后优化、再固化，其实质是两大管理循环的结合：PDCA（计划—执行—查核—行动）与 SDCA（标准化—执行—查核—行动）（如图 3-1 所示）的结合。

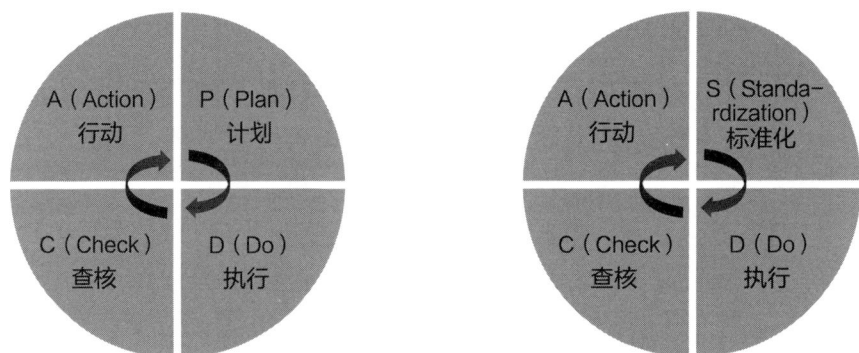

图 3-1　PDCA 与 SDCA 管理循环

　　反映到企业管理的过程中，就是先用 PDCA 循环改进问题，然后再用 SDCA 循环把改善的成果进行标准化，使问题不至于反弹。当改善的成果在一段时间内得以稳定后，再次用 PDCA 循环改进，接着继续用 SDCA 来固化。如此循环往复，企业的管理水平就会得到逐步提高。

　　先僵化是指全面吸收外部专家与顾问的先进管理经验，从而确保后续的知识获取。华为要求所有员工都要聆听和遵循专家的意见，在学习先进经验上坚持"削足适履"的方针。企业管理改革一般在僵化阶段都进行得很艰难，很多人会对引进的管理体系表达不满，但是华为没有向他们妥协，强调在真正理解引进的管理体系之前，不能盲目、擅自地改动它。

　　例如，在学习 IBM 的管理时，华为强调："要想明白 IBM 是怎样做的，就要学习人家先进的经验，要多听取顾问的意见。高中级干部首先要接受培训学明白，在不懂之前不要误导顾问，否则就会作茧自缚。而我们现在只知道 IT 这个名词的概念，还不明白 IT 的真正内涵，在没有理解 IT 的内涵前，千万不要有改进别人的想法。"

　　先僵化，说起来容易做起来难，"削足适履"肯定是个痛苦的过程。但削比不削好，早削比晚削好。总体来讲，在该阶段，企业还处于老实、认真、系统地学习国外先进管理经验的阶段。

　　僵化是阶段性的。僵化是一种学习方式，不是妄自菲薄，更不是僵死。因此，在僵化之后，企业需要根据自身实际情况对引进的管理体系进行优化调整，打造出具有自身特色的管理体系。比如说华为的薪酬体系改革，在任正非看来，当华为的人力资源管理系统规范了，公司成熟稳定了之后，华为就可以打破 Hay Group 公司的体系进行创新了。这样变革就从僵化阶段进入了优化阶段。

优化对象分为两块：国外引进的和自己创造的。学习国外的管理体系时，要注意：一方面不能耍小聪明，还没学会就要改进；另一方面是优化不是全盘推翻，华为坚持的优化原则是改良主义。对于自我改进，则要防止故步自封和缺少自我批判精神。只有认真地自我批判，才能在实践中不断吸收先进管理理念，优化自己。

当然，优化的目的是使企业的管理变得更有效与实用，而不是将西方式管理改造成中国式管理或华为式管理。

最后到了再固化。优化是一个持续的过程，但到了一定程度后会形成相对稳定的状态，这时候就得固化下来，为新一轮优化建立基础。华为认为，创新应该是阶段性的和受约束的，如果没有规范的体系进行约束，创新就会是杂乱无章的。公司要像夯土一样，逐层夯上去，逐步固化公司的创新与改进成果。固化就是例行化（制度化）、规范化（标准化），是管理进步的重要一环。

僵化式学习，优化式创新，固化式提升，这就是华为管理变革的三部曲。对此，任正非曾表示："在僵化的基础上优化，僵化是把先进制度照搬过来，但这些先进制度未必全都对华为有利，我们先用一段时间，观察一下，等我们确定优良中差以后，再针对性地进行改良和淘汰，这样才能找到最适合我们的发展路径。"

通过坚持先僵化、后优化、再固化的变革三部曲，华为的管理体系得到了显著改善和优化，公司的核心竞争力也得到了提升。

3.3　聚焦主航道，控制多元化

定位之父艾·里斯说："太阳是一种强能源，它以每小时数亿千瓦的能量照耀地球。但借助一顶遮阳帽，你就可以沐浴在阳光下数小时而不被晒伤。激光是一种弱能源，一束激光只有几瓦的能量，但是凭借聚焦这束光，你可以在钻石上打洞或者切割肿瘤。这就是聚焦的力量。"华为多年来能够取得持续发展，很大一部分原因是坚持聚焦主航道，控制多元化。

3.3.1　坚持聚焦主航道不动摇

30 多年来，华为都坚持做一件事：聚焦主航道，又称为聚焦管道战略，无论遭遇怎样的困境，取得多大的成果，都坚持聚焦主航道不动摇。这是华为能够取得持续成功的关键之一。用任正非的话来说："人只要把仅有的一点优势发挥好了就行了，咬定青山不放松，一步一步就叫步步高。有些人就是不停地换，说是兴趣爱好，包括炒菜、扫地等什么都会做，但他并不会得到太太的表扬。"

任正非曾多次从较宽泛的角度去描述主航道。2012 年，任正非在三亚终端战略务虚会上的讲话中说："什么叫主航道？世界上每个东西都有正态分布，我们只做正态分布中间那一段，别的不做了，说那个地方很赚钱我们也不做，也卖不了几个。我们就在主航道、主潮流上走，有流量就有胜利的机会。"

2014 年，华为轮值 CEO 徐直军在一次讲话中，相对具体地阐述了究竟什么是主航道："如果用'水系'来描述我们的管道战略，水流流过的地方，就是指信息流流过的地方，就是我们的主航道。具体来讲就是我们的数据中心解决方案、移动宽带、固定宽带、骨干网，以及我们的智能终端、家庭终端和物联网的通信模块，这些领域就是我们聚焦的'主航道'，其他领域都不属于我们的'主航道'。"

可见，华为是将大数据流量的管道战略作为公司的主航道的。基于管道的目标定位，面向运营商、消费者、企业 / 行业三类客户，华为分别成立了消费者 BG、企业 BG、运营商 BG，针对性地铺设管道体系，为三类不同的客户提供 ICT 解决方案。其中，运营商 BG 聚焦的是端到端大管道架构，将解决方案设计的目标设定为"高带宽、多业务、零等待的客户体验"；企业 BG 聚焦的是企业和行业所需要的 ICT 基础设施，只做 ICT 基础设施产品提供商，而细分领域的应用软件由合作伙伴来做应用开发与系统集成；消费者 BG 只聚焦于能够产生流量和消费流量的网络终端，而不会涉及与流量无关的终端。

这些管道是紧密相通、相互促进的，它们在技术上更是垂直整合的。例如，IT 在企业中的应用是服务器，在运营商网络中的应用是专用设备；无线技术在消费者中的应用是手机，在运营商网络中的应用是基站。总体上说，华为技术的系统整合与针对性共享，使得华为在服务各类客户群体时，都能够提供更优质、更有竞争力的产品解决方案。

通过坚持聚焦主航道，华为在技术创新和市场拓展方面都取得了不错的成绩，进一步强化了华为作为行业领先的 ICT 解决方案供应商的地位。2020 年，华为在运营商业务、企业业务和消费者业务三大领域均获得了有效增长，全年实现销售收入 8914 亿元人民币。

华为轮值 CEO 徐直军说："华为是能力有限的公司，未来要做什么，不做什么，经过了好几年的思考。现在已经清晰了，要继续聚焦管道战略。"未来是一个万物互联的世界，为了更好地迎接大数据时代的挑战，华为将继续聚焦主航道，从而为客户提供更好的产品和服务，实现企业的价值。

3.3.2　聚焦主航道的原则：压强原则

华为聚焦主航道的一个核心的原则是压强原则，就是把自己所有的力量凝聚到一个点上，要么不做，要做就都上去。华为认为，不收窄作用面，压强就不会大，所以必须集中力量在一点上。在针尖大小的领域里，作用面如果扩展到火柴头那么大，就绝不可能实现这种超越。

任正非曾用坦克和钉子的比喻形象说明压强原则：坦克重达十几吨，却能够在沙漠中行驶，而不会陷入其中，原因之一就是坦克双侧宽阔的履带有效地分散了加在单位面积上的重量；钉子质量虽小，却能够穿透硬物，是因为它将力量集中在小小的钉尖上，二者的差别就在于后者的压强更大。

华为靠着压强原则，从创业一开始就把它的使命锁定在通信核心网络技术的研究和开发上，将拥有的有限资源集中于一点，以求重点突破，然后迅速扩大战果。从万门数字程控交换机到 GSM 全套移动通信设备，再到光网络设备……华为几乎所有的重大产品在开始之时都是这么突破的。公司规模小时如此，公司规模大了依然如此。到今天，华为已经成为行业领先者，但是仍旧坚持贯彻压强原则。

压强原则在华为的另一个战略方向上的延伸，就是收缩战线，剥离那些与通信核心网络设备不相关的业务。也就是说，不在非战略机会点上消耗战略竞争力量。

华为做过一个巨幅广告，图片很具冲击力：在刚果河边生活的瓦格尼亚人为了生存，将编制巨大的木篮放在每秒流量 2.8 万立方米的刚果河中，用来捕鱼。在捕鱼的过程中，瓦格尼亚人必须非常专注，如果他们不是站在恰当的地点，用恰当的角度和力量，他们很快就会被大浪卷走。

这幅广告的寓意是，华为今天正如在刚果河中捕鱼的瓦格尼亚人，是站在一个业务发展的洪流中。虽然机会很多，但是华为坚持高度聚焦的战略理念，聚焦于大数据洪流中的战略机会，不在非战略机会点上消耗战略竞争力量。于是，华为在照片的旁边就配了"不在非战略市场消耗战略竞争力量"这句话。

据说，这也是任正非特别喜欢的一张照片，是他偶然在飞机航空杂志上看到的，费了很大周折才找到拍摄照片的摄影家并买下版权，如图 3-2 所示。

图 3-2　瓦格尼亚人捕鱼

如果均匀使用力量，就不能产生大的压强，公司就不容易脱颖而出。华为强调，要敢于在战略机会点上聚集力量，不在非战略机会点上消耗力量。不要盲目做大、铺开，要聚焦在少量有价值的客户上，在少量有竞争力的产品上形成突破。

2020 年年初，新冠肺炎疫情肆虐，许多企业都开始组织员工远程办公，因此许多提供远程办公系统的企业希望能抓住这次千载难逢的机会，华为也是如此。

2 月 20 日，任正非在与华为云 Welink 团队进行座谈时强调："'无心插柳柳成荫'，那我们就要抓紧发展'柳'。碰上一个战略机会，借着这个势

就往前冲，扑上去，撕开它，纵向发展，横向扩张，让'柳成荫'。Welink
要杀出一条路来。Welink 的战略机会窗已经出现，我们要加快队伍建设，
抢占机会窗，可以从战略预备队、BSS 的员工中，选择一批人补进去；第
二批人赶快进行战略预备队短训，作为第二梯队再补上去。机会总会降临
在有准备的人身上。我们号召员工自愿自荐，经面试后补入抢占 Welink 的
战略机会窗的队伍。让一切英雄人物有用武之地，集天下英雄，何愁不得
天下。"

在看到 Welink 的战略机会窗出现后，华为就对着远程办公系统这个
"城墙口"实施炮火密集的饱和攻击，扑上去、撕开它，纵深发展，横向
扩张。

今天的华为已经走到世界通信业界的最前沿，进入了领先一步的无人
区，但是仍然聚焦主航道和主战场，坚持压强原则，以保障自身的核心竞
争力。

3.3.3　坚持聚焦，抑制多元化扩张冲动

管理大师彼得·德鲁克说："任何一家企业在任何时期都需要一种有
计划的放弃策略，尤其是在动荡时期。对于每一种产品、服务、流程或活
动，管理者都需要每隔几年自问一个问题——如果我们没有身在企业中，
我们是否仍然会制造这种产品、提供这类服务或参与这项活动？由此，及
时准确地判断出它是否能跟得上时代的步伐。如果答案是否定的，那么管
理者就应该果断地做出放弃的决策。"华为同样认为，战略战略，只有略
了，才会有战略集中度，才会聚焦，才会有竞争力。

多少年来，华为始终坚持做一件事——坚守实业，专注于 ICT 领域。
我们知道在华为的成长过程中，正逢中国房地产市场的爆发期，国内很多
做实业的企业家都去做房地产生意，赚得盆满钵满。面对巨大诱惑，华为

从未动摇过，不但没有做房地产，而且连股票都没炒过，坚守实业，坚守自己的理想和信念。任正非认为："在大的机会面前，要有战略耐力。高技术企业如果都去搞房地产、炒股票，最后只会把自己搞乱、搞垮。"

无论是一个人还是一个企业，其精力和能力终究是有限的，而对于一个能力有限的企业，决定聚焦什么，以及放弃什么，比什么都重要。唯有学会聚焦，学会发力于一点，才能爆发出最强的力量，华为表示，虽然聚焦不一定能引领主潮流，但发散是肯定不能的。只要能够聚焦力量，就有希望做到不可替代。

2020 年 5 月 14 日，乐视在上市十年后收到了终止上市书。深圳证券交易所在官网上发布了关于乐视网信息技术（北京）股份有限公司股票终止上市的公告。作为创业板曾经的头牌，乐视怎么会走到今天这一步呢？让我们先来回顾一下乐视的发展历程。

2004 年，贾跃亭在北京创办乐视网，主要发展网络视频内容行业。2009 年，乐视凭借之前收购的大量电视剧和电影的互联网版权，赚得盆满钵满。2010 年 8 月 12 日，乐视成为第一家 A 股上市的视频网站。

然而随后，乐视开始了它的多元化扩张之路，从 2008 年起先后开始涉足汽车、金融、房地产等多个与其核心业务相关性不高的领域。

2014 年 12 月，乐视强行进入电动汽车行业，因为从长远来看电动汽车行业可能有光明的前景。2014 年 12 月 9 日，乐视董事长贾跃亭宣布，乐视将推出 SEE 计划，通过完全自主研发，打造最好的互联网智能电动汽车。要知道，投资研发电动汽车需要大量资金的投入，作为这个行业的先行者和佼佼者，特斯拉在 2016 年的净亏损达 6.75 亿美元。

2016 年 3 月，乐视又开始布局互联网金融业务，于同年 11 月初正式推出乐视金融。而此时互联网金融行业早已是一片血海，以 BATJ 等为代表的巨头早已排兵布阵，并基本确定了竞争格局。

2016 年 5 月 14 日，《中国地产报》官方微博发布消息，中国互联网行业巨头乐视，下周将宣布正式进军房地产行业，推出互联网生态地产。其后，乐视便斥资近30亿元收购商业地产公司世茂股份旗下的地产相关资产。

随着乐视的不断扩张，其核心业务所占的市场份额却不升反降：2016年，中国网络视频广告市场规模超过200亿元，在第四季度网络视频广告市场收入份额中，爱奇艺占21.4%，腾讯视频占21.2%，优酷土豆占20.5%，分别位居市场前三位置，而乐视的市场份额却只有11.1%。

从乐视的发展历程中就可以看到，由于乐视不是在已经构建好核心优势的基础上，逐渐扩张与其核心业务相关性较高的产业，这才导致其今天的困局。简言之，乐视危机的根源就是盲目开展多元化业务。

华为能取得今天的成功，得益于30多年如一日，守望自己的理想，专注于ICT领域，聚焦一个目标，持续奋斗。2018年，任正非在接受媒体采访时表示："我们不会做多元化业务，会永远聚焦在主航道上，未来二三十年后，可能我已经不在这个世界上了，但我相信后来的公司领导层仍会坚持聚焦。"

3.4　梳理组织权责，推进矩阵化管理

华为主航道组织运作改革的重点是在坚持矩阵化管理的基础上，逐步实现"一线呼唤炮火、机关转变为服务与监督"的运作改良；非主航道组织运作改革就是要去矩阵化管理或弱矩阵化管理，率先实施流程责任制，实现及时、正确、合理盈利的服务和支撑，不让腐败有滋生的场所。通过推进矩阵化管理，明确组织职责，华为能始终保持着高效的作战能力。

3.4.1　明确组织职责

管理学家斯蒂芬·P. 罗宾斯认为，一个企业要想实现效率上的提升，就必须严格明确并落实成员的组织责任，并且企业组织和成员要以一种利于组织的方式进行经营和管理。事实上，华为、IBM 等全球知名企业能够做到持续的组织优化和效率提升，与其"高度明确组织职责"这一行为也是密不可分的。

20 世纪 90 年代，华为在追求企业整体效率的过程中就提出：必须严格明确个人责任与组织责任，做到"人人勇担责，事事不怕追究"。

然而随着企业的不断发展，员工和组织的责任意识却在淡化，尤其是 2010 年"马电事件"的爆发给华为管理层敲响了警钟：各部门权责不清、责任意识不强，根本没有意识到客户的期待和自身应承担的责任。

2010 年 8 月 5 日，华为前董事长孙亚芳收到了马来西亚电信 CEO 对华为的投诉电邮，因为华为做 IPTV 项目交付时 NGN 和 BRAS 割接失败，OPM 功能板错发，即使华为多位领导包括销售与服务总裁、亚太片区总裁、马来西亚代表处代表等亲自到场督促，问题也没有得到解决。

马电 CEO 在把上述投诉信发给孙亚芳的同时，也抄送给了相关产品线的总裁。因此，相关产品线总裁和部门主管也是第一时间就知道了有客户的投诉。

8 月 6 日，销售与服务总裁徐文伟对客户投诉做出批示："戴景岳，请把该邮件转给软件公司邓飚，并由软件公司及交付开会讨论拿出解决方案。"

同一天，亚太片区总裁王胜利发出邮件："回函起草后让刘江峰先审阅一下，然后让姚福海多加点资源，我们改进后看能不能请孙总来马来西亚一下。另外代表处准备一下，下周召集产品线、南太地区部 GTS 召开一个会，马电问题要尽快解决。"

　　地区部总裁刘江峰又发出邮件:"没有问题,马来西亚交付的问题我和代表处一起来抓一下。姚福海一周后也要到马来西亚现场支持。目前马来西亚的交付压力太大,包括多个项目,投诉不断。主要问题表面上看是项目管理和资源的问题,真正的核心还是能力问题……再加上产品设计缺陷,技术人员的培训严重不足、专家越来越少,更进一步加剧了问题的爆发。"

　　这些邮件在公司内部转来转去,但并没有提及如何快速响应客户并快速解决问题。5天过去了,客户没有得到任何答复。直到10日孙亚芳从国外回来才被告知有一封投诉邮件,各部门正在处理。但是当她查看电邮后,发现已经5天了,却没有一个部门敢于承担帮助马来西亚电信解决问题的责任。

　　各部门主管过去几天想的不是如何快速帮助客户解决问题,而是如何回复客户邮件。于是,孙亚芳只得亲自推进此事,最终在高层的强力推动下,公司顺利解决了客户投诉的问题,重新赢得了客户的信任。

　　"马电事件"后,华为要求各部门自上而下进行深刻反省,最终的结论是部门责任不明确,缺乏主动承担责任的意识。究其根源是华为的流程责任体系和组织体系存在短板。对此,任正非说:"我们曾经引以为豪的方法、流程、工具、组织结构在市场的新需求下变得如此苍白无力。在未来的竞争中,我们还能帮助客户实现其价值吗?能真正成就客户吗?"

　　华为借此开启了流程清淤和冗员卸载模式,在公司中开始推行新一轮管理模式变革,时任华为轮值CEO的郭平在EMT会议上提出,管理模式变革将由"中央管控"向"一线驱动"转变,以达成"前后方协同、担责、对准目标"的效果。

3.4.2　推进矩阵式管理,保持高效作战能力

　　一位前美国将军评价:"为什么西方公司畏惧华为?原因之一是西方

公司过去 20 多年的高管大多是从商学院毕业的，而华为是向军队学习管理。"军队采用矩阵式组织结构，矩阵的"横轴"——各军种部负责提供不同专业的、训练有素的作战力量；矩阵的"纵轴"——战区指挥机构被赋予作战筹划和组织指挥的职权，以更加灵敏地对安全威胁做出反应。华为向军队学习，在企业管理中采用了矩阵式管理模式。

华为之所以要向军队学习矩阵式管理，主要原因是矩阵式管理有一个最突出的优势：强大的中央集权的控制模式，以及与之匹配的超强的执行力。而且对于矩阵式管理，华为有着自己的理解：

（1）没有协调就没有运动。当一个部门不愿与别的部门协调，其中一个员工不愿与别人用会议来调整双边多边关系的时候，这个部门在华为实际上已经没有存在的必要了，至少这个员工不能做这个部门的领导。华为是有严格分工、实行矩阵式管理的公司，没有协调就没有运动。那些还在种一亩三分地的员工，要迅速转变工作作风。团结在华为这个高速运行的、规模较大的公司中显得尤其重要，不能搞好团结的员工，不仅不能做各级部门的领导，作为一位普通员工都有困难。

（2）矩阵式管理要用在主航道。矩阵式管理主要用在主航道上的作战队伍上，主航道需要一个大规模的平衡，要耗费一点人力资源，称称这个、平衡那个。非主航道就不需要这么复杂的平衡。

（3）非主航道要去矩阵化。公司的矩阵式管理主要用于组织千军万马上战场，行政不是主航道，大多数岗位不需要矩阵化。行政独立业务可以弱矩阵化，非独立业务的其中一部分可以岗位矩阵化，但相当多的基层操作岗位是要去矩阵化的。对于基层员工要简化管理，不要使用复杂的人力资源管理措施。

（4）在主航道要坚持矩阵式管理，又要让矩阵变形，不断适应公司发展的新要求。公司主航道业务需要面对快速的内外商业环境、客户需求和产业变化。为了抓住机会，打造领先优势，华为强调作战队伍要在任何情况下产生适应性变化，但是作战队列不能乱。

矩阵式管理的特点是随着环境的变化阵列会变化，队列之间的相互关系不能变化，否则就会丧失作战能力。华为学习军队的矩阵式管理就是这个目的。矩阵管理的优势是大平台，各类资源都充分复用共享，但其代价是内部管理关系比较复杂，管理成本高。但为了让千军万马站上上甘岭，不得不只对大部队这么做。

然而，公司发展不可能这么稳定，稳定也只是短期之内的，它会随着商业环境、交易质量、人的素质等的改变而变形。因此矩阵式管理在稳定基础上要进行"变形"，不断适应业务需求的变化。

华为的矩阵式结构，是一个不断适应战略和环境变化，从原有的平衡到不平衡，再到新的平衡的动态演进过程。不打破原有的平衡，就不能抓住机会，快速发展；不建立新的平衡，就会给公司组织运作带来长期的不确定性。

3.4.3　华为矩阵式组织运作的特点

现在有越来越多的企业实施矩阵式组织运作，却碰到了"理想是美好的，现实是残酷的"的情况。很多企业因此望而却步，或犹豫不决，或有心无力，甚至伤痕累累，而华为却是其中的例外。

华为矩阵式的组织结构，是其按照战略决定组织的原则建立起来的，顺应了华为经营性质对组织运作方式的需要。华为的组织结构自成特色，为多维矩阵式结构。这种纵横交织成网状的结构，如同一张巨大的渔网，其网眼由不同类型组成，建成的业务支援体系各不相同，当出现一条一个网眼挂不住的大鱼时，就要充分调动各项资源，形成合力，把许多的网眼组成网团，从而将市场大鱼紧紧地包围、捕捉起来。

华为构建的客户、产品与区域三维度协同作战的矩阵式组织具有如下三个显著特点。

（1）支撑战略、客户导向：贴近客户来配置组织，可以及时捕捉到当地市场信息，快速响应客户需求，并使客户需求得到满足。

（2）流程驱动，决策高效：流程自动化运转，不需要依靠行政指令，沿着流程分配责任与权力。

（3）集中与分散的合理组合：向一线授权，同时构建专业能力大平台支撑前线作战。华为各 BG 是面向特定的客户群，以营销、产品及绩效管理为主的组织。

可以看出，华为的组织结构既不完全是中央集权的，也不光是去中心化、分布式的，它是把集中和分布式整合到了一起，这样使得华为既具备了大公司的规模优势，还在某种程度上保持了小公司的灵活性，有力支撑了公司未来业务的发展。

统治与分治相结合的矩阵式管理结构是公司组织发展的方向，公司的组织管控都包含矩阵式结构的思想，如充分授权、加强监督等。这种设计既有分权、放权，又有约束、监控，是健康可靠又具有灵活性的结构。华为的多维矩阵式结构是其奋斗多年总结形成的，这种相互之间的关系以及量的制约关系，是不会轻易破坏掉的。而且华为矩阵不是一个固态的矩阵网：收缩时，网会叠起来；扩张时，网就会拉开。

3.5　基于业务变化，调整组织结构

随着企业规模不断发展，业务复杂度不断变大，工作流程和规范性不断提升，华为的组织结构也在随着业务的变化而不断调整，以有效支撑业务的发展。

3.5.1　组织结构支持关键活动的实施

战略决定着在一家企业中哪些是最关键的活动、任务。企业在有了明

确的战略后，就需要把实现战略的关键任务描述出来，同时还要考虑到这些关键任务之间有多大的依赖度，也就是战略执行中的第一步：关键任务与依赖关系的确定。

华为在采用 BLM（Business Leadership Model，业务领先模型）（如图3-3所示）制定企业的战略规划后，会基于规划推导出实现战略的关键任务。关键任务必须支持业务设计，尤其是价值主张的实现，是连接战略和执行的轴心点。

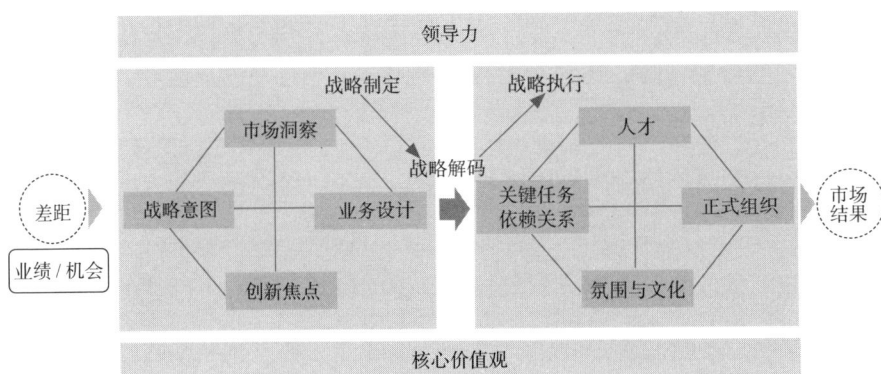

图3-3　BLM

作为迈向战略执行的关键，业务设计包括六个方面，分别是客户选择、价值主张、价值获取、活动范围、战略控制和风险管控。

（1）在客户选择上不能盲目扩大客户数量，要注重客户质量，因为公司的资源是有限的。例如，华为不同系列手机的目标客户群是不一样的：P系列定位的是懂科技又会玩科技的客户，Mate系列定位的是商务客户，荣耀系列则主打年轻客户群体。各系列都有其目标人群，目标外的客户会被放弃。

（2）价值主张又称价值定位，是企业基于客户角度，对市场进行洞察，依据由此产生的战略意图，摸清客户的痛点在哪里。抓住客户痛点进行表达，这样才能打动客户，得到客户的认可。

（3）价值获取就是企业的获利能力，即企业怎样通过满足客户需求来赚钱。

（4）活动范围是指公司在业务范围内如何改变，以留住客户，带来利润，实现战略控制。

（5）战略控制就是公司拥有的让竞争对手难以攻克的竞争堡垒，如专利、品牌、版权等。正如巴菲特所说："一家真正称得上伟大的企业，必须拥有一条能够持久不衰的'护城河'，从而保护企业享有很高的投入资本收益率。因此，企业要想持续地取得成功，至关重要的是要拥有一个让竞争对手非常畏惧的难以攻克的竞争堡垒。"

（6）风险管控就是公司对造成失败的不确定因素的识别、理解与管理。华为有五种风险管理策略：规避、承受、利用、减小及和合作伙伴共同承担风险。在进行风险管理时，通常先识别出有哪些风险、风险发生的概率，再依据风险发生的概率选用合理的风险管理策略去应对。

关键任务支撑公司业务设计，保证战略目标的实现。在每个关键任务的执行计划中，都需要人来牵头执行，他们来自企业内部与外部，并且要明确不同身份的人在关键任务的执行中的角色、职责以及他们相互配合的关系，即相互依赖关系。

在围绕战略输出关键任务与依赖关系后，企业就要考虑当前的组织结构能否支持关键活动的实施：如果当前的组织结构能够支持关键活动的实施，那么就不需要对组织结构进行优化或调整；如果组织结构不能支持关键活动的实施，企业就需要重新设计组织结构，以避免企业战略无法得到有效落实，流于形式。

3.5.2　重新设计组织结构以完成关键任务

作为承接公司战略，连接企业战略、业务运营和客户需求的关键环节，组织结构是企业支撑管理转型与升级的重要抓手。无论是稻盛和夫的阿米巴管理模式，还是华为的"铁三角"作战单元等，都足以说明，好的战略必须通过有效的组织进行运作，否则难以实现落地。

　　根据BLM，战略执行包括四个关键要素：关键任务、正式组织、人才、氛围与文化。其中，关键任务是连接战略与执行的轴线点，给出了战略执行的关键任务事项与时间节点；正式组织是战略执行的组织保障，在战略执行的过程中，企业需要建立相应的组织结构、管理制度、管理系统及考核标准，否则战略执行效果会大打折扣；人才、氛围与文化则是保证战略执行的人才需要与氛围支持。

　　在BLM中的正式组织含义比较广，包含组织结构、组织规模、组织层级、考核标准等。为了完成关键任务，企业需要对组织结构进行重新设计。比如说，华为在成立消费者BG时，就要考虑消费者BG的组织结构应该是什么样的，第一年的业务规模、组织规模多大，研发部、营销部等部门分别配置多少人，分别由什么样的人来担当负责人等问题。

　　在制定好人才规划后，由公司的人力资源部通过社招、校招、内部培养等来获取这些人才。如在2010年，华为决定大力发展云业务时，就需要大量云方面的技术人才加入，但是事实上这方面的人才是很稀缺的。那么，如何获得这些人才呢？第一是内部培养，华为从公司内部挑选了优秀人才前往云业务部和IT业务部，进行有针对性的锻炼和培养；第二是外部招聘，包括从IBM、惠普等世界级云服务公司聘请一些相关的技术人才。

　　只有好的工作氛围，才能保障公司招揽或内部培养的人才能够实现这些关键任务，它同样是战略执行中一个主要的模块。如华为一直强调以客户为中心，其实际的意义就在于，企业最终的价值一定是从客户当中来的，所以客户的认可是非常关键的。因此，企业员工一定要眼睛盯着客户，屁股对着领导。

　　可见，企业组织结构设计是建立在企业战略分解形成的关键任务的基础上的。在得到关键任务后，企业需要考量为了实现这些关键任务，企业应该建立什么样的组织机构？这些组织机构如何匹配客户关系？当前的组织结构能否支撑关键任务的达成？为了实现与客户更好的适配，公司一般每两到三年都会进行一次组织变革，以确保组织始终充满活力。

华为的组织结构不是不变，但也不是变得很快，一般几年会做一个大的版本更新，每年会做一些小调整，确保一定是比现在略微超前，这样才能打破企业内部的平衡，使组织始终保持活力。

3.5.3　让组织结构与业务战略一致

在激烈的市场竞争中，将更优秀的自己呈现给客户，才能获得更多客户的认可，进而打造出更广泛的客户群。从公司的实践角度来说，公司需从自身运营与完善角度来做好全方位准备，探索一套适合当下的管理与应变的组织模式，以不断适应市场以及竞争形势的变化。

华为表示，最贴近客户的组织理解了真正的客户需求之后，应该成为公司的最高指挥机构，就像龙头一样不断摆动；内部的企业组织应该是为了满足客户需求的流程化组织，像龙身一样，内部相互联系，无论如何都不会发生相对变化，而是追随龙头的摇摆，来满足客户需求。

为了满足市场上不断变化的需求，最好的方法就是根据业务战略设计并不断调整公司的组织结构，让组织结构服务于业务发展。

按照彼得·德鲁克的理论，企业的业务单位应尽可能按照利润中心定位和运作。那么在产品线及市场的区域销售组织对利润的责权不对等的情况下，怎样运作利润中心呢？华为的做法是，把市场体系按照区域这个主维度来划分销售组织，将区域销售组织定位为利润中心，按照利润中心来核算、考核以及激励；把研发体系按照产品来划分产品开发组织，将产品线定位为利润中心，也是按照利润中心的方式来核算、考核及激励。

销售组织产品的收入、利润和经营活动净现金流，同时也是产品线的收入、利润和经营活动净现金流；产品线降低成本，快速向市场推出优质、满足客户需求的有竞争力的产品，由此带来的利润、收入和现金流增长，同时也是对积极销售其产品的区域销售组织的绩效的贡献。在华为建立两大利润中心体系经营单位的连带的利润中心责任体系中，并没有出现西方管理控制理论断言的责任不清和推卸责任问题，反而促进了两大利润中心体系的合作并共同将收入、利润和现金流做大。

这两大利润中心体系经营单位划分的标准是不一样的，市场体系是按区域维度划分的，研发体系是按产品维度划分的，两者并不一一对应。另外，从端到端的整体视角来看，经营单位既不是简单地按产品划分的，也不是简单地按区域或客户划分的，但它又同时兼顾了这两种或多种维度划分的经营组织的优点，而且，重要的是符合华为公司的市场和技术实际。

对这种组织设置，华为有一个形象的说法，叫作"拧麻花"：从整体上来看是不对称的，不是产品线一直打通，也不是区域客户维度一直打通，而是产品线和区域客户维度的中间拧了一下，即以中间的采购、供应链交付等作为准利润中心进行缓冲。

这样的责任中心定位怎样运作？举例来说，在产品线上，华为在组织结构上引入了产品线运作管理部和运作管理办公室的两级协调组织。这样，产品线无法直接协调和控制的公共平台资源都提交到运作管理办公室，由其纳入统一计划并统一协调。产品线只要把要求、资源的需求等准确地提交到运作管理办公室，由运作管理办公室来统一完成即可。产品线除了参与公司的运作例会，还跟踪计划的执行，积极反馈执行中的问题，推动这些问题的及时解决。靠着统一计划、统一指挥、统一协调和统一考核，华为贯彻了责权对等、统一指挥的组织原则。通过构建这样一种连带责任、不对称衔接的组织体制，华为有效地避免了产品线、销售利润区域组织在接口上不必要的互相掣肘。

华为通过设计这种"拧麻花"的混合式组织结构，不仅保持了其高度的灵活性与流动性，还有效支撑了企业战略目标的实现。对于那些想要学习华为的公司来说，在学习借鉴华为的组织结构调整方式时，需要结合自身的实际情况，科学取舍、谨慎融合，这样才能有效实现公司组织效能的提升。

第4章
构建灵活作战组织

　　在智能化时代，构建"既快又稳"的作战组织，有助于保障企业对市场和客户需求快速响应及产品的及时交付，提高组织的整体健康度和员工的满意度。华为通过持续进行变革，让企业最小经营单元可以基于市场的需求，自主做出决策，使企业的战斗力得到了显著提升。

4.1　组织诊断与分析

爱因斯坦说："提出问题比解决问题更重要。"作为组织变革的重要步骤和必要环节，组织诊断是指企业结合自身情况选择适当模型来发现组织问题，为以后的组织变革服务，确保组织变革有的放矢。华为在每次变革前都会开展组织诊断与分析，以确定变革的方向，为制定科学合理的变革实施方案提供指导。

4.1.1　组织诊断模型

组织诊断一般遵循以事实为依据、严格的结构化、以假设为导向的原则。目前常用的组织诊断工具有麦肯锡 7S 模型、韦斯伯德六盒模型以及杨三角模型。

麦肯锡 7S 模型是由麦肯锡管理顾问公司设计的，它指出企业在发展中必须全面地考虑各方面的情况，包括战略、结构、制度、风格、人员、技能、共同的价值观，它们是相互关联的，如图 4-1 所示。

其中，战略是指建立、保持、加强组织竞争优势的整体规划；结构是指明确的责任分工，也就是组织结构图及相关部件；制度是指企业日常的活动和各项流程以及员工参与工作的方式；风格是企业管理者的管理方式；人员是指员工和他们的综合能力；技能是指组织工作中所需要的实际技能与能力；共同价值观是组织全体成员对组织的战略目标和宗旨的共同认识，是贯彻在组织文化和日常工作中的核心价值观。

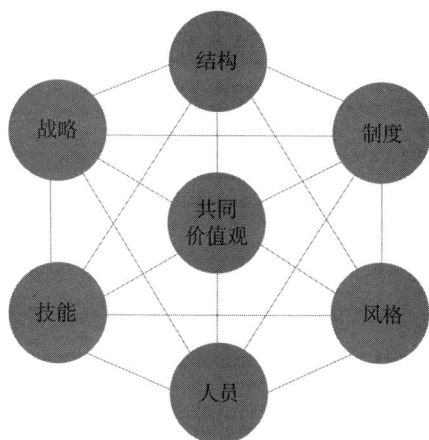

图 4-1　麦肯锡 7S 模型

　　7S 模型的基本原理是，组织如果要想成功，组织内的七大要素必须要协同匹配。管理者可以运用 7S 模型分析组织的现状以及未来希望达到的水平，以发现其中的差距和不协调之处。

　　韦斯伯德六盒模型，也被称为六个盒子，是韦斯伯德在 1970 年创立的经典的组织诊断模型，是从组织内部视角不断检视业务实现过程的利器。六个盒子代表六个维度，分别是使命 / 目标、组织 / 结构、关系 / 流程、报酬 / 激励、支持 / 帮助、领导 / 管理，如图 4-2 所示。

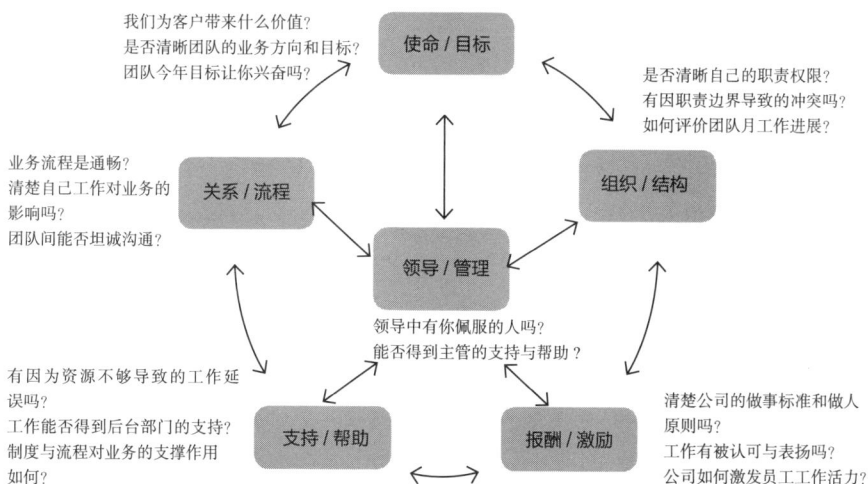

图 4-2　韦斯伯德六盒模型

　　六个盒子是一种简单且实用的组织诊断工具，可以帮助组织"盘点现状""打开未来"，以及搭建现在和未来的桥梁。支付宝团队于2010年引入该工具，2013年在整个阿里巴巴集团推广应用，在阿里巴巴内部流传这样一句话："不论业务和组织结构怎么变，六个盒子跑一遍。"

　　除此之外，华人管理大师杨国安教授认为，企业要持续成功靠两个因素：战略和组织能力。其中，战略是指企业能否找到高获利和高成长空间（用户更高的价值、共赢生态模式）；组织能力是指企业能否比竞争对手更快、更好地执行战略（人才、文化、团队、管理）。好战略能落地的关键在组织能力，而组织能力建设需要有三个支柱：员工能力、员工思维、员工治理，这就是杨三角模型。

　　在杨三角中的三根支柱是有顺序的，第一根必须是员工能力，即员工需要具备的相关能力或潜在技能。在找到了具备所要求能力的员工后，就需要第二根支柱——员工思维来发挥作用。在员工愿意做时，接下来就是搭平台。这个过程中，第三根支柱——员工治理就开始发挥作用，企业要考虑如何进行组织设计、如何授权以整合资源等，如图4-3所示。

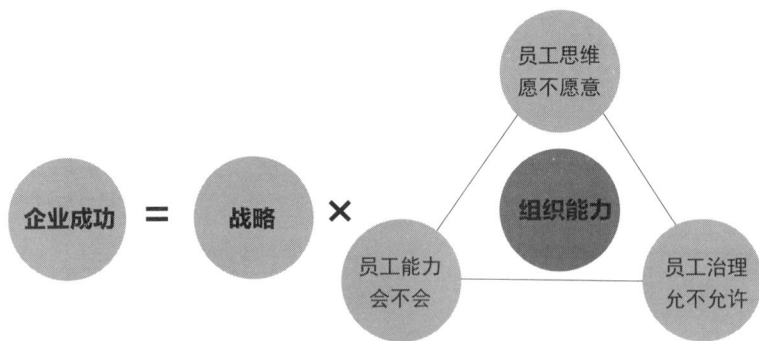

图4-3　杨三角模型

　　在企业发展过程中，无论选择哪种模型，都必须结合企业独特的文化土壤和业务实际情况，生搬硬套往往只会适得其反。华为一直以来都是根据企业发展实际情况，因时制宜，选择合适的组织诊断模型，对组织问题进行诊断，及时发现组织的不足并进行改善，不断提升管理水平和应变能力。

4.1.2　组织诊断的实施

哲学家列夫·托尔斯泰说："幸福的家庭都是相同的，不幸的家庭各有各的不幸。"这句话同样适用于企业的管理。为了准确找出组织存在的问题，企业在进行诊断时需要有一套完整而且科学合理的诊断流程。

一个完整的组织诊断流程一般包括以下步骤：

（1）根据组织变革的需求，确定组织诊断目标。比如，组织如果想要提升员工的满意度，那么组织诊断的目标是评估当前情况下员工对于组织经营、管理环境的满意程度；组织如果要推行一个流程优化项目，那么组织诊断的目标是寻找流程中可以优化的点。

（2）架构诊断模型。组织诊断的模型是依据组织诊断的目标和相关的专业理论来架构。比如杨三角、六个盒子、7S 模型等。

（3）根据架构的诊断模型，设计合理的诊断工具，如调研问卷、访谈提纲、资料收集清单、工作坊等。

（4）实施调研。企业一般会组建一个项目组来实施组织诊断调研。因此在调研实施前，项目的组织成员需要经过必要的培训，如调研目标与理论模型的宣导、访谈的技巧培训、问卷数据分析的培训等。

（5）收集诊断信息，对组织诊断中的相关数据进行分析。

（6）根据数据分析结果，撰写诊断报告。

笔者曾对 H 省一家综合性人力资源企业 A 做过一次组织诊断。

2019 年 11 月，在一次人力资源学习与经验交流会上，笔者与 A 企业的李总经理有过一次初步交谈。当时他表示，由于公司体制的问题，导致公司决策难，各级管理者有 50% 到 60% 的精力都花在了协调工作上；员工中有将近 50% 是靠着关系进来的，家境条件不错，缺乏奋斗动力；公司缺乏有效的激励机制，无法调动员工积极性；薪酬没有与公司的战略及员工的贡献挂钩，导致公司规章制度流于形式。他希望笔者所在的公司能够为他所在的企业做一次组织变革与价值分配项目。

根据李总经理的需求，笔者所在的公司决定先对 A 企业进行组织诊断，诊断目标是评估当前员工和各级管理层对企业战略的认知情况、各部门和员工对自己职责的认知情况、企业绩效管理现状以及员工对薪酬的满意度、盘点企业的人才等。于是，笔者所在的团队针对性地设计了调研问卷、访谈提纲以及资料清单等调研诊断工具。

2020 年 1 月，笔者所在的公司组建了以笔者为组长的项目组。经过几天的学习和培训后入场，开始了对 A 企业的调研，诊断信息和数据如表 4-1 所示。

表 4-1　诊断数据及情况介绍

访谈调研	问卷调研	资料分析
一对一访谈	基于角色类型设计问卷	整理和分析历史资料
高层领导 6 人 中层领导 13 人 业务线 5 人 客户访谈 4 位	客户代表 19 份 业务管理者 6 份 业务人员 90 份 职能管理者 15 份 职能人员 42 份	组织结构 / 部门设置、工作计划、岗位说明书、管理制度、绩效文件、工作日志、人才梯队、竞聘管理等
共访谈 28 人 整理访谈记录 288 408 字	整理分析 172 份问卷	审读分析资料约 40 份

通过诊断分析，项目组给出的解决方案是：①建设以客户需求为导向的业务战略和营销体系，并层层分解到所有员工的每项工作中；②开展组织优化和责权体系建设，以明确各部门和员工职责，促进协同作战；③建立健全绩效管理与薪酬体系，驱动员工更好地服务客户，创造价值；④开展人才发展规划与能力建设，提升企业对人才"选、用、育、留、流"的管理能力，强化以"人力资本"为引擎的组织竞争力。

IBM 在 1998 年帮助华为推行变革时，就是按照组织诊断流程对华为的管理现状进行了全面调研。其间，IBM 共接触了华为 46 位客户，进行了 16 次访谈和 30 个邮件问卷调查，并且所有受访者都是中层或高层管理人员。这次诊断为华为管理变革找到了变革突破口：产品研发体系的改善，使得变革更具针对性，在一定程度上保证了变革的成功率。

4.1.3　组织诊断分析及意义

在组织诊断全流程中，诊断分析是必不可少的环节。在对收集的调研数据和访谈问题进行分析时，不能只停留在问题的表面，而是需要抓住组织经营和管理问题的本质，也就是明确问题背后的经营要素，这样企业在变革中才能对症下药，从根本上解决问题，改善企业的管理现状，提升企业的核心竞争力。

笔者在对 H 省的 A 企业进行调研后，收集和整理了所有访谈记录并进行了二次拆分与整合，以探询客户问题产生的根本原因。在对员工及管理者进行访谈后，笔者所在的项目组对他们提出的问题进行了深度分析，而不是仅仅停留在问题表面。表 4-2 给出了部分问题产生的根源。

表 4-2　关注问题背后的经营要素（仅供参考）

问题	经营要素
部分管理者没有客户分类评估意识，有等、靠、要的心态，缺乏市场开拓意识	客户分类
我们目前都是执行团队、没有创新团队，都是客户出了什么我们再做什么，响应速度永远都是滞后的	创新机制
公司没有总的发展战略，业务部门也不清楚自己的走向，在他们需要职能部门做好支撑的时候，也无法提供确定的信息出来	战略规划
公司在制定制度时，没有考虑到每个部门如何去产生价值，只想的是怎么样去做一些强制性的管理	价值牵引
我们部门的定位之前不是很清晰，经常会需要处理领导临时交办的一些事情，导致本部门的工作没有做到位	部门职责
如果部长不能够把隔阂放下来，这个事情是做不出来的，最起码部长之间要思想统一。而且部长营销思路必须要跟得上，自己要有想法	愿景共识

在明确问题背后的经营要素后，必须对它们进行结构化分析，厘清组织变革的底层框架。在对 A 企业进行诊断时，我们从业务战略和执行两个维度对经营要素进行了分类和排序，如图 4-4 所示。

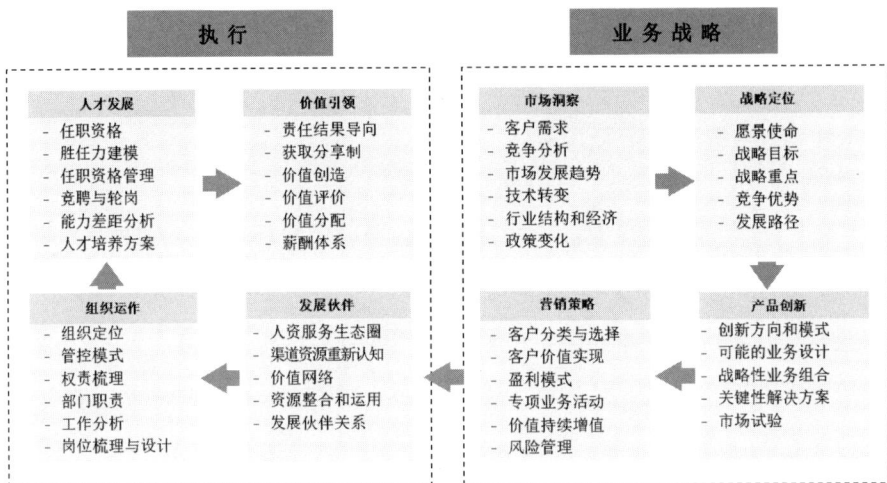

图 4-4　对组织经营要素的结构化分析

经过对 A 企业管理现状进行较全面的调研诊断分析后，笔者所在的项目组给出了如下诊断结论：A 企业缺少客户需求调研机制，不能及时了解市场形势，开发出符合客户需求的产品；产品定位不够明确，缺乏市场竞争力；各业务部门各自为战，在组织结构上没有拉通；A 企业没有制定清晰明确的业务战略，对业务部门的发展方向定位不够清晰；公司的绩效管理只是挂在墙上的制度，没有与员工的薪酬挂钩，导致企业内部存在吃大锅饭现象，员工创造价值的活力不够。

此外，通过组织诊断，还可以帮助企业 CEO 和更高的管理团队客观了解目前企业是否具备执行战略的组织能力。

对外，可以与行业以及行业标杆进行对标，识别出公司的优势和差距；对内，通过对企业普遍的问题进行总结，能帮助管理层了解员工真实声音，并为员工提供向上反馈的渠道，还能帮助企业针对现状，制订改善的行动计划，为战略落地提供组织能力的保障。

1998 年 9 月 20 日，即 IBM 准备宣布对华为管理现状的诊断结果的当天，任正非带领数十位副总裁早早来到会场。

当 IBM 顾问直言不讳地指出华为管理存在的问题时，会场上立刻出现了一阵骚动。随着 IBM 顾问的介绍，任正非的表情变得越来越凝重，因为顾问提到的这些问题都很直白，戳中了他的痛处。于是，他向顾问做了一个"T"形手势示意暂停，然后让秘书把公司其他副总裁和总监级干部全部都叫到会场，由于会场座位有限，大家就席地而坐，正襟危坐听完了顾问的组织诊断报告汇报会。

正是意识到诊断分析的重要性，在 IBM 顾问宣布诊断结果时，任正非特意把公司所有副总裁和总监级干部全部召集过来聆听，让他们对公司现状有客观、及时的了解，意识到公司要进步、持续发展，就只能改变，这在一定程度上统一了他们对变革的共识，缓解了变革的阻力，有力支撑了变革的顺利推进。

4.2　组织结构设计

现代管理学之父彼得·德鲁克说："组织机构是企业发展不可或缺的工具；错误的结构会严重影响甚至摧毁企业经营绩效。"华为在做组织结构设计时，会以强化责任、简化流程、提高效率、强化信息交流和培养人才作为指导原则，确保公司经营活动能有效开展。

4.2.1 组织结构设计的原则

一个企业能否根据行业发展趋势、自身特点等内外部的因素，设计出合理的组织结构并保持相对的稳定性，决定着该企业是成为百年老店、还是昙花一现。

企业在组织诊断分析后，需要及时针对组织问题进行优化，其中包括组织结构的调整。作为企业有效开展经营活动、获得盈利并持续发展的基本保证，组织结构在很多时候是要根据企业所处的发展阶段与经营战略来确定以及调整的；当组织的规模、管理的复杂度、外在经营环境或战略方向发生改变时，组织结构也要随之调整。总之，组织结构的调整是需要和企业希望强化的组织能力与战略重点紧密关联的。正如管理学家陈春花所说："组织结构设计要服从于企业的战略。"

企业在进行组织结构设计时要谨防以下两个错误。

第一，不要设计"面朝董事长，屁股对着顾客的结构"。这种结构是很流行的。因为很多企业人员都是面朝上级，关心上级的脸色、上级的想法，一切以上级为基准，这样使得企业领导层所说的"一切为基层与员工服务"成了一句口号。

第二，不要设计条块结构。在条块结构下，各个部门是各自为政的，几乎都只是关注自己的问题，并且还最大限度地把责任、问题推给其他部门，很少为其他部门提供服务与帮助。在这样的结构里，企业员工习惯了相互抱怨、推诿，经常会出现没有人肯负责和提出建设性意见的情况。

除此之外，企业进行组织结构设计时，还需要满足以下三个条件：第一，管理结构在组织上必须以绩效为目标；第二，组织结构必须尽可能地包含最少的管理层级，设计出最便捷的指挥链，从理论上来说，管理者的管理跨度一般在五到八个人较为合适；第三，组织结构必须能够培养未来的高层管理者。

为了使建立的组织结构满足以上三个条件，华为总结出了"五个有利于"原则，分别是：

（1）有利于强化责任，确保公司目标和战略的实现；

（2）有利于简化流程，快速响应顾客的需求和市场的变化；

（3）有利于提高协作的效率，降低管理成本；

（4）有利于信息的交流，促进创新和优秀人才的脱颖而出；

（5）有利于培养未来的领袖人才，使公司可持续成长。

回顾华为的发展历程会发现，公司的组织结构在调整与优化的过程中，始终以"五个有利于"为指导原则，相信未来也不会改变。

4.2.2　华为组织结构的构建

华为基于组织结构设计原则构建出了一种兼有事业部和矩阵式组织优点的准事业部矩阵式组织结构：一方面保持了相对稳定，另一方面也能随着行业的变化、公司的发展而不断自主变革，持续向以客户为中心转变。

图 4-5 所示的是华为截至 2021 年的组织结构。股东会是华为的最高权力机构，包括任正非和工会委员会这两名股东，负责公司增资、利润分配、选举董事／监事等重大事项的决策。工会委员会履行股东职责、行使股东权利的机构是持股员工代表会，持股员工代表会由 115 名持股员工代表组成，代表全体持股员工行使有关权利。

在公司股东会下设有董事会，是公司战略、经营管理和客户满意度的最高责任机构，承担带领公司前进的使命，行使公司战略与经营管理决策权，确保客户与股东的利益得到维护。公司董事会及董事会常务委员会由轮值董事长主持，轮值董事长在当值期间是公司最高领袖。

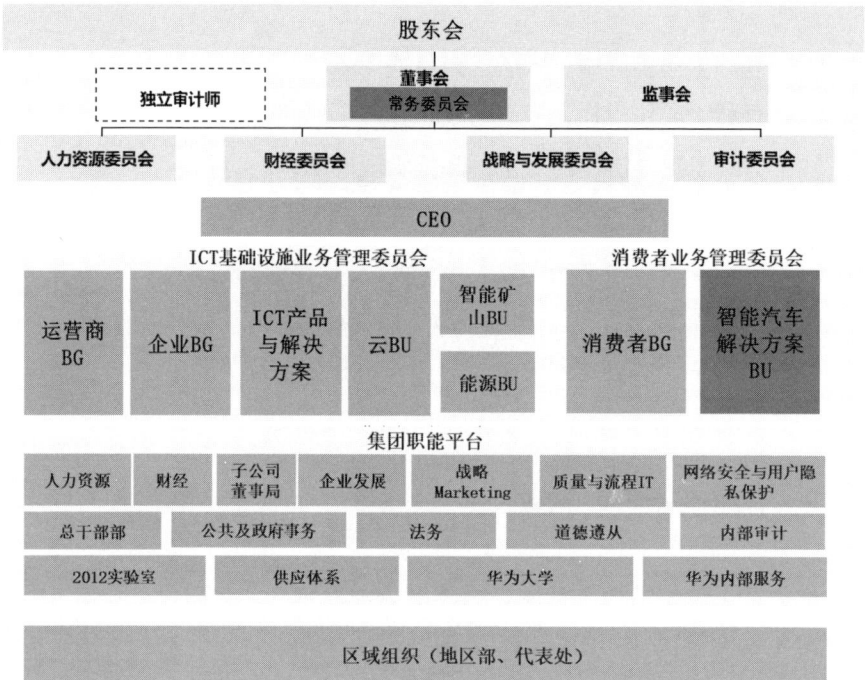

图 4-5 华为的组织结构（截至 2021 年）

华为的经营组织包括 BG 及产品组织、职能平台以及区域组织。其中，BG 及产品组织分为 ICT 基础设施业务管理委员会和消费者业务管理委员会两大类。ICT 基础设施业务管理委员会是华为 ICT 基础设施业务战略、经营管理和客户满意度的责任机构，负责对 ICT 基础设施业务进行端到端的经营管理。消费者业务管理委员会作为消费者业务战略、经营管理和客户满意度的最高责任机构，是为加强对消费者业务的战略及风险管理，提升决策效率而设立的。

ICT 基础设施业务管理委员会包括运营商 BG、企业 BG、ICT 产品与解决方案、云 BU、智能矿山 BU 及能源 BU。

其中，运营商 BG 和企业 BG 是公司分别面向运营商客户和企业 / 行业客户的解决方案营销、销售和服务的管理和支撑组织，并针对不同客户的业务特点和经营规律提供创新、差异化、领先的解决方案，以不断提升公司的行业竞争力和客户满意度；ICT 产品与解决方案是公司面向运营商及企业 / 行业客户提供 ICT 融合解决方案的组织，负责产品的规划、开发交付和产品竞争力构建，创造更好的用户体验，支持商业成功。

消费者业务管理委员会包括消费者 BG 和智能汽车解决方案 BU。消费者 BG 是面向终端产品用户和生态伙伴的端到端的经营组织，对经营结果、风险、市场竞争力和客户满意度负责。

智能汽车解决方案 BU 是华为面向智能汽车领域的端到端业务责任主体，将公司的 ICT 技术优势延伸到智能汽车产业，提供智能网联汽车的增量部件。智能汽车解决方案 BU 的业务目标是聚焦 ICT 技术，帮助车企造好车。

区域组织是华为的区域经营中心，包括 170 多个国际、国内代表处，它们是获得了授权的作战单元，负责区域的相关资源、能力的建设和有效利用，并负责公司战略在所辖区域的落地。

集团职能平台是聚焦业务的支撑、服务和监管的平台，向前方提供及时准确有效的服务，在充分向前方授权的同时，加强监管。

总的来看，华为在坚持以客户为中心、以奋斗者为本的基础上，持续优化公司组织结构，确保实现长期有效的增长。

4.2.3　部门职责分析与设计

构建组织结构后，下一个任务是部门职责界定。部门职责是指部门在企业必须承担的工作范围、工作任务和工作责任，是由其所从事的活动、完成的任务决定的。为了界定部门职责，需要先对公司战略目标进行结构化拆解，形成任务工作项；然后，梳理业务流程（价值流）各阶段的关键价值活动以及对应的责任部门和协作部门，将各项关键价值活动与拆分的任务工作项融合。

部门职责的设计主要遵循以下三条原则：

（1）要确保能使企业的运作顺畅、高效，更好地达成企业战略目标。一项工作在部门间的流转要尽可能地短，一个部门能够处理好的工作不要让多个部门来共同负责，否则可能会出现全部负责却无人负责的情况。

（2）部门职责没有缺失、重合。每项职责要能够找到一个主要的责任人，不要没有员工负责某项工作，也不要有过多的人员对某项工作负责。

（3）部门职责要实现闭环循环，让一项工作能够有始有终。不要让一项工作只有开始却不知道何时以何种方式结束；不要让一项工作只有执行却没有监督检查。

《管理优化报》上曾刊登了一篇名为《一次付款的艰难旅程》的文章，文章反映一线员工作为赞助商在向客户预付款时遇到审批多、流程复杂的问题，引发华为内部员工的激烈讨论。文章主要内容如下。

对一线员工而言，找不到流程入口、不知道全流程的所有要求和操作规范，流程指导和说明往往比流程本身更难懂和复杂；

我们的流程建设多针对的是某个具体业务场景，防范的是特定风险，在设计上往往防卫过当，不考虑执行成本，更不用谈面向对象的流程拉通和友好的用户界面了；

公司呼吁各级主管要担责，但现实的流程、制度或监管组织却不信任主管担责。经常遇到的场景是："我是负责×××的，这个风险我愿意承担，流程能否走下去？"答曰："你担不起这个责任，请重新提交流程或升级到谁谁谁处理。"

华为财务部门由于忘了自己的本职工作之一是为作战服务，支撑公司更好实现战略目标，任正非在全公司对财经体系提出批评。任正非表示："据我所知，这不是一个偶然的事件，不知从何时起，财务忘了自己的本职是为业务服务、为作战服务，什么时候变成了颐指气使？皮之不存、毛将焉附。"

在明确部门职责设计的基本原则后，接下来需要对部门职责进行梳理分析。目前，部门职责分析主要有两种方法。

第一种方法是先对公司战略目标进行结构化拆解，得到主业务流程（价值流）；然后，基于主业务流程，拆分并梳理关键价值活动，明确各价值工作的责任部门和协作部门；最后把落实到部门的关键价值活动进行提炼概括，或者直接描绘部门的核心职责。如表 4-3 所示是笔者为一家企业做咨询服务时，对业务流程梳理后确定的各项关键价值活动在部门间分工的部分结果。

表 4-3　关键价值活动落实到具体部门（示例）

主业务流程	序号	关键价值活动	销售部	市场部	大区 / 省区	平台业务部	人力行政部	财务部	总经办
战略与经营管理	1	组织战略务虚研讨	√	√	√	√	√	√	★
	2	组织战略方向和定位研讨					√	√	★
	3	组织战略解码	√	√	√	√	√	√	★
	4	组织公司经营规划拟制					√	√	★
	5	组织各部门策略和规划梳理	√	√	√	√	√	√	★
	6	组织年度战略与经营会议					√	√	★
	7	组织编制人力规划					★	√	
	8	组织编制财务预算规划					√	★	√
	9	经营目标制定与下达					√	★	
	10	经营目标完成总结					√	★	
	11	组织阶段性战略落地回顾	√	√	√	√	√	√	★

注：如果该项关键价值活动由哪一个部门主导完成，则在相应的位置画"★"；如果该项关键价值活动由哪一个部门协同完成，则在相应的位置画"√"。

第二种方法是在部门的重点任务细分后，将企业所有部门的职责概括成几个关键要素和模块，然后分别基于这些关键要素和模块对部门职责加以说明。

在梳理部门职责时，对上要为公司业务发展提供价值；对下要服务和指导下属部门、一线业务部门等，提高组织能力的价值；对周边要体现协同配合、流程高效协作的价值；对内要体现打造内部运作效率和组织能力的价值。

总之，在分析与设计部门职责时，要以企业战略为导向，凸显企业的战略性任务，体现出部门的独特价值，培育其核心竞争力。而且部门间的职责边界必须明确、清晰，以避免出现部门职责交叉、重叠和模糊现象。

4.3 统分治理，协同作战

华为公司在未来是将统治与分治的管理体系，采用"横向分权，纵向授权"的权力结构。统治系统各机构间是分权制衡关系，统治系统与分治系统间是授权与监管关系。通过构建这种管理体系，华为能更好地实现部门间的协同作战，提升企业的管理效率。

4.3.1 统分治理：业务要发展、集团不分家

随着企业的不断发展壮大，华为的业务模式已经从单一的运营商模式增加到了运营商、企业网、消费终端并驾齐驱模式。同时，华为云也在快速发展，在 2020 年年初，华为正式成立了第四大业务群——Cloud & AI（云和人工智能）BG，华为业务模式实现了从"一棵树"到"多棵树"的改变，成了"一片森林"。

针对"多棵树"，管理方法是需要有差异化的。任正非以八爪鱼做了形象比喻："我们要研究八爪鱼的控制系统，它 2/3 的神经元在爪尖上，所以它的几根爪不会打架混乱。爪尖的小脑与中央大脑是如何协同的，这也是能让我们明确天地之间多棵树，树与树之间管理原则上不要有相关联的思考。"

为适应未来的多元业务结构，华为强调，公司将逐步建立统治与分治

并重的经营管理体系。一是构建"统治与分治并重"的组织管理结构：集团治理机构是统治核心，掌握战略洞察、边界与规划、关键干部和整体监管等责权，把控公司的共同价值；集团职能部门构成中央平台，拥有集团统治实施的管控、监督责权及集团能力支撑与服务职能，是统治的抓手；各差异化业务体系是分治系统，拥有具体月战略决策、作战指挥等作战责权；按需建设的前方平台是分治的组成部分，负责一线业务的现场职能型操作服务以及靠前监督相关责权履行。二是在分布式组织管理结构中，需要先夯实统治，这样就能放开分治、保持监管。

在华为，未来集团的董事会代表集团的统治权力；消费者业务管理委员会、ICT 基础设施业务管理委员会和平台协调管理委员会在下面。消费者和泛网络业务管理委员会有一定的分治权力；平台协调管理委员会支撑公司统治的协调权力，承接从董事会下来的主张与要求，做细节性的穿透工作，形成公司的共同平台。董事会的中央管控一定是强有力的，通过统治平台来管制不同业务的分治，否则就容易被架空。

在"横向分权，纵向授权"的权力结构中，公司统治系统如董事会与监事会间是分权制衡的，但是统治到分治不是分权而是授权，决策权力是授给下面的，监督权仍在公司。这里只是分了经营决策权，没有分监管权，既然接受了授权就要接受监管。把该管的管住了，才能把要授的授下去。如果授权后管不住，那为什么还要把权授出去呢？授权就是要在合理的宏观统治下，让各 BG/BU 增加自身活力，而不是让它们脱离公司。

公司共同价值管理就是董事会承担的总责任，主要有四条：一是战略洞察；二是建立业务边界与管理规则；三是管理高层关键干部；四是监督。董事会的支撑平台就是现在公司的主要职能部门，负有统治支撑责任；分治体系自己建设的平台是操作和监督。

关于集团职能部门，它们是董事会的支撑平台，负有统治支撑的责任，更多是基于建设，而不是操作；下面分治体系自己建设的平台是操作和监督。统治平台只有一个，分治的平台是各自的。整体的组织运作进一步从管控型向支持作战型转变，逐步推广"平台＋业务团队"的方式，职能部门平台化、平台服务化、服务市场化。

以天、地为平台进行管理的目的是允许多棵树在公司平台上共同生长，最好树和树之间不关联，只是天与地跟这些树相关联。华为是让各业务既有自由运营的灵活机动，又有天、地的管控。去中心化短期内还不适合华为。换句话说，树与树之间原则上不共享，各干各的，这样互不牵制，管理也就简单化了。如代表处实行子公司董事会代表公司，作为一个平台，它为所有业务服务。

从"一棵大树"到"一片森林"，华为建立了"共同价值守护与共同平台支撑下的分布式经营管理模式"，实现了公司在多业务结构下的持续健康发展。

4.3.2　分层分权，让代表处拥有自主决策权

华为如今是分层分权的管理方式，每层管理各有各的责任。未来华为改革的方向就是让基层拥有更多的权力，同时肩负更多的责任。于是，华为开始在部分国家和地区的代表处试点"自主决策"改革。"自主决策"是指将试点的代表处当成一个完整的公司看待，是一个"小华为"。

试点代表处拥有"自主决策权"，具体来说就是有客户选择权、产品选择权和合同决策权等，它需要对当地销售和服务负责，通过提供销售和服务来创造利润。当然，试点代表处要在华为允许的业务边界范围内经营并行使权力，而且还必须严格遵从公司的整体规则，如在主航道领域代表处只能销售公司的产品，不允许转售其他公司的产品。每年，试点代表处向总部提出自己的运营资产额度预算，即"运营资产包"，基于经营目标在一定的现金流和利润范围内有充分的自主决策权。当超出运营资产包时，可以向业务管理小组申请"追加投资"。

试点代表处与机关的交易关系好比企业的业务模式，机关向代表处提

供产品和能力服务。在运营商领域，试点代表处类似"一级代理商"；在企业业务领域，跟渠道商的产品交易是按照授权价结算，渠道商在授权价基础上加上物流成本、服务成本等，与最终销售给客户的出货价之间的差额就是试点代表处赚的利润。

2017 年，在合同在代表处审结拉美大区试点工作组研讨会上，华为再次强调："将试点代表处当作一个完整的公司看待，代表处天生有做生意的权力，是'小华为'。解除机关/大区对代表处的 N 种约束，重新构建'小华为'与大华为之间的关系，以释放代表处的活力。"

2019 年，任正非发表了题为《为了称雄世界，何不潇洒走一回？》的讲话。他在讲话中指出：

"代表处是公司的作战中心。要让听得见炮声的人有权力，一定要给前线作战部队交战的权力，有条件的代表处系统部是'弹头'，其他业务也可以直插基层，进行支援。

"代表处拥有'自主决策权'，要把一些成熟产品的经营管理权直接下放到代表处作战中心去，让它们直接决策，自己掌握分寸，亏了赚了都是它们的责任。一部分下放到地区部。

"导弹的作战部分在弹头，后面的燃烧助推等都是支撑部分，目的还是要把弹头打到攻击目标上。弹头可以用多普勒火控雷达指挥，也可以自动寻的。过去僵化的控制体系要转换为灵活机动的战略战术。"

可见，华为正在持续优化区域组织，加大、加快向一线组织授权，指挥权、现场决策权逐渐前移至代表处。区域组织在与客户建立更紧密的联系和伙伴关系、帮助客户实现商业成功的同时，进一步支撑公司健康、可持续地有效增长。

4.3.3 建立信息沟通渠道，实现协同作战

不管是在军事作战中，还是在企业管理中，都需要一线、后方的协同

一致及资源的有效调配。而实现这一战略的前提是，一线需要准确地锁定客户需求，清晰地提出需求，将需求准确无误、及时有效地传递给后方，后方在清楚理解需求的基础上才能针对目标提供支持。只要一线的需求没有发生变动，所有的协调工作应由后方各平台自行协调完成，而且必须在一线需求的周期内完成。一旦一线的需求发生变化，就要及时准确地传递给后方。通过这种一线、后方协同作战的方式，才能更好地为客户提供产品与服务，从而使企业在市场竞争中赢得胜利。

一线、后方的协同作战，依赖于多维度的信息共享和顺畅的沟通渠道。从2015年开始，华为逐步优化了多维度的信息与沟通渠道，保证及时获取来自客户、供应商等的外部信息，以及保证内部信息的正式传递。公司管理层可以通过日常会议与各级部门进行定期的沟通，以有效传递管理导向，保证管理层的决策得到有效落实，如部门例常会议、向上级汇报的会议等。

从2008年开始，华为在各代表处推行"一报一会"机制。其中，"一报"是指代表处的经营分析报告，"一会"是指代表处的经营分析报告讲解会。开展"一报一会"的目的是让代表处管理者学会运用财务分析方法，通过对财务指标的解读，找到业务中存在的问题，并采取措施进行改进。

代表处经营分析报告由代表助理把关，销售业务经理总成，市场、用服、回款、财务方面也有专人参与。销售业务经理、市场财经经理、工程经理、财务经理作为成员分块负责。完成报告后召开经营分析会，由代表、助理、用户服务主任及产品部、系统部主管按月轮流讲解。这种形式可以帮助团队成员全面地了解代表处经营状况，跟进落实代表处的经营目标。

"一报一会"这种整体审视经营状况的形式，扭转了一些主管重产出结果、轻过程的思想，能帮助团队成员建立经营意识。而且代表处透过分析报告能够向代表处成员有效传达企业的管理导向，从而牵引员工的行为聚焦到代表处经营目标的达成上。

除此之外，公司在内部网站上发布所有业务政策和流程，并定期由各级管理者或者流程负责人组织业务流程和内控培训，确保所有员工能及时掌握信息。公司也建立了各级流程负责人之间的定期沟通机制，回顾内控执行状况，跟进和落实内控问题改进计划。

通过构建多维度的信息沟通渠道，华为保障了一线、后方的协同作战的实现。只有一线、后方一起发力，才能迸发出整个企业的力量，为企业创造最大的价值。

4.4　从职能组织到项目团队

经过多年的持续管理变革，在职能组织的基础上，华为在业务运作中已经形成了以项目管理为核心的组织运作模式。华为强调，公司未来的变革要进一步强化项目管理，以项目为中心，充分激发一线活力，促进公司长期有效增长。

4.4.1　以项目为中心，激发一线活力

华为的很多工作都是以项目模式运作的，因此，如何赋予作战团队更多权力，同时设计有效的监管授权体系，逐步向以项目为中心转型，充分激发一线活力，促进公司的长期有效增长，是华为的头等大事。

华为轮值 CEO 郭平在 2014 年华为项目经理峰会的讲话中指出，公司提出以项目为中心、做好项目经营已经有好几年了，为什么公司要以项目为中心呢？主要原因有三个：

（1）公司设备业务的增长速度正在放缓。2013 年固网和电软核都是负增长，无线由于 LTE 的发展，实现了 9% 左右的增长。但我们看到，在设备

业务增长放缓的同时，整个服务的增长却达到了 24%。价值正从设备业务向服务与软件转移，而服务与软件都是以项目为驱动的。

（2）交付项目数量众多且大项目仍在增长。2013 年交付项目总量为 8267 个，呈现增长的趋势。面对这么多项目，如果没有一个好的项目经营管理体系支撑，是难以做好公司整体经营管理的。

（3）代表处的规模不断扩大。在 2013 年，华为海外代表处中有 1/3 的销售收入超过 1 亿美元，超过 3 亿美元以上的更是达到了 24 个，代表处管理的跨度和难度越来越大，划小经营管理单元的诉求越来越强烈，甚至有些区域已经自发地开始进行划小经营管理单元的尝试了。

对于如何成功实现以项目为中心，郭平表示："从以功能为中心向以项目为中心转变是一个渐进的过程。在这个过程中，我们既要做好具体项目的管理和相应的配套机制建设，也要重视以项目为中心的转变对代表处经营管理带来的影响，对预算机制进行改革，以适应以项目为中心运作的要求。

"在项目经营管理及配套机制的建设上，主要做好以下四个方面的工作。

"（1）沿着项目管理主流程，认真做好交付项目基线建设，夯实项目'四算'（概算、预算、核算、决算）的基础，提升项目预算管理水平，这是以项目为中心的基础。没有这个基础，项目经营就是空中楼阁。

"（2）明确项目型组织在整个管理体系中的定位，优化项目型组织的管理控制，包括项目型组织的生成、任命、责任、授权、考核以及预算如何获取与执行等。

"（3）建立适应未来发展的项目资源管理规则、流程以及 IT 平台，提高资源计划水平，做好资源上架，使所有资源对项目都是可视的、透明的。我们要参考业界实践，探讨 Buy & Sell 机制在华为的可行性和具体的落地方案。

"（4）在总结试点经验的基础上，进一步推动项目利益分享，逐步将利益分享推广到所有交付项目，提高基层作战组织在项目经营上的积极主动性。"

从以功能为中心运作向以项目为中心运作的转变，不仅能强化项目的价值创造地位，还能激活华为成千上万的作战团队。职能部门从权力中心转化为能力中心、资源中心，向项目团队赋能，让他们增强满足客户需求的能力。

4.4.2　打造面向客户的"铁三角"作战单元

随着华为在全球电信市场获得的大型项目越来越多，客户需求愈发复杂和多样，需要全方位满足客户需求、提供全面解决方案；同时，伴随着全球经营以及业务的增加，华为内部组织部门不断扩大，部门壁垒逐渐增厚，内部竞争也加剧，需要以客户为中心来打通相关业务和部门间的流程。

华为结合自身的发展情况，设计了一种面向客户的以项目为核心的一线作战单元——"铁三角"组织，通过面对面主动地去对接客户，确保客户需求能够得到快速满足，如图 4-6 所示。

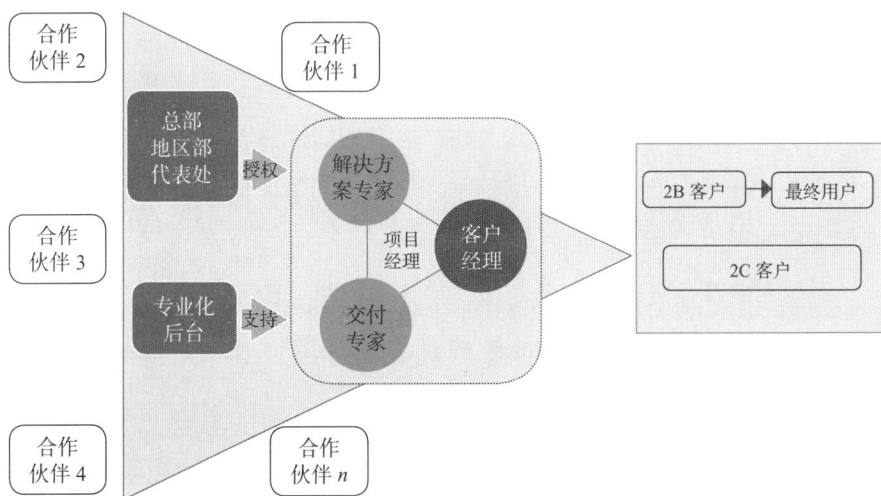

图 4-6　华为"铁三角"组织

华为的"铁三角"组织最早源于苏丹代表处。2006 年，华为苏丹代表处在非洲某电信运营商移动通信网络的招标中失利了。在总结会上，代表处一位主管注意到一个细节：在客户召开的网络分析会上，华为参会的七八个员工都会向客户解释自己所负责领域的问题，而没有形成一种整体相互协同的效应。结果，客户 CTO 非常生气："我们要的不是一张交钥匙工程的网，不是一张核心网，更不是一张数通网，而是一张能够立即运营的电信网。"

在吸取了此次失利的经验教训后，苏丹代表处调整了自己的组织模式：以客户为中心，构建了一个以客户经理（AR）、交付专家（FR）、解决方案专家（SR）为核心，能够以合理分工的团队形式面对面主动去对接客户的一线作战单元。"铁三角"组织对准的是客户，在市场的最前端，使用联合力量作战，体现的是综合的能力。

"铁三角"的精髓是打破组织职能边界，形成以项目为中心的团队运作模式，是一个贴近客户的敏捷化组织。而且"铁三角"是一种推拉结合的模式。华为过去的组织和运作机制是"推"，现在逐步转换为推拉结合、以"拉"为主的机制。"推"是指由企业、部门为主导，提出目标及任务，然后动用组织强大的资源去达成；"拉"则是表示一线组织提出需求，后方提供支持。

在"铁三角"组织中，客户经理、解决方案专家、交付专家之间的铁三角关系，并不是一个三权分立、相互牵制的组织体系，而是目标导向、生死与共、聚焦客户需求的作战单元。他们共同的使命是满足客户需求，成就客户的理想，完成团队目标。

面对未来日益复杂的市场变化，华为通过打造面向客户的"铁三角"作战单元，实现了更加灵活且快速地响应客户需求，使企业的战斗力得到了显著提升。

4.4.3　明确权责，促进"铁三角"落地

古语云："一个和尚挑水喝，两个和尚抬水喝，三个和尚没水喝。"这就是典型的责任分散。当前国内很多企业看似组建了团队，但是却没有发挥出应有的效用，在很大程度上是因为团队内的分工不明确、责任分散。为了尽可能避免这种情况的发生，华为对一线作战单元"铁三角"进行了充分授权，并明确了团队以及团队成员的责任，以促进"铁三角"的落地，让员工在一线敢做敢干。

权责对称是保障华为"铁三角"落地的关键要素。华为强调，面向客户的权力要进一步下沉。代表处的决策权仅适用处理代表处不确定部分，全流程的成本公司不授权，形成一定基线。只把代表处不确定部分的决策下放给代表处，这种做法表明，授权在华为是有选择性的。

市场和客户需求的不断变化驱使华为把权力下放给代表处，确保代表处能够因事因时灵活经营。这样，那些纳入流程的相关资源，公司就能根据代表处的响应及时按需提供，从而避免无谓地消耗或浪费。

在华为，对于一线组织单元，只要在授权范围内，甚至不需要代表处批准就可以执行，这是受到美军在阿富汗的特种部队作战模式的启发。

如今美国军队的系统支持力量非常强，前端功能全面，授权明确，特种战士一个通信呼叫，飞机就开炸，炮兵就开打。在作战前线，美军一般是 3 人一组，包括一名信息情报专家，一名火力炸弹专家，一名战斗专家。他们互相了解一点对方的领域，还参与过紧急救援、包扎等训练。当小组发现目标后，信息专家就会及时利用先进的卫星工具等确定敌人的集群、目标、方向、装备……这就类似于华为建立的贴近客户的敏捷化组织"铁三角"，时刻与客户在一起，挖掘其需求。一旦发现机会，他们就会通过华为构建的大平台及时且快速获得对应的资源支持。

火力炸弹专家负责炸弹、火力，计算出必要的作战方式，他按授权许

可度，用通信呼唤炮火，消灭敌人。美军作战小组的授权是以作战规模来定位的，如1000万美元，在授权范围内，后方根据前方命令就及时提供炮火支援。

在美军作战模式的启发下，华为改变了对一线作战单元的授权方式，以毛利、现金流对基层作战单元授权，并明确各单元组织的授权范围。军队是消灭敌人的，公司是获取利润的。"铁三角"对准的是客户，目的是利润。"铁三角"的最终目的是实现利润，否则所有这些管理活动是缺乏主心骨，没有灵魂的。

给"铁三角"充分授权，让其在授权范围内能够直接指挥炮火，大大提升了企业的作战能力，但是当授权超越范围时，就需要按程序审批。合理授权大大缩短了决策流程和沟通成本，使得一线团队在作战上更具灵活性。

在分配责任上，华为强调量力而行，能力越大责任越大。"铁三角"作战单元中，第一责任人是客户经理，也就是团队领导；解决方案专家和交付专家负责全力协同配合，在共同目标的引导下合作发力，实现"铁三角"的高效运行。其中，客户经理、解决方案专家、交付专家的具体职责如表4-4所示。

表4-4　华为"铁三角"各角色职责

成员	主要职责	详细介绍
客户经理	负责总体客户关系和营利性销售	负责建立并维护客户关系； 管理客户在各种机会点活动中的期望； 驱动营利性销售，确保合同成功； 负责财务概算和预测、定价策略、融资策略、条款及相关风险识别； 制定合同谈判策略，并主导合同谈判； 确保交易和PO签署、回款以及尾款回款

成员	主要职责	详细介绍
解决方案专家	负责技术和服务解决方案	负责解决方案策略、规划解决方案、保证解决方案质量、保证标书总体质量以及提升竞争力； 制定满足客户需求的恰当方案，引导客户接受我方方案； 确保解决方案与华为产品/服务组合和战略保持协同； 准备报价清单，识别解决方案风险以及风险规避措施； 负责与客户共同解决有关技术与服务方案的问题； 支持客户关系的维护
交付专家	负责合同履行的客户满意度	总体负责合同履行、项目管理和服务交付； 领导 DPM 协同履行团队在售前阶段进行早期介入，保证合同质量及可交付性； 负责合同执行策略以及相关风险的识别和规避； 保障合同成功履行（包括开票），确保华为和客户双方都完全履行了合同义务； 负责与客户之间的履行中的争议解决

从表 4-4 中可以看出，在"铁三角"中，客户经理已经从原来的单纯签合同员工转变为综合经营管理的角色；解决方案专家由原来的产品销售转向一体化问题解决方案提供者；交付专家也由原来的单纯项目交付转向满足客户需求的整体交付。

作为聚焦客户需求、紧贴市场的最小作战单元，华为通过明确"铁三角"模式中各方的权责，极大地提升了一线的作战能力，从而使得企业能更快速响应客户需求，为客户提供其所需要的产品与服务。

4.5　权力下沉，让一线呼唤炮火

华为的"班长的战争"是强调通过授权，精简前方作战组织，缩小后方机构，加强战略机动队伍的建设。划小作战单位，不是指分工很细，而是通过配备先进武器和提供重型火力支持，使小团队的作战实力大大增强。

4.5.1　让听得见炮声的人呼唤炮火

当前，华为拥有约 20 万名员工，在组织运作的过程中，很容易带来大企业病：组织僵化，失去活力，很难及时快速响应客户不断变化的需求。为了使组织持续保持活力，华为主张让听得见炮声的人来呼唤炮火，将决策权力前移。"让听得见炮声的人来呼唤炮火"，就是要求一线决策者在最前线发挥主导作用，把握住市场大势，提高反应速度，抓住机会，取得成果。同时也要求后方平台部门对一线组织提供有效的支持，让一线决策者具有调度资源、及时决策的权利。只有充分授权，真正将决策权交给那些"听得见炮声"的一线作战人员，组织才能充满活力，激活广大干部员工的能量。

海底捞近年能够受到消费者热捧，很大一部分原因就是它的员工能给消费者提供热情而又无微不至的服务，而这种服务的根源则在于公司对一线员工的授权。让一线拥有决策权，让听得见炮声的人呼唤炮火，其起源是真正的战场。

中华人民共和国开国元帅之一、解放军战将彭德怀之所以能够被称为"常胜将军"，统率我军屡次战胜日军、美军，关键在于他无论是在抗日战争、解放战争，还是抗美援朝战争中，总是把观察所、指挥所置于炮火硝烟中，并时刻告诫部下："光靠地图，是指挥不好战斗的。只有迈开双脚，走上第一线，真正洞察敌我情势，才有指挥权。"对于彭德怀，毛主席也是不吝赞赏，其中最著名的是："山高路远坑深，大军纵横驰奔，谁敢横刀立马，唯我彭大将军。"

彭德怀所取得的成绩让任正非不由得思考，如果华为能够更多地赋予一线足够的权力，是不是就能充分激发他们的活力，使他们能及时响应客户的需求呢？

答案是肯定的，于是华为进一步提出，把"作战"指挥所建到听得到炮声的地方，把计划预算核算权力、销售决策权力授予一线，让听得见炮声的人来决策。打不打仗，由后方来决定；如何打仗，则一线说了算。一线指挥后方，而不是后方指挥前线。机关是支持、服务和监管的中心，而不是中央管控中心。

在"一线指挥后方"的理念指导下，华为越来越像一条蛇，一线是蛇头，蛇头根据客户需求而不断摆动，后方随着蛇头转动而配置所有资源，这样就大大激发了一线的活力，组织的整体效率也跟着提高了。

4.5.2　大胆授权，打赢"班长的战争"

在军事学术界，有人用这样一个观点来描述现代化战争：第二次世界大战的机械化战场是师长的战场；20 世纪 80 年代的空地一体化战场是营长的战场；21 世纪的信息化战场是以士官为主的班长的战场。这个观点同样适用于企业。

"班长的战争"是升级版的"让听得见炮声的人呼唤炮火"。对于华为来说，"班长的战争"不是班长一个人的孤军奋战，它是在组织与系统支持下进行任务式指挥，是一种灵活、轻便和高效的组织运作，实现一线呼唤炮火。2014 年，在华为人力资源工作汇报会上，任正非详细阐述了"班长的战争"的理念。

美军的作战单位已经开始从"师"变成"旅"，作战的能力却增强了，美军未来的变革方向，作战单位将可能从"旅"变成"营"，甚至缩小到"排""班"，到时候就是"班长的战争"，这不是没有可能的。

"班长的战争"这个理念应该这么来看：大规模人员作战很笨重，缩小作战单位则会更加灵活，综合作战能力也会提升。机关要更精简，决策人不能更多，让组织更轻、更灵活，是适应未来社会发展的，也是华为未来组织改革的奋斗目标。通过组织改革，华为要坚定不移地逐步实现让前方来呼唤炮火，多余的机构要关掉，这样机关逐渐就不会那么官僚化了。

"班长的战争"不仅要求上级要准确把握战略方向，平台部门对一线组织形成有效支持，还要求班长有调动资源、及时决策的权利。前线一旦发现机会点，一声呼唤，后方可以立即提供人力物力、炮火支援，而不是制造障碍，阻止一线冲锋。

在2014年这一年中，华为广州代表处运营商业务部签订的合同/订单数总共是6281单，要求客户签字盖章总共超过8.5万次；同年，华为南京代表处运营商业务部签订的合同/订单数为3091单，要求客户签字盖章也超过了4.1万次。于是在华为出现了抱怨机关的声音："大量客户经理的时间和金钱用于为机关、为流程去拿证明，消耗不少客户关系但一点也不增值""因为签字盖章，客户把我们的客户经理都赶出来了""华为签字盖章的要求比其他友商都多，客户拒绝提供"……

后方机关被炮轰的原因在于机关在客户经理签订一份合同/订单时需要客户签字盖章超过10次，忘记了自己是接受一线炮火呼唤的，是为一线作战服务，帮助一线打胜仗的。长久这么下去，就会减慢一线对客户需求的响应速度，一线也会逐渐失去活力。所以，华为强调让一线呼唤炮火，以"班长"作为呼唤炮火的主体。"让听得见炮声的人来呼唤炮火"，这就表示作为对市场形势最了解的人，"班长"要在一线发挥主导作用，而机关需从旁协助配合，给一线配备先进武器和提供重型火力。

随着"合同在代表处审结"管理变革项目的推进，华为组织管理模式仍在不停地优化，目标仍是朝着进一步向一线授权授责，最终形成上百个"小华为"，让听得见炮声的人不仅可以呼唤炮火，更可以根据战场的实际情况直接开炮。

如今，外部商业格局的变化在不断加速，过去以资本、商业模式等为主导的竞争要素已经逐渐被同质化，如何更快速、准确且高效地为客户提供产品与服务成了企业新的竞争要素。

4.5.3　依据授权原则，避免胡乱授权

华为在推进"让听得见炮声的人呼唤炮火"、将决策权力下移的变革过程中，也进行了对一线授权的变革。为了有效进行授权的方案设计，华为提出了四大授权原则，以确保授权的合理，促进工作的有序推进。

（1）授权适当，其中"适当"的含义有三层，具体如下。

一是授权大小适宜。如果授权过小，激发员工尽责的目标就比较难实现；而如果授权过大，就很有可能使得大权旁落，出现无法收拾的局面。

二是授权需要契合员工承受能力。换句话说就是，被授权者所授的工作量不能超过他的能力、精力、体力所能承受的最大限度，否则就会导致被授权者顾此失彼，对组织的战斗力产生一定的影响。

三是根据任务轻重、业务性质来授权。如果任务重、工作专业性强，可以多采用授权的措施，但是需要在管理者确保可以掌控局面的情况下。

（2）授权行为是可控的，这种可控性主要体现在两个方面：一是管理者需要能灵活地掌握授权的范围、时间等各方面因素；二是在授权后，管理者要能依据实际情况的发展，随时随地对授权进行调整。华为很重视授权的可控度，任总曾说："授权而不彻底放权，对权力加以监督和干涉。"

（3）带责授权。带责授权是指管理者明确地把权力和责任同时授给员工，这样就会驱使员工主动地完成工作任务，而且能够在一定程度上规避员工不愿意承担责任的问题。

在华为，管理者一般会先向员工介绍清楚被授予的权限范围，不过管理者不会授出最终权力与责任。另外，对于个体职权范围内的事、关乎组织的整体性问题（如组织目标确定、集中指挥权等），管理者同样也不会

轻易地授权。

（4）动态考量。动态考量是指基于外部环境、目标责任及时间的不同，管理者授给员工的权力是不同的。它体现了华为的授权理念——从实际需要出发。

上述四大原则是华为在开展"权力下沉，让一线呼唤炮火"管理时遵循的基本授权原则。通过合理授权，一线拥有了更多的自主权，响应客户需求的效率得到了显著改善，同时大大激发了一线的组织活力，提升了企业的核心竞争力。

第5章
流程贯通的运作体系

管理的目的就是从端到端以最简单、最有效的方式实现流程贯通。这个端到端非常快捷，非常有效，中间没有水库，没有三峡，流程很顺畅。需要什么就保留什么，多余的组织与人员都要裁掉。

5.1　承载业务需求，建设流程化组织

西方公司领先中国这么多年，最厉害的地方就是流程化组织。华为强调，企业管理的目标是以客户需求为导向，建设流程化组织，提升自己对客户需求的响应速度，以更好地践行以客户为中心的价值理念。

5.1.1　流程要承载业务，为业务服务

无论任何流程，它的本质是服务于业务的，必须能够完整地将业务本质反映出来，因此业务中的各要素及其管理不能在流程体系外，也就是业务的质量、运营、内控、授权、财经等所有要素都需要放到流程中去，实行一张皮运作。

流程是对业务流的一种表现方式，越能满足业务需求的流程，运行越流畅。企业通过总结与固化平时优秀的作业实践，从而不断地改进和完善流程，同时也是实现成功经验的可复制性。华为轮值 CEO 徐直军分享了两个关于流程的案例。

（1）ITR 流程，也就是网上问题处理流程。以前当客户抛出问题时，华为很少关注这个问题对客户产生的影响，不是以问题对客户的影响为基准来评估问题的等级，而是根据不同产品的不同问题，用技术等级来对它们进行定级，这样就导致公司的研发部门和 GTS（技术服务）部门常常发生争吵。事实上，问题的根源在于客户方。于是，后续华为就对 ITR 流程进行了变革，其中最大的改变就是以客户对故障的定级来进行故障的级别评定。当故障发生时，客户只要知道有多少用户是被该故障影响了，就能对故障进行合理定级。在对故障等级的具体评定标准上，华为是基于数

量、时间、重要性三个因素来操作的。在对故障定级后，所有的流程与 IT 系统会围绕客户需求，去了解发生的问题，然后及时快速地解决，所有其他的事情诸如内部考核都要让位于该目的。

（2）交付流程。在进行 LTC（机会至收款）流程变革时，华为认为公司的交付流程已经够好了，不需要纳入 LTC 流程变革中来，只需要在原来的基础上修改一下就可以了。于是，当时针对支付流程，华为立的是一个优化项目，立足于把原有流程优化一下。然而，随着 LTC 变革的深入，变革项目组渐渐发现公司的交付流程基本上是没有的，仅有一个项目管理流程与一个站点的流程。有鉴于此，项目组便对交付流程进行了重新梳理。

在刚开始梳理时，项目组都不知道该从哪个方向入手。直到发现 T-Mobile（德国电信子公司）整个网络部署的端到端流程，才为项目组梳理交付流程提供了一个可以参考的标准。客户从开始明确需求到完成网络交付运营的整个过程中，华为只是在这个流程中完成一两个或多个环节。于是，徐直军提出要站在运营商的角度来设计华为的交付流程，确保为客户提供更好的产品与服务。

一旦流程背离了业务流，就会影响业务的开展。如果只是为了流程而设置的流程，背离了业务流，那这种流程就是多余的，是需要被简化的。流程如果能客观体现业务、贴近业务，真正为业务服务，那么运行就会更通畅，而华为的流程就是这么设计的。

5.1.2　聚焦关键问题，向流程化组织进化

1998 年，IBM 对华为当时的管理现状进行了全面诊断后，给出的解决方案是华为必须迈向流程化组织，固有条块分割的功能型组织是很难支撑华为走出中国，迈向世界的。从 1998 年与 IBM 合作集成产品开发（IPD）体系变革开始，华为的流程化组织建设也正式起步。

将组织建设成流程化组织，所有员工面向流程，实际上就是让员工面对客户。管理者在这个组织模式下就能真正激发每一个个体的主观能动性。因为只有客户的需求可以持续地激发个体，就如脉冲一样"冲击"整个组织，这样组织才能真正具有生命力，同时在不断地满足客户需求的过程中实现能力的提升。因此，华为强调企业的管理目标是建设流程化组织。

在外部咨询团队的帮助下，经过数十年的努力，华为终于构建了自己的流程化组织，实现了从端到端、快捷有效的管理，从而充分确保每一个管理环节都能够积极指向客户和绩效。

在构建流程化组织的过程中，华为不断深化对流程化组织的认知：

其一，业务是由流程来承载的，服务是目标导向的，不可以彰显权力。一旦把流程当作权力来使用，流程节点就会逐渐变成铁路上的道岔，每个员工都会想上去扳一下。中国的高铁为什么那么快？其关键就是高铁列车通过每一个站点时，只要在流程与规则范围权限内，就不需要审查与控制。真正的流程化组织是反官僚化的，是去部门墙的。

其二，对于一家企业而言，组织要适配流程。企业最核心的是业务流程，业务流程是把多个输入转化成对客户价值输出的活动，以业务为需要，以满足客户需求为根本，因此流程是位于组织之前的。尽管流程和组织有着明晰的对应关系，但是当流程与组织不匹配时，企业需要调整的是组织。

如今，华为已经成为一个全流程型的企业，企业的所有活动都已经纳入到了流程里，构建了支撑企业业务良性运行的堤坝。

5.1.3　强化流程责任制，淡化功能组织的权威

华为认为，产品发展的路标是客户需求导向，企业管理的目标是流程化组织建设。为此，华为要持续进行流程化组织建设：一方面，建立并推动端到端的流程贯通；另一方面，以流程来分配责任、权力和资源及角色

设计，逐步淡化功能组织的权威，不断加强组织能力建设，确保流程的高效运行。

流程是满足和实现客户价值的活动连接，以客户需求为输入，以完成客户需求为结束的整个端到端的实现过程，这个端到端就是从客户需求来，到客户需求去。

在企业中，所有员工是如何协同在一起的？所有员工是在以客户的需求为导向，以业务流程为逻辑，快速实现并满足客户价值的过程中实现协同的。华为在发展中，通过不断摸索与实践，发现流程化组织能很好地解决员工协同问题。为什么呢？原因在于与流程化组织相比，功能组织存在以下弊端：

第一，功能组织是目前多数企业的组织形态。在企业做大的过程中，不得不诞生各种部门，如销售部、生产部、研发部、人力资源部等。此时，销售部只做销售，生产部只生产产品，研发部只研发产品，它们之间没有协同。但是当面对客户需求发生变化时，它们就可能会开始推卸责任。比如，当产品的销售不成功时，销售会说是因为产品研发有问题，产品很烂，怎么卖嘛；研发部会说这不是我的问题，市场部给我的输入不够，使我对客户需求不完全理解，导致产品研发失败；市场部会说销售部没给我信息，所以它也不知道客户需求是什么。结果会导致组织开始割裂，每个部门各忙各的，但是到最后发现白忙了一圈。因为客户不关心企业的研发、生产、销售，只关心时间、速度、质量、成本，以及产品能不能赚钱。可见，功能组织是难以匹配客户需求的。

第二，功能组织是以老板为中心的。很多企业特别是中小企业，都是以老板为中心的。对一个企业家来说，他就是创立者，没人能管他。员工也会觉得老板决定自己在公司的发展成长，所以他得伺候好老板，一切按老板的要求去做。而在流程化组织中，员工只要按流程来承担自己的责任，做出贡献就可以了，不用去在乎老板的看法。

第三，功能组织是以规范为名义的，导致很多企业在做大的过程中被搞死了。在功能组织里，企业会建立很多的制度、流程，要求员工按部就班一步一步干，不鼓励创新，结果企业就逐渐被搞死了。

第四，功能组织以风控为名义，建立各种各样的风险管理控制的手段与方法，以不出事为导向来进行组织管理。结果到最后会把管理扼杀，把业务扼杀。

第五，功能组织常常以效率为名义。虽然组织效率提高了，但是客户不愿意买单，导致出现了一堆库存。

由此可见，企业只有向流程化组织进化，让员工面向流程与客户，才能真正激发每一个个体的内在主观能动性，从而使得组织真正具有生命力。

同时，我们发现当企业过度重视功能组织的管理能力，而不依据流程确定员工的职责时，每次人员流动都会在一定程度上造成企业的不安定，而流程化组织的建设就是将业务建在流程上，相对固化，减少对人的依赖。

业务流程化运作，强调要把业务流程的责任建立起来，各级组织逐步实现流程责任制。实施流程责任制是为了更好地保障业务快速流通，避免出现事事拖延，审批周期过长等情况。因此，要想让企业流程真正发挥作用，就要基于流程优化，给流程负责人（Owner）赋权，让流程中的每个环节发挥作用。

华为坚持走向流程责任制，给流程负责人赋权。建立起流程负责人和专家的权力，层层级级沿着流程给岗位授权，建立起流程责任制。业务主管是日常流程履责的责任人。不担负流程控制点责任的人，或者只求形式遵从、明哲保身、不主动推动流程效率和效益持续提升的人，都需要被问责。

总之，通过流程责任制，负责任的就用，不负责任或责任不好的就降下去，淘汰一部分人，新生力量就起来了，全华为都喊着要作战，争当黄继光，有什么上甘岭打不下来呢？

5.2　流程优化要为一线服务

流程是为作战服务，为多产粮食服务的。不可持续的就不能永恒，烦琐的管理哲学要简化。在流程优化的过程中，华为强调要对准客户痛点，为一线作战服务，提高一线的战斗力。

5.2.1　流程优化要对准客户"痛点"

在华为，流程不但承载优秀实践，体现业务的增值，还需要为客户创造价值。因此，流程不只是指引员工做正确的事情，更重要的是正确地做事，即通过正确的手段达到正确的目标。为了简化流程运作，提高流程的效率，华为制定了流程优化原则，如表 5-1 所示。

表 5-1　华为流程优化原则

优化原则	详细说明
围绕整体目标	流程的优化要以实现内外部客户及服务目标为依据
模式决定流程	在一定的组织结构下，业务运作的思路和模式不同，其对应的流程不同，流程下的岗位设置和工作职责也会不同
协同配合，整体向上	一个流程的效率提升，是需要其他关联流程配合的。只有各个系统和流程，经过关联性分析后，制定整体提升计划，才可能达成目标
粗细差异化	不同性质的部门或工作，管理的深入程度有所不同。流程粗细一定需要从实际出发，依目标而定
责任主体要明确	每一条跨部门流程必须要有唯一的责任主体部门，监控和管理本条流程。责任主体必须为总体目标负责，为流程效率负责
职责和界限要清晰	各个环节，各个岗位职责划分合理，定义清楚，界限清晰
责权利要匹配	流程各环节的任务，就是其背负的责任。有了责任，就得具有相应的权力，和对等的利益分配
共享流程信息	流程中各个环节之间需要明确的信息传递渠道和方式，实现信息共享
靠近服务对象	流程中各工作环节，尽可能靠近业务服务的对象。靠近才能方便沟通，及时了解情况

优化原则	详细说明
充分标准化	对于例行管理的流程，需做好充分的标准化，最大限度减少协作异常
流程缩短	流程不能太长、太复杂，交接次数要少
流程整合	全面审视企业的流程结构，依据目标和功能，要尽可能地整合而统一
减少不增值	流程的环节顺序、步骤、工作效率、事项决策等方面都会影响运行效率。在流程运行中要减少不增值的内容
与绩效管理相结合	有流程的地方，就有要求，有要求就要被监督考核。考核的不仅包括业务效率与质量，也包括流程效率与质量
例外变例行	例外问题解决的背后，要复盘分析其例行化的可能性，纳入流程管理

流程优化不是一个人的事情，也不是一个部门的事情，而是企业所有员工的事，需要企业顶层在精密筹划后，有计划、有步骤、有协同地渐次展开。要在提高效率与为客户创造价值的基础上做流程优化。流程是服务客户的，首先要对准客户"痛点"，从客户界面来改进流程。

章李满加入华为多年，2012年被派往中东地区负责流程运作。2013年7月，华为轮值CEO在中东地区部指导工作时，强调要从客户界面入手优化流程，并提出流程优化要对准客户"痛点"、对准代表处和系统部的经营指标，梳理客户界面从预算、采购、交付、验收到回款的全业务流程，抓取客户"痛点"解决问题。

跟客户做生意，首先要解决"买卖"问题，当前先聚焦传统业务，"买"的最大痛点是"采购"，"卖"的最大痛点是"投标到合同"。比如，在"投标到合同"上的主要表现为在客户界面上动作越来越慢，体现为经常申请延标等。

在找到客户"痛点"后，章李满团队便对相关流程进行了优化，以逐步提高流程的质量。2013年中东地区部运营效率同比改进21.7%。同时，在与客户就组织流程优化问题进行探讨的过程中，客户也感受到了华为团队在流程优化上做出的努力，能够真正地为它们解决所遭遇的问题。这也反映了基于客户"痛点"改进流程，可以有效实现内部运作效率的提升。

流程优化中要先确定流程优化的目标和方向；再通过识别客户"痛点"，对客户"痛点"进行分析确认后，在流程运作中对客户"痛点"进行优化，这样才能有效地帮助客户解决"痛点"，从而提升企业流程的效率。

5.2.2　流程优化要以提高一线战斗力为宗旨

著名管理学家迈克尔·哈默说过："任何流程都比没有流程强，好流程比坏流程强，但是，即使是好流程也需要改善。"有些流程就像食物一样，在保质期内很管用，过了保质期就无用了。流程优化应该成为企业例行管理活动。

很多企业常常认为流程的优化太耗时间，从而把企业的关注点都放在市场竞争上，忽视了对流程的优化，导致企业运作出现体系混乱，与其他企业的差距不断加大。

对于流程优化，华为强调一切要为前线作战部队着想，有效地控制流程点的设置，精简不必要的流程与人员，提高组织的运作效率。

2012 年，王元（化名）担任沙特代表处销售副代表。尽管代表经常提"流程管理"，但首次接触业务管理工作的王元并不清楚流程到底是什么。有时候，王元为了完成 KPI 指标，也会做一些打破规则的事情，并没有将"流程管理"的理念真正融入日常的管理工作中去。

2013 年，王元调任地区部总裁办，主要负责流程、运营等工作，对于并不清楚流程是什么的王元来说，这些工作都非常陌生。有一次，他接到一个任务，需要简化一线交付项目组本地采购流程。原来的流程非常烦琐，需要经过多个部门的批准，审批周期比较长，有时甚至长达十几天，对交付项目的进展产生了比较严重的影响。

为了改善项目运作效率，王元通过详细调研、多次访谈交付项目组，并与地区部财经、交付、行政等部门协商，简化了工作流程，使得90%的场景直接在代表处实现闭环，审批周期明显缩短，最快能在一天内完成。这次流程的改善，有效提升了地区部的工作效率，也为地区部节省了时间和成本。

通过这次工作，王元逐渐认识到了工作改进不仅仅包括提高直接的业务产出，更包括将业务产出的过程进行优化。在认识到了优化流程的价值后，他在以后的工作中也越来越重视对工作流程的改进。

华为为了进行流程优化管理，出台了"日落法"（Sunset Law）。日落法参照了美国国会监督行政的一个称为"日落法"的法律。美国日落法规定，在机构或项目的结束日期到来之前，国会要对该机构的工作和该项目的执行情况进行全面审查，以决定它们是否继续下去，最终目的就是为了对抗机构自我膨胀的趋势。

在华为，流程是为作战服务的，是为多产粮食服务的。如何使用量少的流程产生更好的效果，是华为非常关注的课题。华为的"日落法"明确规定：每增加一个流程节点，要减少两个流程节点；每增加一个评审点，要减少两个评审点。在流程优化中，流程只是手段，支持一线、服务市场才是目的。华为将流程优化的重心放在一线，聚焦一线的业务需求，实现支持、服务一线的需求。

5.2.3　持续优化流程，提高流程效率

企业想要实现流程规范化管理的目标，必须在一定的时期内，坚持稳定的流程与相对稳定的组织结构，但又不能过于僵化、一成不变，而是要

根据实际组织运营情况的需求，对流程持续优化。

任正非说过："没有流程就保证不了质量，流程是质量之本。但是，业务流程随着时间和业务的变化，是需要不断优化的，只有业务流程不断地优化和改进，华为的流程才不会死板和僵化。"

2008 年，由于某产品版本规模较大，维护工作进行缓慢，产品还需要频繁升级，因此客户投诉不断。分析原因，原来是因为结果导向不够，责任不明确，一旦出现了问题，各部门就会互相推卸责任。工作做好了，不知道表扬谁；做砸了，不知道批评谁。这样，客户反映的问题就不能快速得到解决。曾经有一个测试经理抱怨一个问题定位转了 26 道手，效率极低。

由此，产品线所在部门从组织流程等方面进行了根治。对内施行"责任田"，让开发、系统设计、解决方案、营销等领域各司其职，为每个部门设置相应的 KPI；对外安排骨干员工对客户进行跟踪服务，倾听客户的需求、意见和抱怨，并上门给客户道歉。经过一系列流程、规范的"倒梳理"之后，该产品线明确了内部责任，各流程之间也能很好地衔接，流程简化了一半，仅数通芯片的量产周期就提升了 50%。

2016 年，任正非在一次讲活中指出："不产粮食的流程是多余流程，多余流程创造出来的复杂性，要逐步简化。回顾过去五年的变革，看看到底哪些流程使用量大。没有使用量或者使用量很少的流程，能否先把带宽供给压缩一半，支持流程的人员也减少一半；再过三个月，如果没有投诉，把带宽再压缩一半；如果还没有投诉，就只留下一名人员支持。不想升职升薪的人可以守在那里，希望进步、升职升薪的人都聚焦去消除流程断点。"

通过不断优化流程，华为建立起了一套以客户为中心、能够协调所有业务流程、严格有序的端到端流程体系，实现了流程规范化，提升了业务效率，质量也得以提升。

5.3　打造覆盖全业务的流程体系

截至目前，华为已经打造了包括运营类流程、使能类流程和支撑类流程在内的全流程体系，覆盖了公司的全部业务。通过这样一套覆盖全业务的流程体系，支撑华为从一家管理松散的本土公司发展为一家以流程立身的国际化公司。

5.3.1　华为的业务流程变革历程

华为的业务流程起初并不完善，而是在经历过几个阶段的变革后逐步建立起来的，如表 5-2 所示。

表 5-2　华为的业务流程变革历程（示例）

时间	业务流程变革
1995 年至 1998 年	基于 ISO 9002 标准开始建设流程标准体系，生产、市场和采购等业务；基于 ISO 9001 标准建设中研及管理工程；基于 ISO 9000 标准将规范化管理的思想运用于行政、基建、财务等支撑性业务
1998 年至 2001 年	从 1998 年下半年开始，公司逐渐开始构建未来端到端的流程体系；2001 年 IPD V1.1 30% 推行；ISC 流程建设；MRP Ⅱ（制造资源计划）系统实施
2002 年	IPD V2.0 100% 推行；ISC 流程开始推行
2005 年	IPD V5.0 实现 IPD 核心流程与 MM（市场管理）、OR 及主要使能流程［如 MPP（大规模并行处理）、定价］等的衔接
2006 年	借鉴业界最佳实践设计业务流程架构；优化文档中心，树立公司现有流程文件；端到端交付流程梳理
2007 年至 2008 年	IFS 体系建设；CRM（客户关系管理）体系建设；EA（智能交易系统）建设；流程集成
2009 年	IFS 项目推行；CRM 小范围验证；PO 打通方案试点落地；BPM（业务流程管理）工具上线使用
2010 年	LTC 试点推行；BTMS 体系构建；GPMS 体系构建
2011 年	LTC-S1 全面推行；LTC-S2/ LTC-S3 建设与试点；IFS Wave2 建设

华为在流程管理发展过程中经历的主要阶段与阶段特征如下。

　　第一个阶段是构建基于流程的质量管理体系。在生产过程中，由于员工的不同会导致出产的产品存在比较大的差异，而这套体系能够通过严格的业务流程来确保产品的一致性。于是，在 1995 年，华为开始构建属于自己的质量管理体系。体系建立后通过了 ISO 9000 质量管理体系认证。这一管理体系认证让华为的产品质量有了很大提升，由此，也给华为带来了很大的启发。此后，ISO 9000 规范化管理的思想也被华为运用到了行政、基建、财务等支撑性业务上。

　　第二个阶段是华为在 1998 年与 IBM 合作的"IT 策略与规划"（ITS&P）项目，规划了华为未来三到五年需要开展的业务变革和 IT 项目，主要包括 IPD、ISC、IT 系统重整以及财务四统一等相关项目，其中 IPD 和 ISC 是重中之重。其间，在咨询顾问的协助下华为对信息化部门进行了调整，增加了一个流程优化管理部，它当时主要负责做 4 件事情：

　　（1）把流程管理部建到"连队"上，也就是让各个部门都有自己的流程优化处，使得每个大部门甚至二级部门都有流程优化部门，实现对流程变革的组织保障。

　　（2）建立流程管理制度，比如说，建立决策体系，明确谁是流程的责任人，谁对管理端到端的绩效负责，谁对流程优化负责。

　　（3）流程优化会涉及多个部门，企业通常以项目模式来管理，而流程优化管理部就需要帮助建立流程优化项目的管理办法。

　　（4）流程优化如何做呢？华为当时制定了一个业务流程再造的十步工作法，然后对公司的中高级业务干部进行赋能培训，介绍项目管理流程的优化方法论，以及怎么样做好专业文案，做好内部顾问等。

　　做好这些准备后，华为于 2000 年正式开始业务流程的变革。

　　第三个阶段是从 2005 年开始的，当时华为海外销售额首次超过国内销售额，华为重新布局调整了企业的组织结构，将自己的业务变成了 7 大片区和 15 个地区部，而不再是国内和海外这样简单的划分。那么在这个阶段华为是如何建设流程的呢？具体做法是从以下几个维度来重新审视流程：

一是除了站在原来传统的业务部门、职能部门维度看流程，还要站在客户角度审视流程。华为的运营商业务、企业业务、消费者业务把客户划分成三大类，那么华为需要站在对应业务的客户角度去审视流程。然后，华为的业务又被划分为 15 个地区部，那么它们站在客户角度，会如何来审视流程呢？此时就需要一个一体化的流程。也就是说，公司需要建立全球的流程管理体系。

二是从流程遵从制向流程责任制转变。基于流程的内控做财务控制，而所有的财报又都是基于业务的，业务活动是基于流程的，因此对流程要进行内控。也就是说，公司要建立一个管理体系，既要能实现流程责任制，又要能经得起审计。

在历经 20 多年流程变革后，华为流程变革的效果是明显的：从 1995 年到 2020 年，华为的销售收入增长超过 594 倍，达到 2020 年的 8914 亿元（见图 5-1），复合增长率达到了 20.3%。通信设备市场份额也实现了显著增长，占比超过 28%，员工人数也从 800 人发展到现在的近 20 万人，增长超过 248 倍。

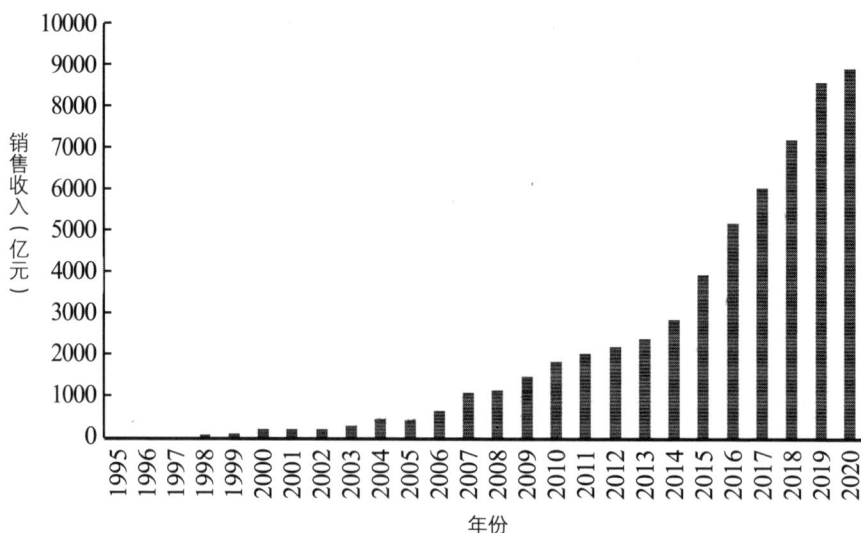

图 5-1　华为 1995 年至 2020 年销售收入变化情况

持续进行的流程变革的成功支撑了全球 170 多个国家与地区的产品和解决方案交付，保证了 20 万名员工协同工作，使得华为实现了持续有效增长。

5.3.2　端到端贯通，建设覆盖全业务的流程体系

经过多年的流程变革，华为已经打通了以客户需求为主线的端到端的流程，实现了流程贯通，如图 5-2 所示。

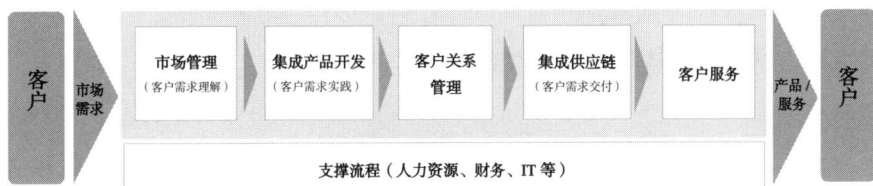

图 5-2　华为端到端的流程体系框架

对于端到端的流程，通用电气认为"商业本质上是由相关联的端到端的流程组成的"；西门子认为"端到端的流程是股东价值的源泉"；IBM 认为"商业就是信息驱动的端到端的流程管理"。华为对端到端流程的本质给出了精辟描述："端到端流程就是要建立一系列以客户为中心、以生产为底线的管理体系，就是在摆脱企业对个人的依赖，使要做的事，从输入到输出，直接端到端，简洁并有效地连通，尽可能地减少层级，使企业的运作成本最低，效率最高。要把可以规范化的管理都变成扳道岔，使岗位操作标准化、制度化、简单化。就像一条龙一样，不管龙头如何舞动，其身躯内部所有关节的相互关系都不会改变。"

2005 年，任正非在广东省委中心的发言中强调华为要构筑端到端的流程："端到端流程是指从客户需求端出发，到满足客户需求端去，提供端到端服务，端到端的输入端是市场，输出端也是市场。这个端到端必须非常快捷，非常有效，中间没有水库，没有三峡，流程很顺畅。如果达到这么快速的服务，降低了人工成本，降低了财务成本，降低了管理成本，也就

是降低了运作成本。其实，端到端的改革就是进行内部最简单、最科学的管理体系的改革，形成一支最精简的队伍。

"华为是一个高技术企业，最主要的业务包括研发、销售和核心制造。这些领域的组织结构，只能依靠客户需求的拉动，实行全流程贯通，提供端到端的服务，即从客户端再到客户端。"

当企业组织内部机构不够完善时，组织成员就无法及时地察觉到客户需求。企业要想持续为客户创造价值，就要从内部开始变革，打通端到端的流程，使组织更加灵活地应对客户需求。

在泰国 3G 牌照快要发牌前，华为项目组在这段时间对业务流程环节进行了仔细梳理，以便客户获取牌照之后，能尽快开展业务，快速交付。

2013 年年初，泰国运营商 AIS 中标 3G 牌照，项目立即启动。客户提出要求，第一个月交付 1000 个站点并全部上站检查，比原先交付的站点数量多 600 个。项目组争分夺秒，在经过详细研讨后，快速制订了一套交付解决方案。在依照方案推进时，项目组还成立了 4 个独立功能办公室，分别负责解决项目交付需要面对的问题。在各办公室的相互密切配合下，流程进展得很顺利。站点在商用过程中，做到了零投诉与零事故，所有网络 KPI 均达到合同要求，帮助客户实现了商业成功。

除通过优化流程，快速完成站点交付上线以外，项目组还推动了客户验收周期长等流程的优化，使验收周期缩短 50%，提高了交付与验收效率，节省了上千万美元的成本。

华为的流程体系分为运营类流程、使能类流程和支撑类流程（如图 5-3 所示）三大部分，其中包含 17 个一级主流程。

图 5-3　华为一级主流程

第一部分叫作运营类流程，是直接为客户创造价值的，端到端定义为客户价值交付所需业务活动，并向其他流程提出协同需求。主要流程有 ITM（从创意到市场）、MTL（从市场到线索）、LTC（从线索到回款）、ITR（从客户问题到解决）、渠道和零售。

第二部分就是使能类流程，响应运营类流程的需要，用以支撑运营类流程的价值实现。主要包括战略管理、客户关系、采购、供应链等流程。

第三部分是支撑类流程，为使整个公司能够持续高效、低风险运作而存在。主要包括财务管理、人力资源管理、管理基础支持、管理业务变革＆信息技术等流程。

华为的业务流程也很有深度，划分为 L1、L2、L3、L4、L5、L6 六层，从流程大类到流程组、流程、子流程、流程活动，一直到最后的具体任务都一一细化。

在华为的六层业务流程中，L1 流程大类和 L2 流程组用于流程管理，回答 Why to do（为什么这么做）的问题，支撑公司战略和业务目标实现，体现公司业务模式并覆盖公司全部的业务。

L3 和 L4 层则是用于落实方针政策和管控要求，回答 What to do（做什么）的问题，聚焦战略执行，体现创造客户价值的主要业务流以及为实现主业务流高效和低成本运作所需要的支撑业务。

L5 和 L6 用于将流程落实到操作层面，使之可执行，回答 How to do（怎么做）的问题，完成流程目标所需要的具体活动及任务，体现业务的多样化和灵活性。

L1、L2、L3 这三层流程是由公司统一制定的，不允许变；各地区部仅允许在 L4 层流程上做本级业务适配，但是必须报公司批准；各代表处仅能做 L5、L6 层方面的流程适配工作，流程的变化是严格受控的。这样就保证了从整体流程的主干清晰、末端灵活。

就是这样一套自上而下、从里到外的覆盖全业务，层级分明，细化到可执行的严格、有序、简单的流程体系，确保了质量、内控、网络安全、信息安全、业务连续性，确保了将环境、健康、员工安全、企业社会责任等要求融入市场、研发、交付和服务、供应链、采购等各领域业务中，实现了端到端的全流程贯通，支撑华为从一家管理松散的本土公司变身为一家以流程立身的国际化公司。

5.3.3　驱动商业成功的三大流程：IPD、LTC 和 ITR

华为一直倡导流程化的企业管理方式，用流程把公司内重复的、简单的、大量的工作模板化。根据公司最核心的三类业务活动，华为设计了三大主要流程，即按 IPD 设计制造产品，按 LTC 交付产品与服务，以及用 ITR 把问题解决，最后实现客户满意。同时用流程 IT 的方式进行固化。如图 5-4 所示。

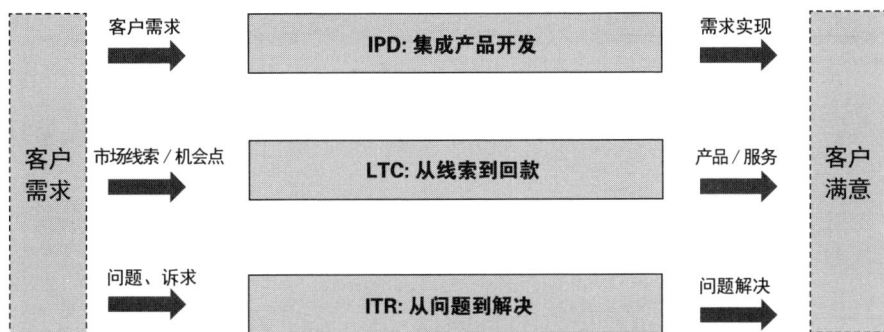

图 5-4　华为三大流程：IPD、LTC、ITR

IPD 就是把产品开发出来，产品从有概念开始到面市，强调以客户需求作为产品开发的起点，组织跨职能团队承接任务，通过市场规划、产品开发和技术开发三大流程满足客户需求，包含概念、计划、开发、验证、发布、生命周期六个阶段。

LTC 对于企业的价值是要为企业生成高质量的合同，同时也是企业最重要的业务流之一，对线索到回款进行管理的端到端流程，包含线索管理、验证机会点、项目立项、标书准备、投标、谈判、合同评审、合同签订、合同交接、管理合同执行、开票回款、管理变更等若干个节点。这些节点涉及营销、交付、财经、供应链、采购等多个部门，整个业务活动围绕合同与回款，周期很长。通过 LTC 则使全流程整合信息、商品和资源成为可能。

产品的运维是产品完成销售和交付后必要的商业环节，它对产品的质量提升及市场拓展有着重要的推动作用。即使产品最初没有问题，时间长了也会有各种问题：客户有这样或者那样的需求，产品需要不断地改进升级。于是，有了第三大流程 ITR。ITR 的根本是面对客户的服务请求、诉求和疑惑，并解决问题，对产品进行改造升级。

三大业务流 IPD、LTC、ITR 有始有终，其间需要相应的组织去适配（不仅是流程 IT），还需要和客户去匹配。日复一日，年复一年，将相应的工作活动流程化、模板化，并固化在 IT 系统上，从而将简单、海量、重复的工作做得更好。

IPD、LTC 和 ITR 是面向客户的三大执行类流程，在梳理了这三大流程后，华为再以其顺利运行为抓手，梳理背后的使能类流程与支撑类流程，就是顺理成章、水到渠成的事了。

5.4　华为 IPD 变革和 PDT 团队

过去，华为的产品研发常常严重脱离客户的需求，产品研发的出发点往往是"我能做什么"，而不是"客户要什么"，因此研发效率低下。花了很多人力物力研发出来的产品，虽然有可能技术先进、功能强大，但并不是客户真正需要的，也就无法为公司带来更高的收入，从而导致成本浪费严重。在学习了西方先进管理经验后，华为以客户需求为导向来决定新的产品概念，建设了完善的研发管理体系，从而获得了成功。

5.4.1　IPD 变革

随着公司规模的迅速扩大，华为的产品线越来越长，但是研发效率、产品质量与响应速度等方面的问题越来越多，集中表现在以下几个方面：

（1）串行研发导致开发周期很长，产品研发被动地响应市场需求且缺乏整体规划，导致维护成本很高，影响了客户的满意度。

（2）研发部门重视技术与功能的开发，对产品的可靠性与稳定性的重视不够。产品研发人员闭门造车，脱离客户需求，研发浪费十分严重。

（3）产品交付质量不稳定，频发的售后服务问题冲击了研发节奏，影响了产品利润。

（4）产品研发严重依赖个人英雄主义，成功难以复制。

（5）流程不顺畅，缺乏跨部门的结构化、端到端的流程，运作过程割裂，内耗严重。

1997 年，华为研发费用浪费比例和产品开发周期是业界最佳水平的两倍以上。华为的销售额虽然连年增长，但产品的毛利率却逐年下降，人均效益只有思科、IBM 等企业的 1/6 ~ 1/3。

华为意识到企业急需一场变革来改变公司的研发模式与方法，缩短产品研发周期，提高产品研发效率，改善客户对研发产品的满意度。1997年，任正非带领华为一行人来到美国，考察了思科、贝尔实验室、IBM 等企业，了解这些公司的管理模式，寻求突破研发瓶颈的方法。其中，IBM 的考察经历让华为一行人印象深刻：在 1992 年前后，IBM 也遭遇了研发效率低下的问题，它当时是靠着 IPD 把处于低谷时期的 IBM 成功激活的。华为于是决定以 IBM 为师，开始实施 IPD 变革。

IPD 的精髓是把产品开发作为一项投资来管理。首先是做正确的事情，也就是产品开发要找准并清晰地定义客户需求，然后按照定性工程把产品在最短的时间内尽快地、成功地开发出来。其次是正确地做事，也就是通过 IPD 实现华为的研发管理，确保开发过程中的每一个阶段都从商业的视角，而不是从技术的视角对产品开发进行财务、市场、技术方面的评估，以确定开发项目应该继续还是终止。正如华为轮值 CEO 郭平所说："IPD 的本质是从抓住机会到商业变现。"

华为的 IPD 变革并不是一帆风顺的。在变革刚开始时，各个产品的研发在组织结构上已经基本形成了 PDT（Product Development Team，产品开发团队）的雏形，各种计划、文档、研发活动也是按 IPD 的模式进行的。但是此时却只有华为与 IBM 配合成立的 IPD 项目组里的人对 IPD 有着比较深入的理解，其他研发人员连基本的"照猫画虎"都难以做到。

此时，企业内部的研发流程用的版本是 IPD1.0，IPD 的实际效用没有完全发挥出来：公司内部只是在研发活动的称谓和重要文档的输出上模仿 IPD1.0 流程的规定；IPD 的核心组决策等内容并没有被执行，仅仅在两个产品线上试点。这个情况一直持续到 2001 年。

2001 年，华为 30% 的产品线要求必须严格按照 IPD2.0 流程运作，其他产品线继续按照 IPD1.0 流程运行。到了 2002 年年底，所有产品线必须完全按照 IPD2.0 流程运作。此时，支撑 IPD 流程的相关人事制度、财务制度和绩效考核制度等都已建立，而且从高层领导到基层产品开发管理者都对 IPD 流程有了比较清晰、深入的认识。至此，华为已经具备全面推行 IPD 的客观条件。

2003 年，华为的 IPD 流程升级到了 3.0 版本。华为的 IPD 流程根据业务发展需要对角色、活动、模板、支撑流程、工具等坚持不懈地进行优化，使其与周边流程的衔接更加顺畅。华为 IPD 流程也从 2003 年的 3.0 版本一直升级到了如今的 8.0 版本。未来，华为 IPD 变革优化仍然不会止步。

在坚决推行 IPD 变革后，华为研发项目中零偏差（偏差率 < 5%）的项目占比逐步超过了 90%；客户满意度从 2001 年的 79 分持续上升到了 2007 年的 95 分；产品故障率也从 2001 年的 17% 降到 2007 年的 0.01%，华为的研发实现了由以技术为中心转向以客户为中心，从而能快速为客户提供高性价比且能满足客户需求的产品，支撑华为赢得了一次又一次的市场竞争。

5.4.2　IPD 业务管理体系框架

通过变革，华为 IPD 形成了由市场行销、研发系统、生产、用户服务、财务、采购等部门人员组成的贯穿整个产品业务流程的管理模式，即从市场需求到产品战略、产品规划、技术规划、产品开发，再到产品上市、退市产品全生命周期的管理过程。

需求管理关注客户需求及实现过程监控，需求管理流程包含收集、分析、分发、实现、验证五个阶段。其实就是把需求的端到端闭环地管理起来，保证需求的完整性。需求的闭环管理机制是组织级需求要做的一个工作，产品线负责把所有来源的需求都闭环管理起来，即使不做，也要闭环起来。

产品战略制定公司的中长期产品开发战略和方向。产品规划制定公司的产品开发规划和产品版本路标。

技术规划制定公司的关键核心零部件发展规划，其流程包含规划、预研、架构开发、技术与平台开发、部件重用及评价等五个阶段。其中技术与平台开发负责提前准备关键的核心技术、核心部件，建设跨产品的共享组件（CBB）库。

产品开发是基于 IPD 流程实现的。IPD 流程是指根据产品规划，依靠成熟的共享组件，快速、高质量、高效率地完成产品开发与上市。IPD 流程有概念、计划、开发、验证、发布、生命周期管理六个阶段，如图 5-5 所示。

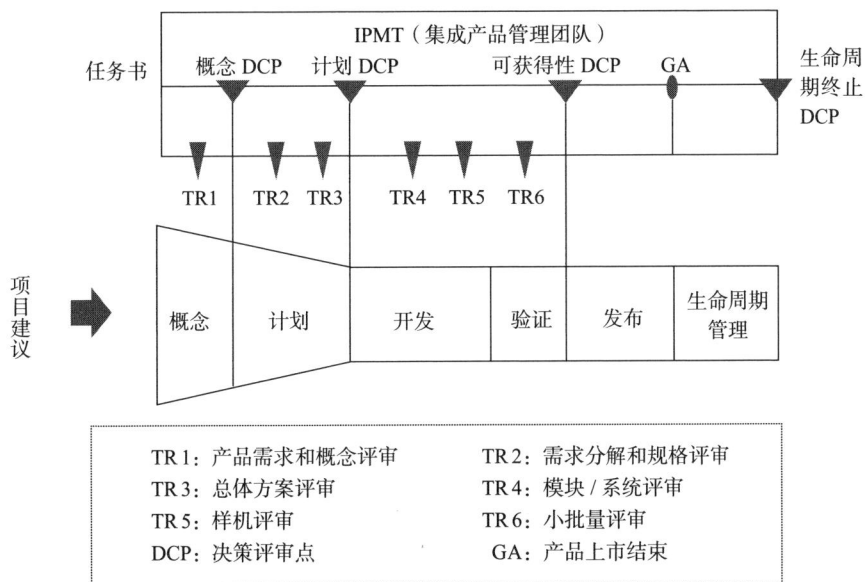

图 5-5　IPD 流程

概念阶段主要是策划开发什么样的产品，组成 PDT 团队，获得 IPMT 的批准；计划阶段是全面考虑组织、实践、资源、财力等因素，形成一个总体、详细且有比较高准确性的业务计划，然后由 PDT 提交 IPMT 进行评审，评审通过就进行开发阶段，PDT 负责管理计划评审点到将产品推向市场的整个研发过程，PDT 团队的成员负责落实部门的支持；开发阶段是各部门全力配合产品按计划研发；验证阶段就是验证研发的产品是否满足开始时的设计需求；发布阶段就是产品正式对外发布，能进行大批量销售了；任何产品都不会一直生产下去，产品发布后便进入了生命周期管理阶段，公司会根据产品与服务的市场情况，决定它们是继续进行还是终止，确保产品适时退出市场。

在 IPD 流程的每一个阶段都有明确目标。同时，为了保证产品的质量，IPD 在不同阶段还设置了技术评审点（TR）和决策评审点（DCP），以保证产品满足客户需求。

综上所述，华为的 IPD 流程结构层次清晰，活动清晰。研发项目团队基于这个通用化的流程，就能快速进行产品研发工作，并把产品及时推向市场，大大提升产品的市场竞争力。

5.4.3　构建 PDT 团队协同开发，共同为产品成功负责

很多企业，包括 IPD 变革前的华为，都是研发部门来做产品研发：研发部门从市场部门接到客户需求，然后完成设计，研发出样品，再进行小批量验证，测试合格后安排生产发货。可以看到，产品最终的上市反应好像与研发部门没有什么关系。但是在 IPD 的核心思想中，不仅仅是研发部门，事实上企业的大多数部门都需要参与到产品的研发工作中，并且整个团队要对产品的最终效益负责。

为了能实施 IPD 流程，华为建立了不同层级的重量级跨部门团队，如图 5-6 所示。其中，IRB 是华为内部最高级别的跨部门团队，成员由研

发、采购、营销、供应链、制造、财务和中研部等相关部门的 10 多人组成，其日常工作是决定是否投资某项技术或者产品，也就是承担着决定研发项目是否立项的责任。由此，华为的研发开始从市场成功而不是技术角度进行产品发展的决策。

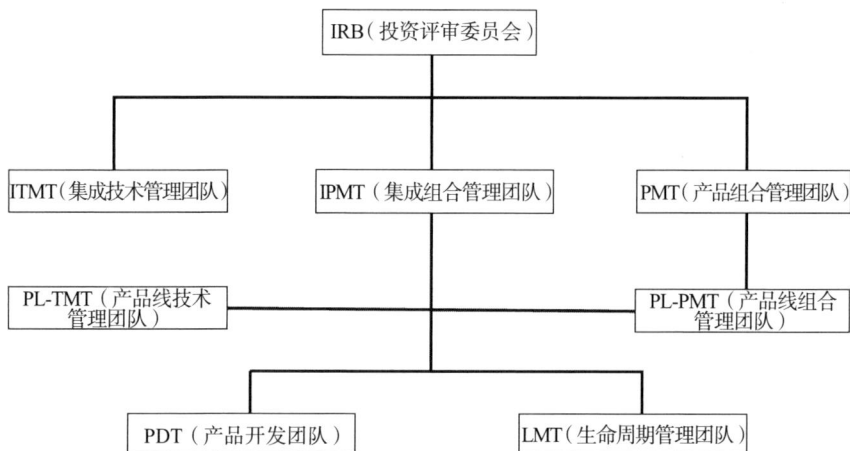

图 5-6　华为的跨部门团队架构

在 IRB 之下，华为还构建了第二级的跨部门团队。比如说，ITMT、PMT 两个跨部门团队，它们是 IRB 的参谋组织。IPMT 是集成组合管理团队，对单一产品线的投资决策及产品发展决策，对产品线投资的损益及商业成功、产业发展和生态构筑负责，下辖 PDT 和 LMT（生命周期管理团队）。

华为 PDT 是产品开发团队，负责产品集成开发项目。它的组长通常来自市场部，成员由大约七位来自市场部、研发部、财务部、人力资源部、服务部、支持部等职能部门的员工组成。它的目标只有一个，就是满足市场需求，并快速盈利。

在华为，PDT 的主要职责是：

（1）对产品的整体成功，包括产品销路、开发、发布和质量负责。

（2）管理和执行产品开发流程中各种不同的业务和技术要素，并及时做出决策。

（3）在 IPMT/PF-BMT（产品族业务管理团队）和功能部门会议上定期汇报进展情况，或者定期提交书面报告。

（4）执行 PDCP 上签订的合同；完成各阶段所有的活动。

（5）需要时，主动从功能部门管理层和 IPMT/PF-BMT 那里寻求帮助。

可见，PDT 是为企业经营服务的，最重要的职责是确保产品的商业成功。所谓商业成功，可以用八个字来概括：公司赚钱、客户满意。公司赚钱了，研发出来的产品才有价值；客户满意了，才会持续购买公司的产品，为公司带来持续的收益。

5.5 华为供应链管理变革

为了解决因为业务快速增长而导致的供应链管理效率低下的问题，华为开启了供应链管理变革，以改善公司的交付能力，提升客户满意度，降低供应链的总成本。

5.5.1 识别变革前的问题

供应链变革之前，从 1993 年到 1999 年，华为的销售收入从 4 亿元飙升至 120 亿元，每年增速几乎达到了 100%。然而在业务快速增长的同时，华为的供应能力开始跟不上业务发展的速度，甚至出现了订单交付不及时、生产的产能和采购难以匹配、常常发错货等情况。

当时在华为供应链流传着"两双皮鞋"的故事：为了解决业务发展导致供应链效率低下的问题，当时华为为此专门成立了"发正确的货"的小组，由华为的一位副总裁担任小组组长，领导供应链的同事进行一些内部优化，初步建立了一些流程制度和 IT 工具。当时，由于预测的准确性比较低，生产计划很难做准，如果仅仅从供应链内部进行优化也很难解决问题。在这种情况下，任正非给做计划的两位同事一人一双皮鞋，目的是让他们"走工农兵相结合的道路"，实际意思就是让他们走到前线去，通过深入了解一线、理解实际业务场景，自己好好琢磨怎样把计划做准、解决问题。

华为当时还没有供应链的概念，只有制造部，它的主要职责是生产、采购。华为并没有设计包括从预测、计划到生产、采购等在内的整条线，从而使公司当时的及时齐套发货率非常低，只有 50%，公司的存货周转率一年只有 3.6 次。计划和采购之间的矛盾也非常突出：计划质量不高，采购不能满足需求，采购方式也非常单一。而且与国际上领先的电信设备制造商相比，华为供应链管理水平也存在较大差距，如表 5-3 所示。

表 5-3　华为供应链管理水平与国际领先水平的对比（1999 年）

维度	华为	国际领先平均水平
订单及时齐套发货率	50%	94%
库存周转率	3.6 次 / 年	9.4 次 / 年
订单履行周期	20 ~ 25 天	10 天左右

通过对表中结果进行分析，可以发现，华为供应链管理变革已经刻不容缓。为了满足企业未来发展的要求，向国际化、专业化的供应链管理对标学习，华为在 IBM 咨询顾问团的指导下，于 1999 年正式启动了集成供应链管理变革，开始了长达 10 多年的供应服务长征，不断提高供应链管理效率，降低综合运营成本。

5.5.2　拜师 IBM，推进供应链变革

不同于 IPD 变革，1999 年时 IBM 正在进行自己的供应链变革，没有

成功实践的经历。因此，华为就没有现成的学习模板，只能在 IBM 提供的供应链管理理论的指导下，依据公司的实际情况与客户的现实，在摸索中开展供应链变革项目。

为了推动供应链管理变革，华为制定了明确的变革目标——建立以客户为中心的集成供应链，提高对客户需求的响应速度，及时为客户提供高质量的产品和服务。同时，降低公司的运营成本，提升公司供应链的灵活性和快速反应能力，以缩短供应链的整体运作周期，提升其运作效率。

确定变革目标后，负责华为供应链变革项目的 IBM 顾问先对华为的客户进行了访谈和调查，以全方位了解华为供应链存在的问题。经过两个多月的访谈、数据收集与调查，他们发现华为供应链存在 78 个问题，并对这些问题进行了优先级排序与影响性分析，最终将它们划分为三大类：流程问题、组织问题与 IT 系统问题。其中，流程问题有 52 个，主要分布在供应链的销售、客户服务、采购、物流、计划、调度以及制造等流程中；组织问题有 12 个，主要分布在组织结构、角色与职责、文化与沟通等方面；IT 系统问题有 14 个，主要体现在 ERP、客户关系管理支持及底层供应链技术上。

针对这些问题，IBM 对标世界级最佳供应链运作流程，为华为提供了定制化供应链变革项目解决方案。在该方案中，以 SCOR（Supply Chain Operations Reference，供应链运作参考）模型（如图 5-7 所示）为基础，对流程和 IT 系统重新进行了设计，并分别进行了对应的改善。

从图 5-7 中可以看出，SCOR 模型的左边是供应商，右边是客户。华为将集成供应链界定为销售、计划、采购、生产、配送五大流程。

在销售流程上，华为强调通过产品行销和市场营销来增加订单。华为首先对 MRP Ⅱ 系统的功能进行了完善，以建立统一的信息平台。同时把 MRP Ⅱ 系统延伸至每一个地区办事处，并向销售人员提供可承诺交货量信息和查询订单状态的功能，增加订单的可视性，从而帮助销售人员对客户需求做出正确、快速的响应。

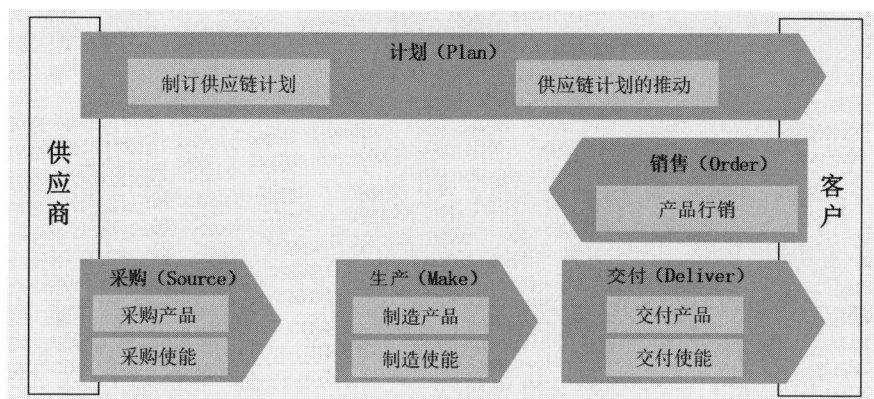

图 5-7　基于 SCOR 模型的供应链管理

在计划流程上，华为对每个生产线都实施销售和运作计划（S&OP），包括订单计划、生产计划、采购计划及库存管理计划等，以将华为高层次的战略规划和业务计划细化为每个环节的具体运作。

在采购流程上，从长期、战略的高度把采购流程标准化，并通过竞争性评估的方法选择供应商，强调供应商的可持续研发能力、技术能力、质量保证等，以实现与供应商互惠互利，共同发展。

在生产流程上，华为通过改善物料供应的每一个环节，保证物料供应在生产中的及时性。同时，通过采用按订单制造的制造模式来调高生产的柔性和灵活性。

在交付流程上，为了提高发货效率，华为建立起规范的程序与制度来改善对库存的控制。通过实施库位管理，对货物存放采用"库、架、层、位"定位方式，以便于在查找货物位置的同时，提高库房的吞吐量。

流程的变革需要组织变革进行匹配。在供应链变革开始后，华为的组织结构也进行了相应的调整。把原来的制造部、计划部、采购部、进出口部、认证部、运输部以及库存部等部门合并，成立供应链管理部，负责统一管理供应链运营。华为的副总裁被任命为供应链管理部的部门负责人。图 5-8 是华为在供应链管理变革后形成的组织结构。

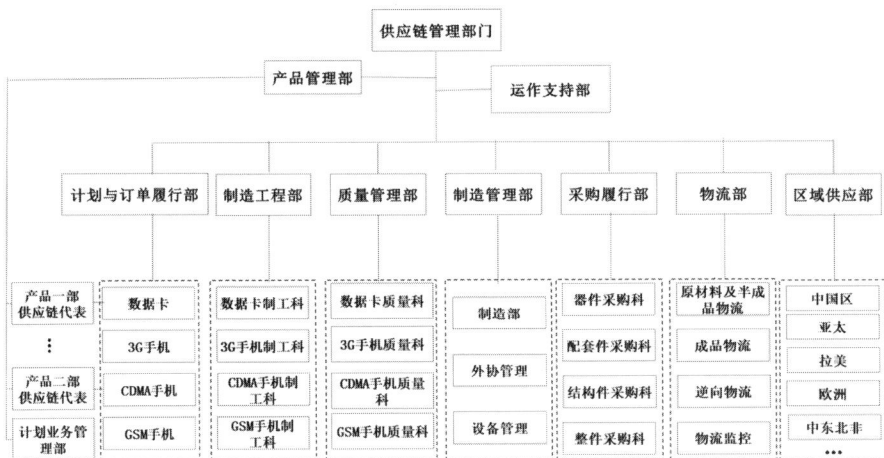

图 5-8　华为供应链的组织结构

成功的集成供应链变革依赖于集成的 IT 系统，为了促进不同部门间的信息共享与协作，华为改造了公司内部使用的 IT 系统，并将各部门所使用的系统集成到一个统一的平台上。同时，华为还将所有的问题、需求、解决方案存储在一个集成的知识库中，以便于华为员工随时分享与利用这些内容。

5.5.3　华为供应链变革的意义

2003 年，华为基本完成了国内整个集成供应链的业务建设，公司的整体交付能力得到了显著提升，如表 5-4 所示。

在国内供应链变革项目取得成功后，为了保障海外项目的及时交付，2005 年，华为开始了全球供应链业务的建设工作。到了 2008 年，华为已经打通了全球供应网络，形成了良好的全球供应链（如图 5-9 所示），串联起了华为在全世界各个国家或地区的业务组织，有效支持了华为海外业务的扩张，为华为未来的全球化快速发展打下了坚实的基础。

表 5-4　华为供应链变革前后供应链管理水平的对比（2003 年）

维度	供应链变革前	供应链变革后
生产方式	按预测生产	按订单生成
生产计划周期	一月一次	一天一次
柔性生产时间	一天	一个小时
订单运作周期	两个月	两个星期
及时交付率	20%	60%

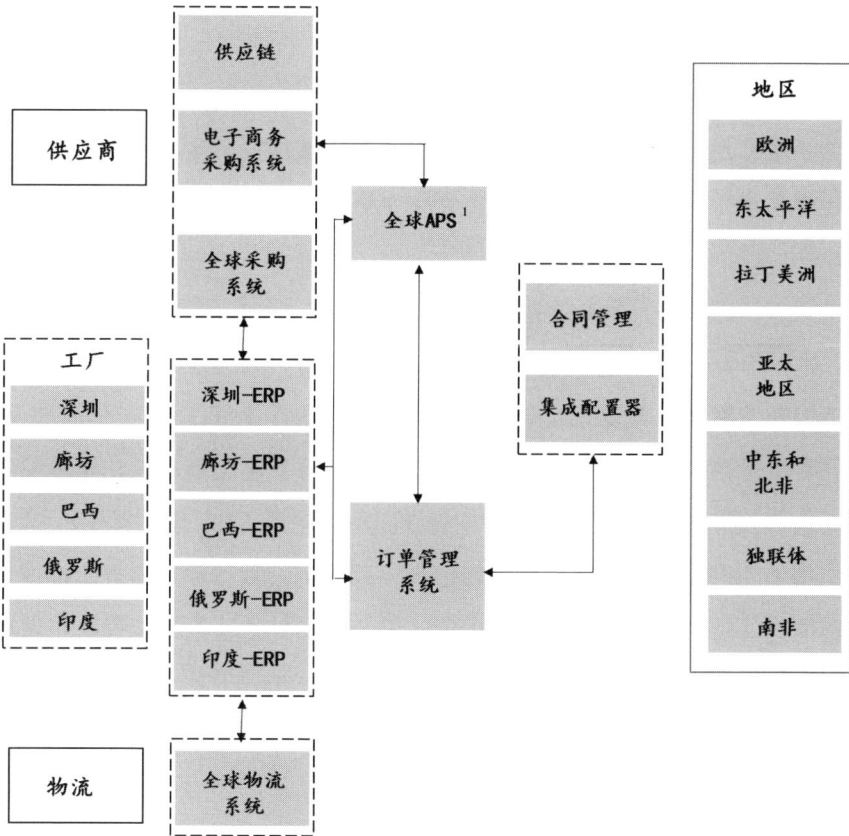

图 5-9　华为全球供应链网络

同时，与变革之前相比，华为全球供应链也取得了明显的改善：订单及时齐套发货率达到了 82%，接近国际领先企业的平均水平；客户投诉率

1　APS（Advanced Propensity to Save，高级计划与排程）。

下降到了 0.5%。

2014 年，华为轮值 CEO 郭平在"蓝血十杰"颁奖大会上的致辞中回忆道："从前海外市场的快速发展，导致公司出现了'签了合同但交付不了'的问题。巴西 vivo、埃及三牌、巴基斯坦 Ufone 这些我们耳熟能详的项目，不时勾起我们对那段天天'夜总会'、日日'救火队'的艰苦岁月的回忆。当时有人曾经戏称'即便从月球上找一个项目经理，也无法交付华为的项目'。"

但如今，通过 ISC 变革，华为用一个统一的系统替代了原来零散的体系，并以客户需求为导向，建立了集成的全球供应链网络，不仅改善了供应链的质量，节约了企业成本，更为企业全球业务的发展提供了全方位的支撑。

尽管华为的供应链管理变革项目取得了不错的成绩，但是在公司业务保持快速发展和日益复杂的全球市场竞争环境的背景下，华为的供应链仍面临着灵活性、一致性及适应性等多方面的挑战。华为高层也在思考如何面对这些挑战，以保证供应链的灵活性。华为轮值 CEO 徐直军表示："未来，华为的供应链会持续坚持以客户为中心，用大数据和人工智能推进供应链能力的持续优化，将组织能力的建设落到实处，让组织流程真正发挥作用和价值，使供应链真正成为公司的核心竞争力之一。"

5.6　华为财经管理变革

随着 IPD 与 ISC 变革的不断深入，业务部门运营效率在逐渐提高，而财务管理部门的管理似乎停滞不前，难以与业务发展相匹配，对进一步改善公司整体管理效率产生了比较大的影响。财经管理变革势在必行，其目标在于强化财经管理对整个企业的支撑和监管作用，提升财务部门的管理效率，促进业务的健康快速发展。

5.6.1　财经管理变革：四个统一

在意识到财务部门难以实现对公司的支撑作用时，华为认为财经管理变革已刻不容缓，便面向社会广泛招标。最终毕马威凭借其独具特色的"世界级财务服务"方法论，赢得了这次招标。于是，从 2000 年至 2006 年，华为在毕马威的协助下，实施了第一次大规模的财经管理变革——"四个统一"变革，具体包括统一会计政策、统一会计流程、统一会计科目和统一监控。

首先是统一会计政策，而其中最重要的是差旅费报销政策的规范化。在"四个统一变革"之前，华为各代表处都有自己的报销政策，如可以报销的费用项目有哪些、员工出差标准是什么等，各代表处都有自己的规定。变革实施后，华为建立起适合全球员工的差旅费报销政策和住宿政策。

以员工报销差旅费为例。员工要首先上网填报费用报销信息，信息会流转到主管处；主管需确认差旅事项的真实性及费用的合理性；主管确认后，再由上级权签人审批。同时，报销人员需将费用报销单打印出来，附上相应发票，提交给部门秘书。

华为每个部门都配备有秘书，秘书会集中将部门的费用报销单快递至财务共享中心。财务共享中心签收后，出纳会集中打款，这时，整个报销流程结束，剩下的就是会计做账了。

其次是统一会计流程，其中最具代表性的是采购流程的统一。变革后，采购流程要求"四重匹配"，即与供应商签订的合同、给供应商下的订单、入库单及供应商提供的发票要相互匹配，并且发票不经过采购部，而是由供应商直接寄给财务部。这样做的话，可以让华为的采购流程相比于竞争对手更规范且更具有竞争力，同时也起到了内部控制作用，能够对采购部产生一定的约束，进而减少腐败。

再次是统一会计科目。变革前，华为的会计科目只是使用国家规定的会计科目；变革后，则是依据华为特有的业务特点和管理要求向下细分。如研发费用，在国家规定的会计科目里只列为一项，而华为分为人工工资、物料、差旅费等，以便于分项核算。总体而言，华为整个会计科目的概念要比一般会计公司的要宽得多，为公司管理会计信息奠定了基础。

最后是统一监控。它是指将代表处财务管理的职责收归总部，逐步建立财务共享中心。华为早期的组织结构过于分散，使得区域代表有较多的自主权，尽管有助于早期的迅速扩张，但是也导致公司对不同区域的经营活动包括财务风险缺乏有效的监控。统一监控后不仅加强了资源的集中配置功能，也有利于防止腐败行为的发生。

所谓共享中心是企业完成某种职能的地方，如会计、人力资源、信息技术、采购、安全事务等。企业通常会基于多种因素考虑建立共享中心，如降低成本、改善服务、减少冗余工作、增加控制及提高员工绩效等。华为的第一个财务共享中心是于2006年在深圳建立的，以实现在总账、应收账款等财务处理上的共享。其后，华为先后在全球建立了七大区域财务共享中心。

作为华为在财经管理上的第一次变革，"四个统一"变革为其在国内市场实现可持续发展和国际市场的进一步拓展奠定了坚实的基础。

5.6.2 集成财经服务IFS变革的背景

在开展集成财经服务变革前，全球电信行业经历了飞速的发展。电信设备行业的总销售收入从 1996 年的 450 亿美元增长到了 2007 年的 1390 亿美元。而华为的规模也在此期间不断扩张，海外营收占总营收的比重在 2007 年已经达到了 65%。一些新的问题开始逐渐暴露，主要包括以下两个问题。

第一，运营风险越来越大，具体表现为：①尽管海外订单越来越多，但是由于这些订单不仅限于设备销售，还包含大量的工程工作，如建信号塔、挖沟渠等。再加上不同国家和地区有着不同的地理环境，也有着不同的人力成本，致使华为难以估算订单的成本。②"很难判断每个海外订单是否盈利"，尽管在 2006 年前后开始进行成本核算，但是预算的范围尚未覆盖到项目层面。由于订单签订前对订单盈利的概算失真、对业务知识所知甚少，这就导致了财务部门的数据不精确，难以判断订单是否盈利。③工程项目是一个繁杂的项目，而财务人员对业务理解有限，致使工程项目的收入时点难以确认，使得华为在一些项目上出现了亏损。

第二，财务效率难以匹配业务的发展。2006 年前后，随着华为在海外获取的订单数量的增多与销售额的增加，公司面临的现金流压力在增大。再加上有不少的订单销售回款慢，应收账款积压比较多。

这两个问题导致华为财务部门和业务部门产生了巨大冲突，也直接造成了 2003 年至 2006 年四年间企业利润率的下滑和现金流风险的增加，且利润率连续走低。

根据华为公布的 2007 年财报，可以发现华为的利润率从 2003 年到 2007 年呈现下降趋势——从 19% 下降到 7%，净利润率也从 14% 下降到 5%。2007 年，任正非在公司的一次内部会议上，不无忧虑地说："我们的确在海外拿到了不少大单，但我都不清楚这些单子是否赚钱。"

为了解决这些问题，实现健康且可持续的发展，华为决定开启集成财经管理变革，以适应新形势下的变化，让财经管理能够更好地为业务发展提供支持，同时做好对业务活动的风险管控与合理监督。2007 年年初，任正非亲自给 IBM 时任 CEO 彭明盛写了封信，希望 IBM 公司帮助华为进行集成财经服务转型。

5.6.3　全面推进集成财经管理变革

2007 年 7 月，IBM 邀请华为的 10 位财经管理相关人员到 IBM 美国总部进行了为期三天的考察，了解其财务系统情况。随后，华为正式启动了 IFS（集成财经管理变革）项目，推进财经服务体系的变革，构建全球一体化的财经管理服务平台。与此同时，IBM 组建了一支骨干团队，团队成员都是 IBM 各个地区的 CFO（首席财务官）级别的人，为华为提供全方位的定制服务。

集成财经服务体系变革总共 20 个项目，包括机会点到回款、采购到付款、项目核算、总账、共享服务、业务控制与内部审计、报告与分析、资金、成本与存货等。IFS 变革分为两个实施阶段：

第一阶段是从 2007 年到 2010 年，主要解决财务与业务部门的沟通和连接问题，具体来说就是交付业务、研发业务、市场业务与财务之间流程的连通，以此来保证交易数据的准确性。该阶段实施了很多项目，如图 5-10 所示的只是其中的一部分。此外，各项目都是按照"项目规划—概念设计—开发—验证—试点—推行"的顺序实施的。

第二阶段是从 2010 年到 2013 年，主要是解决责任中心定义的问题和提升华为项目财务管理的能力。该阶段主要实施的项目有报告与责任中心管理、项目财务管理两个重要项目。

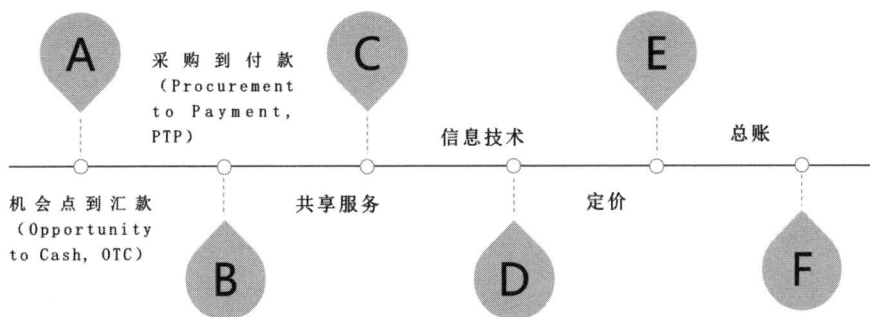

图 5-10　IDS I 阶段实施的部分项目

在集成财经管理变革后，华为整体的财务管理能力和财务绩效得到了提升：应收账款周转率、库存周转率有了显著提升；企业在 2008 年的利润率达到了 13%，比 2007 年的利润率提高了 6%，而且净利润率也比 2007 年提升了 1.28%，其后利润率一直维持在 10% 左右；还帮助华为解决了国际化进程中的财务问题，如财务数据的准确性、收入确认规则等，并形成了面向客户需求的财经三支柱组织结构，如图 5-11 所示。

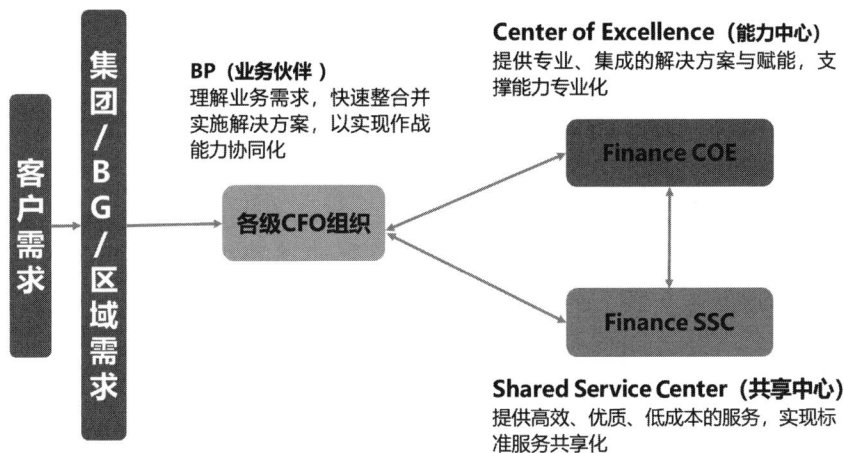

图 5-11　华为的财经三支柱架构

华为在集成财经服务变革中，通过与 IBM 的合作，不断推进核算体系、预算体系、监控体系和审计体系流程的变革，在以业务为主导，会计为监督的原则指导下，参与完成了业务流程端到端的打通，构建起了高效、全球一体化的财经服务、管理、监控平台，更有效地支持了公司业务的发展；通过落实财务制度流程、组织机构、人力资源和IT平台的"四统一"，有效支撑了不同国家、不同法律业务发展的需要；通过审计、内控、投资监管体系的建设，降低和防范了公司的经营风险；通过"计划—预算—核算—分析—监控—责任考核"闭环的弹性预算体系，以有效、快速、准确、安全的服务业务流程，利用高层绩效考核的宏观牵引，促进了公司经营目标的实现。

除此之外，华为把规范的财务流程植入了公司的运营流程中，实现了收入和利润的平衡发展，有效地降低了企业的财务与经营风险；同时实现了全球账务的共享，网上财务管理系统也已经基本构建好了，有效改善了公司的管理效益。通过集成财经管理变革，华为财经已经一步步成长为世界级的财经组织。

第6章
资源与平台的整合

华为留给公司的财富只有两样：一是管理架构、流程与IT支撑的管理体系，二是对人的管理和激励机制。华为相信，资金、技术、人才这些生产要素只有靠管理将其整合在一起，才能发挥出效应。

6.1 构建管理体系，从必然王国走向自由王国

变革一方面要靠企业自己，另一方面也要靠专业的变革管理方法及外部变革团队的力量。华为从 1998 年开始就一直跟世界级咨询公司合作，学习先进的国际化管理机制，全面构筑客户需求驱动的管理体系，以提升企业的管理效率。

6.1.1 引入外脑，构建国际化管理体系

有数据表明，在全球的经济强国中有一半以上的企业是通过引入外部咨询公司来提升自己的管理水平与能力的。例如，英国企业中有 80% 寻求过咨询公司的帮助，美国企业中有 75% 寻求过咨询公司的帮助，但是在中国，这个比例却只有 8%，华为便是其中之一。

1995 年，华为当时有两个很奇怪的部门，其中一个部门叫做文件投入处，这个部门的职责是什么呢？公司员工在公司任何地方，如果发现管理问题或者有管理建议，都可以写封信放到那里。文件投入处在吸纳员工的问题与意见后，就会去做一些相关项目来优化公司管理，提升公司的运营效率。

后来，华为渐渐发现单单只靠自己是无法全面提升公司的管理水平的，必要时是需要借助外部资源、外部咨询公司等力量的。1997 年，华为请来了中国人民大学的教授来帮华为起草《华为基本法》，帮助公司制定管理制度。1999 年，华为又请来了 IBM，系统性地引入和学习西方的先进管理机制，这就是华为对国际化管理机制的追求。有了这样的主动追求，华为坚定不移地引入国际咨询公司，在他们的帮助下持续构建一个国际化的管理体系。

从 1996 年开始，华为在 20 多年里与 IBM、Hay Group（合益）、Mercer（美世）、普华永道、德勤、盖洛普、德国国家应用研究院（FhG）等全球 17 家咨询公司或机构合作过。在它们的帮助下，构建了集成产品开发（IPD）、集成供应链（ISC）、业务流程、人力资源管理、财务管理、质量控制等国际化管理机制和组织体系，如图 6-1 所示。

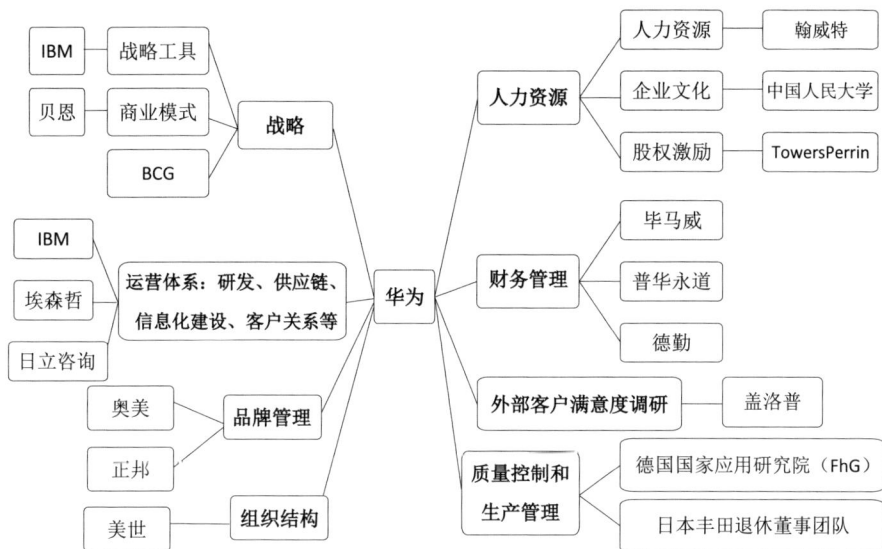

图 6-1　与华为合作过的世界级咨询公司及机构

华为在走出国门、迈向世界的时候，懵懵懂懂，可以说是什么都不会，请世界各国的咨询顾问公司来华为指导是最快的学习手段。日本丰田公司的董事退休后，带着一个高级团队在华为工作了 10 年，德国国家应用研究院团队在华为也待了 10 几年，才使华为的生产与管理走向科学化、正常化。从几万元的生产开始，到现在几百亿美元、上千亿美元的生产，华为是越做越好、越做越强大。

2008 年年底，在一次由 50 位华为高管和 150 位 IBM 高管共同出席的晚宴上，华为副董事长表示："虽然这种伙伴关系最初只是一次咨询服务，但它深刻地改变了我们的整个组织，增强了我们的国际竞争力。"

经过不断改进，华为的管理已实现与国际接轨，不仅承受住了公司业务持续高速增长的考验，而且还赢得了海内外客户及全球合作伙伴的普遍认可，有效支撑了公司的全球化战略。在全面优化改进数十年，已经建立了一套有效的支撑全球发展的管理体系后，华为依然保持开放学习和"一杯咖啡吸收宇宙能量"的态度，保持与最强"外脑"合作，获取最前沿信息，学习最佳实践，不断优化组织和流程，提升内部管理效率。

6.1.2　结合自身实践，灵活学习

很多企业以为把先进的管理制度复制一份回来，企业就有好的管理了，这是错误的。每个企业都有自己的活法，都需要结合自身实践，灵活学习，建立符合自己的管理体系。

华为在学习西方先进管理机制、大胆吸收先进管理理念的同时，也会结合自身在长期发展中的管理经验，融会贯通地形成具有华为特色的管理体系。例如，华为引入 IBM 学习 IPD（集成产品开发），构建全流程研发管理体系，并不是一味照本宣科，而是学习 IBM 的方法和其背后的逻辑，建立适合自己的制度规范，再请 IBM 专家提建议与意见，并据此不断尝试与修改，最后形成了独具华为特色的 IPD 管理规范版本。

为了最大限度地攫取 IBM 专家的知识、经验和智慧，华为要求项目组成员缠着 IBM 专家进行学习、交流。任正非还会问华为团队成员有没有请顾问们吃饭。

吃饭就是交朋友，就是学习。通过吃饭拉近和顾问的距离，表达对顾问的尊重，建立感情，然后在轻松的氛围中获得知识和经验。一个细节非常能说明问题，一位亲身经历过的华为高管说："当时我们几乎每晚都会请 IBM 专家吃饭，恨不能 24 小时不停地问各个细节。IBM 专家只喜欢喝茅台，这样餐费就非常昂贵，签单的时候我自己都犹豫，但是任总给了我们

充足的预算，支持我们全力去做。"

与此同时，华为还会运用学到的西方先进方法，把自己成功的东西总结出来，使之标准化、规范化，然后用好它。这样管理才不至于变得僵化，企业也将成为一个有灵魂的、管理有方的企业。

许多研究企业管理的学者和咨询师在深入研究了华为的管理实践和管理思想后，得出一个共同的结论：华为的管理比较独特，是"中西合璧"，但是又"非中非西、非驴非马"，在西方先进的管理技术的基础上又结合了华为的自身实际，在很多方面进行了创新。比如说，华为提倡自我批判，自我批判要从中、高级干部开始，但是自我批判绝非华为的原创。在华为之前，有不少企业开展过自我批判，但是要么过于激烈导致企业出现内斗，要么走过场、沦为形式，成功的几乎没有。一位研究华为管理的学者曾感慨道："自我批判尤其是思想批判不好掌握。华为为什么做到了？一是领导层带头，二是妥协。一般企业是比较难做到这两点的。"

总的来看，华为在学习西方先进的管理机制时，不是完全僵化地硬搬硬抄，而是结合自身的实际情况，消化吸收其中的精华内容，然后运用到自身的发展实践中，形成符合自身管理需要的先进管理模式。

6.1.3　实现从必然王国走向自由王国

美国前总统罗斯福曾说："一家成熟的公司是靠'制度'接班，而不是靠'人'接班。"诸如 IBM、GE 等国际巨头，虽然它们的 CEO 经常换，但这些公司并没有因此而出现大的震动，甚至有许多人都没注意到它们的CEO 又换了。决定大公司生命力的是其制度体系。

创业之初，华为与大多数民营企业一样，也有着强烈的"人治"色彩，公司的任何决策都离不开任正非的意志。一方面他要承担巨大的公司运营风险，另一方面也需要承担巨大的决断压力。用任正非的话说："过去这个企业是我在管，但是这样继续下去对企业有风险，所以我们要建立制度，要把整个企业的管理建立在制度理性的权威之上。"

2002 年左右，国内有电信专家想把一项曾在日本风靡一时的技术（取名为"小灵通"）引进国内。他们想找一家厂商一起做，便找上了华为。

当时华为只需要投入 2000 万元和几十名研发人员，就可以研发出成熟的产品，迅速占领市场，带来巨大市场收入。然而，任正非却认为这只是个过渡的技术，虽然小灵通可以赚快钱，但长期看是没有价值的。

当时华为内部很多人给任正非写报告，要求做小灵通。任正非回忆说，当时每看一次报告，他的内心就经历一次折磨，使得他的抑郁症都加重了。他还表示："如果说不做，华为真的因为我判断失误栽了跟头，死掉了，那怎么办？"华为的老对手中兴当即捡漏，成功牵手小灵通。之后，小灵通迅速席卷全国，凭借着小灵通，中兴手机前前后后赚了 100 多亿元。UT 斯达康也是小灵通的另外一个捡漏者，和中兴一样都是拿日本的方案来贴牌。

尽管小灵通技术落后，但由于当时中国还没有 3G 牌照，小灵通在国内发展得很快，让中兴和 UT 斯达康数钱数得手软，这大大出乎任正非的预料。而由于受到互联网泡沫破裂的冲击，通信行业不景气，再加上华为在 3G 研发上巨大的投入和错失小灵通市场，2001 年，华为出现了增长停滞，2002 年出现了创业以来的首次亏损。

因为在小灵通上的决策失误，任正非表示他痛苦了 8~10 年，所以他决心要摆脱这种"人治"的混沌状态，让企业管理做到无为而治。对他而言，"无为而治"是管理的最高境界，也是最好的管理状态。

为了实现"无为而治"，华为一直不断学习西方的管理模式，引入先进的管理制度，其中影响比较大的是轮值 CEO 制度。2018 年 3 月，轮值CEO 制度已经升级为轮值董事长制度。任正非常用候鸟迁徙来解释华为的轮值体系。当鸟群以 V 字形飞翔时，领头的鸟要独自面对气流，承受最重的负担，因此领头鸟需要经常更换。

高层经营管理团队是西方企业中比较常见的模式，而华为在借鉴高层经营管理团队这一模式的同时，又结合自身的实际情况进行了创新，把董事长变成了"轮值"的，而不是固定的人选。这样的制度有以下几大优势：

（1）最高领导者实行"轮值"，而且当值者每届任期仅六个月，这样能有效避免"一朝天子一朝臣"的现象，避免优秀干部和人才的流失。

（2）董事长受常务董事会的集体辅佐与制约，所有文件需要经过董事会全委会表决通过，能够避免公司"成败系于一人"的高风险。即使哪一位董事长在轮值期间走偏了，下一任的轮值董事长可以及时纠正，帮助华为这艘大船及时地拨正船头，避免因问题累积过多而得不到解决的情况发生。

（3）董事长卸任后仍留在董事会，而董事并无任期限制，有效地避免了董事长和董事会的短期行为，保证了公司在经营上的稳定性。

轮值决策制度结束了华为的个人决策时代。哪怕现在任正非退休了，华为的正常运行也不会受到影响，就像没有了乔布斯，苹果也没有"偏航"。用任正非的话说："即使我们睡着了，长江水照样不断地流，不断地优化，再不断地流，再不断地优化，循环不止，不断升华。这就是最好的'无为而治'。这种'无为而治'就是我们要追求的目标。"只要实现了"无为而治"，华为必将从必然王国走向自由王国。

6.2　加大平台投入，持续提升竞争力

"万里长城今犹在，不见当年秦始皇。"公司务必要抓好平台的建设，提高竞争力。平台建设得足够好的话，华为在业务上也能更好地发展，平台是永远年轻的。未来企业间的竞争是平台间的竞争，要想超越对手，就

必须加大平台的投入。

6.2.1　平台管理缔造华为的成功

历经了九死一生的磨难后，华为依靠自己的管理体系平台，艰难地存活下来了。在华为内部存在一个观点：华为的成功是管理平台的成功。

华为有技术研发平台、制造平台、中试平台、采购平台、营销平台、资源平台、融资平台、服务平台、管理平台、数据平台等，在这些平台上有组织文化、战略方向、组织结构、流程管理、管理体系、管理模板、管理工具、衡量方法、激励约束、求助体系，这些东西构成了一个平台。

在 30 多年的发展过程中，华为其实一直在不断地构建一个超强大的平台，在这一超强大的平台上分布着众多功能和性质不同的业务平台和管理平台。有了这些平台，无论撒上什么种子都发芽，都能收获粮食，别的公司如果想和这个平台竞争，难上加难！

在任正非看来，未来是大流量数据时代，企业之间的竞争将变成平台之间的竞争。要想能够超过竞争对手更多，就得加大对平台的投入。因此，华为强调在利润比较充足时，要加大对平台的投入，为实现明天的胜利打好基础。

2010 年 8 月，任正非在 PSST 体系干部大会上的讲话中表示："华为的发展需要大的平台，华为现在强调做管道，未来的管道数据流会越来越大。有人估算，未来五年数据流量可能会扩大 75 倍，那么原来的管道也会相应地扩大。未来数据管道的直径的规模不是长江而是太平洋，面对像太平洋一样粗的数据管道，如何建起一个平台来支撑这个模型？这不就是我们的市场空间和机会吗？我们要抓住这个机会，就一定要加大对平台的投入，确保竞争优势。

"我希望把深圳建成一个平台研发机构，而把一些产品研发机构迁到研究所去。我们一定要在平台建设上有更多的前瞻性，以构筑长期的胜利。但研发现在对平台的投入还不足，投入不足的原因是我们的管理水平，不知道往哪里投钱，如果我们不能把钱很好地花出去，说明我们没本事。"

近年来为了强化对全球营销平台的建设，华为对线上、线下营销流程进行了全面梳理。

自 2015 年起，华为开始在中国区规模展开 ISV（独立软件开发商）合作。在这些项目合作中，华为不仅向部分合作伙伴提供资金支持，还为他们提供一些相应的品牌、技术及市场营销方面的支持。2016 年，华为在巡展中和中软国际开展了一些省份的合作，共同发掘了许多战略机会。华为大力开展全球营销平台的建设，就是为了和伙伴共同合作、共享资源，从而为更多的客户提供优质服务。

研发平台、营销平台虽然只是华为平台建设体系当中的一部分，但是可以看到，华为十分注重对平台体系的建设，以期通过建设良好的平台，确保企业在大数据流量时代，依然能够维持行业领先的市场竞争力。

6.2.2　聚集优质资源，构建资源平台

随着大数据时代的到来，华为所处的商业环境越来越艰难，业务空间也越来越狭窄，要想在激烈的市场竞争之中谋求更好的发展，就要构建资源平台，将公司内外部优质资源整合在一起，支撑公司业务发展。

华为根据公司发展战略与市场需求情况来构建资源平台，以实现在资源配置与客户需求满足之间达到最佳结合，并同时通过制度安排和管理协调来提升资源数量与质量，持续加强公司的竞争优势，提升客户服务水平。

事实上，华为搭建资源平台，最重要的目的是为了整合资源，实现企

业的持续发展。整合资源不仅是指整合企业内部的种种资源，还包括企业外部的能够为企业所用的资源。

在研发方面，华为构建了"2012 实验室"，该名字来源于 2009 年上映的美国灾难电影《2012》。任正非当时在观看这部电影后表示："未来信息爆炸会像数字洪水一样，华为要想在未来生存发展，就得构造属于自己的'挪亚方舟'。"

2012 实验室主要面向未来 5 ~ 10 年的发展方向展开研究，其中包括云计算、数据挖掘、人工智能等研究方向。海思半导体、中央软件院、中央硬件工程学院、中央研究院是它的二级部门。

目前，在 2012 实验室的旗下还有许多以世界知名科学家或数学家命名的神秘实验室，其中包括高斯实验室、谢尔德实验室、香农实验室、图灵实验室等。除此之外，2012 实验室还有国内的 10 家研究所、海外的八家研究所，这些研究所都聘用了全球各地区的科研人员从事基础研究工作。

在海外的研究所中，欧洲研究所占有极其重要的位置，不仅是华为的两大数学中心之一，还拥有 5G 重量级研发团队。任正非曾表示，华为在欧洲的成功离不开欧洲研究所的助力。

2012 实验室不仅聚集了企业内部的优秀资源，还把全球的优质资源整合到了一起，为华为打造了一个全球化的研发创新性平台。

华为资源平台的构建实际上是基于 20 世纪末美国的两位管理大师普拉哈拉德和哈默提出的基于核心能力战略的组织模式，也就是说华为在市场前端设置了对利润负责的利润中心，这些利润中心按区域、产品或客户群区分，面向特定的区域和客户群开展经营。

这种在客户界面建立利润中心的模式实际上是将核心技能和核心产品放在平台上开发，后方作为共享的资源平台。同时，应用的开发更贴近客户的前端部门，有利于根据市场变化灵活调整开发工作，并且根据开发工作的需要，向后方资源平台申请人、财、物等资源。

通过整合优质资源，构建资源平台，华为不仅实现了为客户提供更加优质的产品和服务，为企业赢得了更多创造价值的机会，同时还提升了企业的核心竞争力。

6.2.3　打造合规的内控环境，提升企业运作效率

随着公司业务的不断发展，以及流程化组织建设和平台化组织建设的不断推进，华为的作战中心不断前移，权力持续向一线作战单元倾斜。为保证业务健康安全地运行，华为建立了健全的内部控制体系，确保在内外合规的基础上促进业务的良好发展，保证作战队伍持续地多产粮食，增加土地肥力。

华为内控体系与华为业务成长路径是一致的：在创业阶段，华为的目标是要活下去。此时几乎是没有风险管控的，只要把采购做好，把钱管好就可以了，根本就不用关心其他东西。

从 1992 年到 2000 年，尽管华为销售收入达到了 28 亿美元，但是风险管理还是处于一种模糊和朦胧的状态。出现什么问题，就解决什么样的问题。此时，华为基本上是有风险意识的，但却没有形成一套成型的风险管理理论，更别说成体系的操作了。

从 2001 年到 2008 年，华为的风险意识开始真正搭建起来。在风险管理部下边设立了内控一部、二部、三部，分管不同的领域。其中，内控一部聚焦的是对前线的销售的风险管控；内控二部负责对行政后勤部门的风险管控；内控三部聚焦对财务的风险管控。

从 2008 年到 2016 年，随着华为真正地实现国际化，业务遍及全球，

而且海外本地员工占有比例已经超过了各代表处中方员工的比例。由于各个国家的法律法规以及合规性要求不一样，使得公司面临的风险比较大。于是，华为向 IBM 请教，构建了属于世界先进水平的内控管理体系。

健全的内控体系，能为企业持续的高速成长保驾护航。今天的华为已经设置了内部控制的三层防线。

第一层防线是业务主管 / 流程负责人，是内控的第一责任人。在流程中建立内控意识和能力，不仅要做到流程的环节遵从，还要做到流程的实质遵从。流程的实质遵从，就是行权质量。落实流程责任制，流程负责人 / 业务管理者要真正承担内控和风险监管的责任，95% 的风险要在流程化作业中解决。业务主管必须具备两个能力，一个能力是创造价值，另一个能力就是做好内控。

第二层防线是内控及风险监管的行业部门，会针对跨流程、跨领域的高风险事项进行拉通管理，既要负责方法论的建设及推广，又做好各个层级的赋能。稽查体系聚焦事中，是业务主管的帮手，不要越俎代庖。业务主管仍是管理的责任人，稽查体系是要帮助业务主管成熟地管理好自己的业务，发现问题、推动问题改进、有效闭环问题。稽查和内控的作用是在帮助业务完成流程化作业的过程中实现监管。内控的责任不是在稽查部，也不是在内控部，这一点非常明确。

第三层防线的内部审计部是司法部队，通过独立评估和事后调查建立冷威慑。审计抓住一个缝，就要不依不饶地深查到底，旁边碰到大问题也暂时不管，要沿着这个小问题把风险查清、查透。问题不按大小来排队，抓住什么就查什么，这样即可建立冷威慑。冷威慑，就是让大家都不要做坏事，也不敢做坏事。

基于内部控制的三层防线，华为设置了"点""线""场"的监控系统，如图 6-2 所示。

线——流程监控		违规线索	场——环境建设			违规线索	点——独立评估
半年控制评估	流程所有者 / 各级业务主管	⇦	**事前** 宣传教育: 1.商业行为准则学习与签署 2.结合监管案例、公司领导讲话、教育材料的学习讨论和自检 3.干部自律宣誓 4.核心价值观研讨 5.公司政策文件学习 6.自我承诺 7.内控培训 8.媒体宣传 9.两报营造讲真话氛围	**事中** 帮忙改进: 1.诚勉谈话 2.自我批判 3.自查自纠 4.道德遵从委员会组织生活会 5.例行意见反馈 6.组织气氛测评 7.媒体监督 8.《管理优化报》 9.心声社区	**事后** 违规处理: 1.举报与投诉受理 2.调查核实 3.帮助教育 4.否决或弹劾 5.行政管理决策处理 6.移交司法 7.记诚信档案	⇦	内部审计调查 BCG 经济类
采购稽查	PC/Q&O 流程设计 / 优化明晰	⇨ 案例作为道德教育的输入				1.案例作为道德教育的输入 2.流程保证审计部的工作审计	内部审计流程审计
工程稽查 高风险业务的稽查	授权执行监控、内控问题改进、PR 自检						信息安全审计商业机密

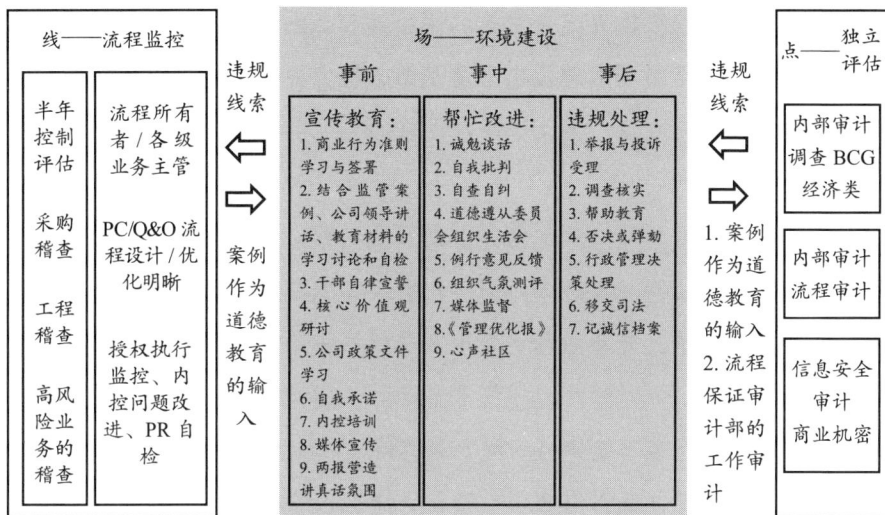

图 6-2　"点""线""场"的监控体系

有效的内控管理，能够为"积极授权、有效行权"提供制度性的保障。让听得见炮火的组织，敢于行权、积极行权；让看得见全局的组织，合理授权、有效控制。可见，企业需要营造一个良好的、合规的内控环境，这样才能有效提升企业的运作效率。

6.3　坚持全球化研发策略，构建创新平台

身处快速变化、高速竞争的 ICT 行业中，华为在研发变革中秉承开放、吸收全球智慧的理念，把组织建在人才资源最丰富的地方，以构建创新性平台，确保企业始终保持强大的核心竞争力。

6.3.1　坚持全球化的研发策略

华为研发体系的一个重要特征是坚持全球化的研发。对于全球化研发，华为认为，它就是"一杯咖啡吸收宇宙能量"，与全世界的科学家交

流。说白了，就是集世界之智慧为已用。如今，国内越来越多的公司希望走出去，但仅仅是市场上的走出去还不够，想要真正立足于世界，就必须充分利用全世界的资源，尤其是智力资源，这样才能长久。

为了让优秀员工可以产生更多、更好的创意，他们需要与企业内部或外部优秀的人才合作沟通。从 2014 年开始，任正非鼓励研发人员之间多见面、多交换想法，并不断强调员工间非正式沟通的重要性。为此，他专门给所有员工写了一封邮件，邮件中写道："一杯咖啡吸收宇宙能量，你们这些技术思想为什么不能传播到博士和准博士这些未来的'种子'里面去？你们和大师喝咖啡，现在为什么不能和'种子'喝咖啡？"

华为在全球建立了 16 个独立的研发中心，遍布北美、欧洲和亚太等地区的多个国家（如表 6-1 所示），高效地整合分布在全球的智慧资源。同时，这些独立研发中心也为全球科学家、专家提供了一个良好的科研平台，以更好地实现技术领域的突破。

表 6-1 华为的独立研发中心（部分）

国家	研发中心
俄罗斯	莫斯科研发中心
印度	班加罗尔软件研发中心
日本	材料研究所
法国	数学研究所、美学研究中心、家庭终端研发中心、无线标准研发中心
德国	柏林技术标准研究领域研发中心、慕尼黑研发中心（研发运营商软件、光网络和未来网络领域、机械工程和软件平台）、纽伦堡能源技术研究中心
意大利	米兰微波能力中心
瑞典	斯德哥尔摩研发中心（无线技术）、隆德终端领域研发中心
罗马尼亚	布加勒斯特研发中心
比利时	布鲁塞尔研发中心（运营商软件和业务分发平台领域）
美国	达拉斯研发中心、加州硅谷研发中心
波兰	华沙研发中心

华为于 2000 年在瑞典的斯德哥尔摩成立了欧洲第一个研究所，面向 4.5G 和 5G，聚焦无线管道关键平台和技术研究，致力于微波技术研究、基站技术研究、移动系统设计、算法 /IRF 设计、芯片组设计和终端芯片组设计。

华为瑞典研究所在成立早期，是一个以技术为导向、纯粹为提升企业自身研发实力、获得关键领域的突破、吸收关键人才而设立的R&D机构。瑞典研究所成立后，很快就聘请了一些国际电信领域排名 100 名以内的技术大师，最终为华为在无线通信领域的突破、成长与壮大提供了有力支撑。华为已成为瑞典市场上重要的 ICT 解决方案供应商，与瑞典几大主要运营商客户建立了战略合作伙伴关系。2014 年，华为在瑞典启动了"未来种子"大学生项目，每年向 10 名优秀瑞典大学生提供赴中国参观培训的机会，为瑞典培养更多未来的 ICT 人才。

俄罗斯数学一直是世界公认的一流学派，涌现了很多知名的数学家。1999 年，华为在俄罗斯设立了算法研究所，并招聘了几卜名优秀的数学家，他们创造性地用非线性数学多维空间逆函数解决了 GSM 多载波干扰问题，突破了移动网络的几个特殊瓶颈，使华为成为全球第一家实现 GSM 多载波合并的公司，能够通过软件打通 2G、3G 和 4G 网络。任正非曾在接受采访时表示，无论从 2G 到 3G 的崛起，还是从 4G 到 5G 的突破引领，华为的成长都离不开"数学"。

华为轮值董事长胡厚崑表示："在资本、人才、物资和知识全球流动，信息高度发达的今天，'全球化公司'和'本地化公司'这两个过去被分离的概念逐渐统一起来。华为的商业实践要将二者结合在一起，整合全球最优资源，打造全球价值链，并帮助本地创造和发挥出全球价值。"华为强调，只要坚持全球化研发策略，与全球优秀资源共同开展创新合作，就能使自己始终处于行业领先地位，并保持强大的产品竞争力，从而在一定程度上推动 ICT 行业的发展。

6.3.2   持续加大研发投资力度，形成核心技术优势

任正非说："只有在研发上多下点功夫，企业才能夺回主导权。"为此，华为每年将销售额的 10% 用于研发投入（如图 6-3 所示），与国际科技企业在研发上的投入相比也不遑多让。2020 年，华为研发投入达到 1418.93 亿元人民币，约占全年销售收入的 15.9%，位列欧盟发布的 2020 年工业研发投资全球前五位。

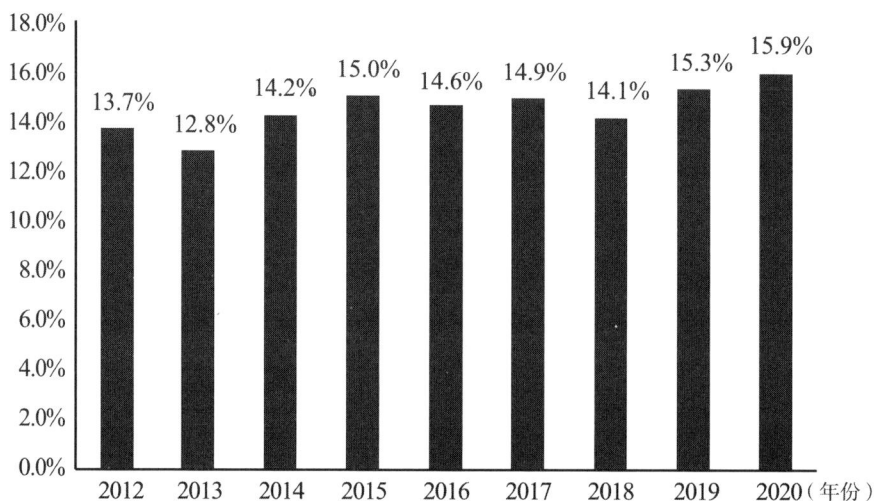

图 6-3   华为 2012 年至 2020 年的研发占销售收入的比例

任正非强调："'高投入才有高产出'，我们的成本比兄弟厂家高，因为科研投入高、技术层次高。科研经费每年要 8000 万元（2009 年），每年还要花 2000 万元用于国内、国外培训和考察。重视从总体上提高公司的水平，这种基础建设给了我们很大的压力。但若我们只顾眼前的利益，忽略长远投资，将会在产品的继承性和扩充性上伤害用户。"

在 2018 年全球分析师大会上，华为轮值董事长徐直军再次说道："过去 30 年，华为通过持续的研发投入，用充足的弹药，对准同一个城墙口冲锋，才有了今天的格局。未来 10 年，华为会保持将每年 15% 左右的销

售收入用于研发投入，支持华为以创新驱动未来发展的战略。"

　　华为所处行业的性质也决定了它必须加大研发投入力度，毕竟通信产业的风险无处不在，有很大的不确定性：企业的兴起与衰落几乎是顷刻之间的事情。华为意识到，要想在残酷的市场竞争中站稳脚跟，就要持续不断地投入，保持一定的规模。只有持续加大投资力度，华为才能形成自己的核心技术优势，保持行业领先。

　　如今，在华为的人才结构梯队中，研发人员所占的比重一直保持在40% 以上，研发部门也成为华为最大的部门之一。截至 2020 年，华为在全球的研发人员有 10.5 万人，占公司总人数的 53.4%。华为已经成长为一家具有国际竞争力的全球通信网络设备巨头，真正实现了全球人才领先、技术领先、产品领先。

6.3.3　加强知识产权能力建设，强化核心竞争力

　　通信行业实际上是工业标准行业，而工业标准行业的一个显著特点就是标准对产业发展发挥着引领作用，也就是说该产业链上全球的所有人都要按共同的标准做产品。华为如果不能掌握一定的专利与核心技术，那么它就无法与全球高科技公司展开直接竞争，更无法掌握未来发展的主动权。在国际市场竞争中，专利越多意味着有越大的发展空间，谁有核心专利，谁才有发言权。2019 年欧洲专利申请量排名前 10 名如图 6-4 所示。

　　华为非常注重自有知识产权的保护。2008 年，华为国际专利申请数首次超过西门子、松下，成为全球第一专利申请公司。到 2020 年年底，华为在全球共持有有效授权专利 4 万余族（超 10 万件），其中 90% 以上的专利为发明专利。值得注意的是，华为更看重的是专利的质量和商用价值，而不是单纯的数量。

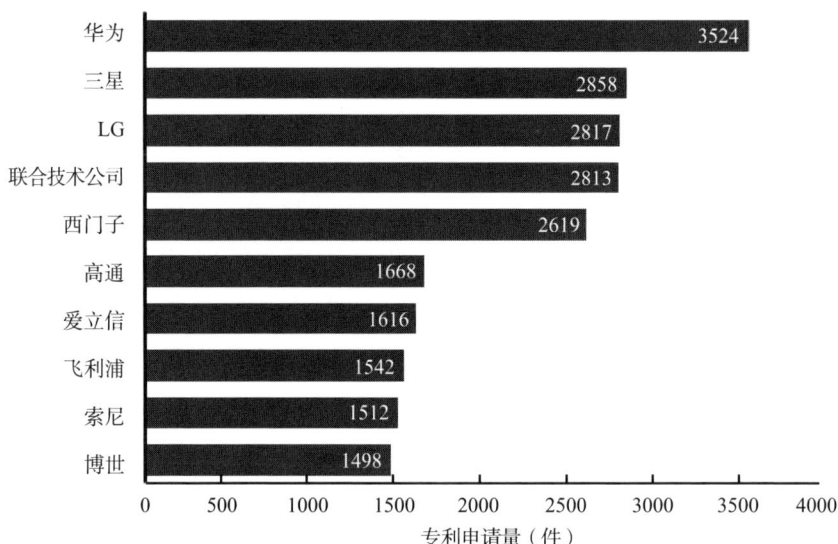

图 6-4   2019 年欧洲专利申请量排名前 10 名

华为还建立了强大的知识产权队伍，拥有 300 多名专门从事知识产权相关工作的技术专家、专利工程师和负责版权、商标、许可等业务的律师。

华为知识产权部于 1995 年成立，部门专业人员有 230 多人。华为制订了全面、严格的知识产权、版权保护制度和流程及相应的操作手册；出台了一系列专利创新鼓励办法，较好地调动了员工创新的积极性。

如今，知识产权战略已成为华为的核心战略，主要特点有：

（1）主攻有优势的核心领域，强化核心竞争力、知识产权和品牌实力，拓展全球专利布局，提升全球竞争力。

（2）积极参与国际标准的制定，推动所有技术方案纳入标准，积累基本专利。华为还加入了 600 多个标准组织，并在这些标准组织中担任超过 400 多个重要职位，通过大量的智慧成果，促进行业发展，合作共赢。

（3）始终以开放的态度学习、遵守和运用国际知识产权规则，通过协商谈判、产品合作等多元途径处理涉外知识产权纠纷。

（4）用专利换技术，通过交叉许可实现对全球范围内创新成果的整合应用，华为每年花费数千万美元在全球申请专利，但经过交叉许可后，每年节省的专利许可费达数亿美元甚至 10 亿美元以上。因此，单纯的专利申请也许对企业并无效益，但当企业将这些知识产权及技术与领先的跨国公司进行交叉许可时，不仅大大降低了单向的专利许可费用，还能促进专利技术的广泛使用，带来巨大的效益。

华为认为，未来一定会有一场知识产权大战。要保护自己不被消灭，就需要构筑强大的知识产权能力，但是华为永远不会利用知识产权去谋求霸权。当华为想从这里谋取利益时，实际上是开始走向灭亡了。

6.4　开放创新共享，实现全球能力布局

"利用全球能力和资源，做全球生意。"经过多年的筹划布局，华为在全球范围内建立了多个联合创新中心，合理配置全球智力资源与创新能力，从而使公司的产品和服务始终能够保持高于同行业的市场竞争力，推动公司实现可持续发展。

6.4.1　开放要与潮流同步，实现可持续发展

华为很早就认识到了开放的重要性，任正非说："华为公司是开放的，我们愿意和世界各国的伙伴加强合作，只有开放与合作才能保证我们产品的先进性。我们遵循在自主开发基础上广泛开放合作的原则，重视广泛的对等合作和建立战略伙伴关系，使自己的优势得以提升。"

通过多年的努力，华为已经建设成了一个拥有极强开放性的大组织。关于开放，华为有一个著名的"自主创新是闭关自守"的主张。作为国内自主创新科技企业的杰出代表，虽然有很多人赞赏华为自主创新的勇气，

但是在任正非看来，"自主创新"本来就存在一个误区：企业很容易为了"自主"而建立一个封闭的系统，走向故步自封。

2012年，任正非在华为"2012实验室"专家座谈会上回答产品工程技术规划部部长的问题时，说道："我们为什么一定要自主？自主就是封建的闭关自守，所以我们反对自主。我们一定要避免建立封闭的系统，我们一定要建立一个开放的体系，特别是硬件体系更要开放。不开放就是死路一条，如果我们不向美国人民学习他们的伟大，我们就永远战胜不了美国。"

《华为基本法》上之所以提出"三个顺应"：要顺应技术发展的大趋势，顺应市场变化的大趋势，顺应社会发展的大趋势，就是为了告诫华为人，不能与规律抗衡，不能逆潮流而行。只有和潮流同步，才能大大减少风险。比如说，美国打压华为，禁止全球所有含有美国技术或设备的企业为华为芯片代工，那只是美国逆全球化的倒行逆施。如果华为反过来挤走美国芯片、跟美企及相关企业切割，岂不成了随美国逆全球化潮流而行？

早在2003年的华为研委会议和市场部三季度例会上，任正非就指出："开放的心态对于保证研发的方向至关重要，否则就会'闭门造车'，我们今天的创造发明不是以自力更生为基础的。我们是一个开放的体系，向全世界开放，而且通过互联网获得了巨大的能力，华为也因此获得了强大的基础。"

作为一家跨国企业，要保持开放，与世界各国企业合作，利用全球人才、技术与资源来发展自己，而不能一边想着利用全球人才、技术与资源，另一边又想着肥水不流外人田，闭关自守，这是一种逆潮流的陈腐观念。由此，华为始终在坚持开放的同时，与各国企业合作，顺应潮流，从而实现了可持续发展。

6.4.2　成立联合创新中心，提升竞争力

为了有效利用全球资源，华为投入了大量精力来建立联合创新中心。在建设海外联合创新中心时，华为通常会在选址时尽量考虑国家和地区的技术优势，将它们建到战略资源的集聚地区去。正如任正非所说："我们要把创新中心建到产业资源的集聚地区，要有全球胸怀，不要老是想着只有北京、上海、深圳，要全球布局而不是中国布局。这个一线不是指北京、上海，我是指包括美国在内的全球布局。可以让他们自愿选择，二线城市将来是研发交付基地。"截至目前，华为已经在海外创建了 36 个联合创新中心。

2006 年，华为与沃达丰集团在马德里成立了首个移动创新中心（MIC）。双方创造了多种新技术和新产品并实现了规模商用，如 Single RAN 已经成为移动行业技术的发展趋势和标准。

2008 年，为了使 IT 与通信实现充分融合，华为与沃达丰集团在米兰成立了核心网创新中心（CIC）。CIC 研究领域涉及 IP 多媒体子系统、移动宽带等，旨在为华为和沃达丰集团打造领先的核心网竞争力。沃达丰全球核心网能力中心总监 Livio Bongogno 表示："该创新中心将帮助沃达丰保持在核心网领域的创新领导者地位。我们将从各种领先技术中获益，并进一步帮助我们的用户提升通信体验。"

联合创新中心的建立，旨在通过双方的合作，充分借助运营商和华为在各自领域内的深厚功力，强强合作，通过持续的商业模式探索和通信技术创新，在给用户带来更好更优质的应用体验的同时，也给运营商带来更多收益。

除此之外，华为在全球还建立了多个专业能力中心。

（1）供应链中心。包括匈牙利欧洲物流中心、巴西制造基地、波兰网

络运营中心等。这些供应链中心的建立，极大提高了华为的全球交付能力和服务水平。

2012 年 5 月 1 日，华为副总裁鲁勇与匈牙利经济部部长毛托尔奇·捷尔吉在布达佩斯签署了战略合作谅解备忘录，华为拟斥资 15 亿美元在匈牙利建设欧洲物流中心，建设地址在布达佩斯市郊的 Biatorbagy。

经过一年多的建设，2013 年 12 月 3 日，华为欧洲物流中心在匈牙利首都布达佩斯举行开幕仪式，正式投入运营。华为欧洲物流中心仓储面积达 3 万平方米，主要业务包括物料收发、存储、分拣、包装、配送，预计年进出口货物金额达 15 亿美元，物流吞吐量预计达到 50 万立方米，辐射欧洲、中亚、中东、非洲国家。鲁勇表示，匈牙利是华为在中东欧地区最重要的市场之一，华为在此先后投资建设了欧洲供应中心、欧洲物流中心，目的就是将匈牙利建设成华为第二大的全球性供应链网络枢纽，带动当地就业和其他配套产业的发展。到 2016 年，匈牙利已经成为华为在全球的第二大物流中心，向客户供应无线、微波、光网、接入网、数通等华为主流产品。

（2）财务中心。华为先后在新加坡、中国香港、罗马尼亚设立了财务中心，在英国设立了全球财务风险控制中心，以监管和防范华为全球业务的运营风险，确保公司财经业务规范、高效、低风险地运行。

（3）行政中心。为加强和高端商界的互动，华为在美国、法国及英国等商业领袖聚集的国家成立了本地董事会和咨询委员会。在英国建立了行政中心，在德国成立了跨州业务中心，提高全球运营效率。

通过在全球各地构建联合创新中心和能力中心，华为不仅构建了独具华为特色的广阔的开放式创新网络，还吸引了全球各地的顶尖人才齐聚华为，开创了战略共赢的局面。

6.4.3　集成与被集成，共建行业生态繁荣

未来企业之间的关系会趋于开放与合作，独霸一方的局面很难再出现。对于企业来说，只有加强与其他企业的合作，构建良好的关系，才能为企业赢得更多的共同利益。因此，华为走向了一种新的开放式组织模式——被集成组织。

对于何为被集成组织，任正非有过详细解读。任正非表示："合不合作都是利益问题，我个人主张竞合。我们强调聚焦，聚焦后我们还是需要很多东西，就去和别人战略合作，而且是真心诚意的合作，我们就有帮手去抵抗国际上的压力。

"合作要找强者合作，如有时候我的汽车没油了，我就蹭他的车坐一坐，总比我走路好，总比我骑毛驴好。所以我们要敢于、要善于搭上世界上的各种车，这样我们的利益就多元化了。一旦利益多元化，谁能消灭你？就像微软，多少人在微软 Windows 上开发了二次应用、三次应用，如果微软没有了，他所有的应用都要重新做一遍，他怎么会希望微软垮掉呢？苹果短期内也不会垮掉，因为苹果有很多伙伴，你看现在教学系统都是用苹果软件。

我们也要向这些公司学习，也要走向这条路。合作伙伴越多越好，但如果我们去集成，我们就树立了一大堆敌人，就要去颠覆这个世界。谁要颠覆这个世界，那最后他自己就灭亡了。所以，我认为还是要利用盟军的力量，我只要搭着你的船，能挣点钱就够了，我为什么要独霸这个世界呢？我们走向被集成，那我们就要建立多种伙伴群，用伙伴群把产品卖给客户群。"

在"被集成"理念的指导下，华为与很多竞争对手建立了合作伙伴关系。例如，与德州仪器、IBM 等企业建立了联合实验室，推进双方的优势互补。正如任正非所说："我们不能光关注竞争能力以及盈利增长，更要

关注合作创造，共建一个世界统一标准的网络。要接受 20 世纪火车所谓宽轨、米轨、标准轨距的教训，要使信息列车在全球快速、无碍流动。我们一定要坚信信息化应是一个全球统一的标准，网络的核心价值是互联互通，信息的核心价值在于有序的流通和共享。而且这也不是一两家公司能做到的，必须与全球的优势企业合作。"

通过坚持被集成，华为建立了多种伙伴群，并通过伙伴群把产品卖给所有客户，实现了客户、合作伙伴以及厂商的多方共赢，推动了行业繁荣发展。

6.5　构建全球化信息平台，支撑业务高效运作

信息化正在深刻影响着所有的行业，要想在市场竞争中占得优势，企业必须要信息化。华为强调，要构建面向全球的联合作战系统，为公司业务的持续发展提供强大的支撑，使企业能够更快达成战略目标。

6.5.1　华为信息化的演进

随着华为不断发展壮大，面对的市场竞争越来越激烈，作为支撑企业发展的重要基石，华为的信息化系统面对的挑战也越来越多。华为每年会投入销售收入的 2% 左右用于信息化系统的建设与完善。如今，华为的信息化已经进入数字化转型阶段。

华为的信息化建设至少经历了以下五个阶段的发展。

在华为成立的前 10 年是华为信息化建设的第一个阶段。在该阶段，华为于 1993 年成立了管理工程部。此时，华为主要靠 E-mail 和 MRP Ⅱ（即物料生产计划管理）来支撑公司业务的发展。

从 1998 年到 2003 年，华为信息化进入了第二个阶段。在该阶段初期，由于公司发展迅速，很多管理问题都暴露了出来：前后端脱节、生产销售脱节、产品无法满足客户需求。所以在这个阶段，华为开始推进流程变革。通过前往硅谷考察和寻求 IBM 的帮助，华为制定了第一个 IT 战略五年规划。

其后，华为开始进行 IPD 变革和 ISC 变革，并开展了大规模 OA 建设及 IT 基础设施建设整合。华为信息化从分散走向集中，以更好地支撑业务运作，降低成本，提高管理效率。

2004 年开始，信息化进入全球化阶段——第三个阶段，其内容以全球上线 ERP 系统为主。以华为的巴西代表处为例，ERP 系统在这里尝试了四次才最终成功上线。其中一个重要的原因是巴西的税制和财务系统的复杂，甚至不同的州都有不同的税种与通行货票。通过近 10 年的努力，华为终于在全球 100 多个国家间建立了一张 IT 大网。

通过建设全球信息化，华为每年能节省 30% 的差旅费用。2007 年，华为的海外销售收入已经连续三年超过国内，真正实现了全球化战略的重要转型。

对于庞大而复杂的 IT 系统，既要支撑内部公司运营、又要支持对外的业务创新十分困难，这样的 IT 系统已经渐渐跟不上时代的发展。为了完善 IT 系统，提升运营效率，2012 年，邓飚在出任华为 CIO 后，提出了华为 IT2.0。这标志着华为信息化进入了第四个阶段。IT2.0 推行的目标是拉通相关业务流程与 IT 流程，要求是"5 个 1"（P0 前处理 1 天、从订单到发货准备 1 周、从订单确定到客户指定地点 1 个月、软件从客户订单到下载准备 1 分钟、站点交付验收 1 个月）。IT2.0 应该说是由信息化建设向数字化转型的一个过渡阶段。

在数字化转型前，华为 ERP 的库存账实相符率只有 78.6%，利润率不到 10%，这很可能会给公司带来较大的经营风险。再加上在不同的发展阶段，为了业务发展需要，华为建立了较多的 IT 应用，相互之间形成了壁垒，从而导致内部存有不少的信息孤岛。因此，华为于 2016 年提出了数字化转型，即进入了信息建设的第五个阶段。

可见，华为在信息化迭代演进的过程中，始终瞄准的目标是为全球客户提供最及时、最优质的服务，同时不断提升企业的信息化水平。

华为已经打造了一个覆盖公司全球业务的全球性企业网络，建设了ERP、Notes、E-mail、智真系统等 2000 多种 IT 系统，云存储的容量达到了 70PB，并接入了公司分布在全球各国和地区的上千个办公点。庞大的、全球化的企业网络现已成为华为的神经系统，支撑着华为全球业务的高效运转。

6.5.2 构建全球化信息系统，实现便捷办公

为了让员工更方便、及时且快速地完成工作，实现信息共享，华为强调要建立全球化信息系统，实现便捷办公。

华为的 IT 共享中心能够让所有员工都享受到 IT 系统的服务，在全球范围内，哪里有华为的机构，华为的 IT 系统就支撑到哪里。

一卡通系统链接到公司所有的办公区域，每天能实现对三万人的精确考核管理，并准确地把数据纳入每月薪酬、福利计算中。在全球办公或出差的员工，随时随地都可使用网上报销系统，费用结算和个人资金周转一周内就能完结。华为通过 Oracle 财务系统建立了全球财务共享中心，财务制度、流程、编码和表格实现了全公司"统一"，具备四天内快速完成财务信息收敛和结账的能力。

分布在世界各地的研发人员可以进行 7×24 小时全球同步研发和知识共享。借助 ERP 系统实现端到端集成的供应链，供应链管理部一天就能执行两次供需和生产计划运算，将周期缩短到以"天"为单位，对市场变化的响应会更加灵活快速，而且客户还能在网上对订单执行的情况进行查询和跟踪。

华为的员工、合作伙伴及客户，可以在一天内随时安排网上学习、培训、考试。华为还建立了主动安全的预防与监控管理机制，是国内第一家

通过 BS7799 信息安全国际认证的企业，知识产权与机密信息能得到有效保护。在客户现场的服务工程师，可以借助云端随时调阅客户的工程档案与相关的知识经验案例，还能请求并及时从公司总部或各地区部获得技术与服务支持，让他们不再感到孤立无助，从而大大提升客户服务的质量，改善客户满意度。

华为对 IT 建设的要求是把全球建成一个办公室，任何人在任何时间、任何地方都能办公，创造无障碍办公条件，把信息放在云端，手机就是一个总指挥台，随时可以发出指令。经过多年的探索与实践，华为的办公 IT 系统一直在进步。同时，在办公 IT 系统的支撑下，华为的员工都实现了跨地区的沟通和信息共享，大大提高了员工的工作效率。

华为轮值 CEO 郭平说："华为认为自己的降落伞自己先背着跳一回，通过在自己的园区内实施数字化改造，把所有的风险和困难都经历一遍，以便后续为客户提供更好的价值服务。"未来，华为将继续利用多种数字技术，帮助企业办公 IT 平台变得更加完善，持续构建高绩效团队的业务运作能力。

6.5.3　建设全球联合作战系统，支撑业务发展

IT 系统不仅能够使企业的多层行政传递与管理的体系更加扁平化，信息传递更加快速，还能降低企业的运作成本，增强企业竞争力。华为认为，企业要想提高管理效率，要从两方面抓起：一是建立规范合理的管理制度，二是利用先进的科技工具。

在 IT 系统建设上，华为坚持以一线需求为导向，前瞻性地规划与建设全球性 IT 支持能力，包括组织、技术架构、基础设施、应用、运维、管理体系和信息安全体系等。华为通过建立高可用性的 IT 系统，支撑公司业务在海外持续放量发展，实现不间断、高速、高效的运行和服务。

在华为信息化进入IT2.0时，华为提出，公司未来3～5年IT变革的主要目标有两个：一，要建立面向全球的联合作战系统；二，构建数字化作战平台，提升运营效率。

华为的这一IT规划建设理念是来源于美军的作战信息平台C^4ISR系统（指挥自动化系统），也被称为兵力倍增器。C^4ISR中的C^4是指指挥、控制、计算机与通信，I指情报，S指监控，R指侦察。在美军作战效果提升中，它起到了较重要的作用。

美军的C^4ISR也是在作战中不断积累经验的。例如，在1991年海湾战争中，美军把4000个集装箱拉到了战地，可是到战争结束时却有2000个箱子没有打开，武器更是找不到适配的弹药，弹药也找不到武器在哪。当前，企业在管理中也会遇到类似的问题，华为也不例外。于是，华为提出要构建全球联合作战系统及数字化作战平台，以跟上市场的变化，及时响应客户并满足其需求。

华为认为，建立强大的全球联合作战系统是为了对公司的战略发展形成有力的支撑，使企业更快、更安全地实现战略目标。

任正非在质量与流程IT管理部工作汇报会上的讲话中指出，在实现"班长的战争"的过程中，IT系统的支持必不可少。有了IT系统，整个组织的改革才能变得更加流畅，一线团队才能及时地呼唤炮火，后方团队才能及时地给予支援。为了保证IT系统能够真正支撑一线的作战，流程IT部门的人员在设计流程时，要使流程更加简单化、标准化，以实现多产粮食的目标。

通过强大的全球联合作战系统，华为可以强力支撑公司的组织变革及流程变革，从而为公司做大、做强管道平台做好基础服务。

第7章
管理创新与制度化

一个企业管理是否是合理的、科学的，最重要的就是看它能不能与时俱进，能不能不断创新和优化。企业只有不断推动体制、机制的创新，才能推动其他一系列的创新与发展，让企业少走弯路。这就是华为制度化管理与规范化治理的重要内容。

7.1　华为的管理创新与进步

截至 2021 年，华为能成为福布斯全球最具价值品牌百强排行榜中唯一上榜的中国企业，关键之一在于华为把管理视为自身的核心竞争力，通过重视管理创新来拉开与竞争对手的差距，保持行业领先地位，进而实现可持续发展。

7.1.1　华为文化推动管理的改良与提高

企业文化说到底是为管理服务的。任何文化都不可能脱离管理。在华为，文化就如同公司的"魂"，一直在推动公司不断改善管理效率。

华为文化是公司经营管理实践经验的总结，而华为的管理制度与规范是华为的公司文化中相对稳定、符合华为核心价值观且经实践检验为正确的东西，它们以条文的形式加以固定化，通过试行、研讨、改进，在员工中达成共识，最后经正式签发后颁布推行。

如今，华为的管理制度与规范已走上了在自身文化氛围中借鉴成功企业的先进管理经验，来酝酿与构建独具华为特色的管理制度的道路。《华为基本法》的起草、讨论以及采取的定稿方式，无不反映华为在管理思想认识水平上的升华。

《华为基本法》（以下简称《基本法》）起始于"混沌"，因为在制定基本法的时候，华为人都不清楚到底什么是《基本法》。

1996 年年初，彭剑锋与黄卫伟、包政、吴春波等人民大学的教授来到华为，组成《基本法》专家组，与华为人一起研究起草《基本法》。于是，《基本法》起草大幕就此拉开。

专家组在仔细研究了 IBM、惠普、英特尔等世界先进企业的宗旨和管理制度规范后，围绕着华为的使命与核心价值观，给出了《基本法》的概念框架，包括公司宗旨、管理哲学、基本经营政策、基本组织政策、基本人事政策、基本控制政策、工作道德和纪律。

在专家组编写《基本法》时，华为要求高层每个周日都要到公司学习讨论《基本法》。1996 年 12 月 26 日，《基本法》第四讨论稿刊登在了第 45 期《华为人报》上，任正非"任性"地要求所有员工把它带回家读给家人听，回到公司后提出意见与建议。

1998 年 3 月 23 日，历时三年的《基本法》正式定稿。当时，任正非表示："《基本法》通过之时，也就是《基本法》作废之时。"因为《基本法》输出的仅仅是一个文本，其精神内核已经内化于华为人的头脑之中了，并且与华为的经营管理实践相结合了。

管理者的管理思想、理念及员工的价值观念是和工作中客观事物联系在一起的，客观事物一旦变化，就会引起管理者的管理思想、理念及员工价值观念发生变化。这种变化一般会先在各种文化场合中表现出来，如问题研讨、磋商，并达成新的共识和认同。因此，管理制度与规范需要不断完善。

管理机制是靠文化来推动的，文化是华为管理机制产生效力的润滑剂。各层级管理者都必须认同华为企业文化，并能科学、灵活地运用文化建设来不断推动、改进公司的管理。

管理机制脱胎于企业文化，同时又是在企业文化的基础之上构建的，在企业文化的推动与润滑下实现运转。当一个管理者只精通业务，却不知道怎样抓组织建设、制度建设与文化建设时，他就无法实施管理，就是一个不称职的管理者。

7.1.2　重视管理创新，让管理成为真正的核心竞争力

核心竞争力不是通过交换就能得到的，它具有很强的排他性，是不能够通过学习与模仿取得的。它还具有很强的整体性，不是企业中几个要素的简单组合。从某种意义上来说，核心竞争力不是取决于企业的优势，而是由企业的"短板"决定的。

有学者把核心竞争力归结为"偷不去，买不来，拆不开，拿不走"，可以说是十分贴切的。对于企业核心竞争力包括什么，多数人会说是人才、技术等，而华为认为只有管理才是真正的核心竞争力。因为人才、技术都不具备核心竞争力的基本特征，它们可以成为企业的核心技能，但核心技能并不等于核心竞争力。

管理之所以能成为企业的核心竞争力，原因在于：

（1）只有管理才能把企业的核心技能聚合起来，形成企业整体力量与系统优势，并在激烈的市场竞争中处于优势地位，从而赢得竞争的胜利，为企业的持续发展提供生生不息的力量。

（2）只有依靠系统的管理，企业才能最终摆脱对人才、技术、产品的依赖，适应激烈的外部市场的变化。

（3）企业拥有先进的管理体系就能降低对优秀人力资源或稀缺人才的需求，降低对管理者管理能力的要求，从而为企业实现可持续发展提供稳固且长远的基础。

（4）企业经营管理的实践证明，那些世界一流企业可能在某几项核心技能方面并不出类拔萃，但在整体管理能力和水平上无疑是很优秀的。综合来说，世界领先企业之所以世界领先，原因在于其领先世界的管理水平。

通过提升管理水平来提高企业的竞争力，提高效率，说简单也简单，说难也难。说简单，是因为管理相对于技术、人才等是最容易改进的；说难，是因为很少有人真正重视管理的问题，所以做得不到位。华为在创业阶段，就认识到公司要依靠管理才能攀上高峰，于是在成长历程中不断投

入力量去提升公司的管理能力和水平，拉开与竞争对手在管理上的差距，以保持自己的竞争优势，进而实现企业的可持续发展。管理水平的提升，是华为能够成为行业领先的关键要素之一。

7.1.3　坚持管理创新，提升管理效率

改革开放 40 多年了，中国在全球 500 强中的企业数量虽然仅次于美国，但是其经营真正走向全球化的企业却只能以个位数计，导致这种现象的主要原因是与西方企业相比，中国企业在管理理念与制度层面还有比较大的差距。

为了改善公司的管理效率，华为一直坚持管理创新，反对闭门式的创新、盲目的创新。同时，华为认为创新就是把鲜花插在牛粪上，华为就是牛粪，人家的东西就是鲜花，牛粪给鲜花提供营养。继承就是牛粪，创新就是鲜花。

2004 年，任正非在华为干部工作会议上指出："我们反对一朝天子一朝臣，反对新干部上台否认前任的管理。我们强调继承与发扬，在过去的文化中，有许多合理的内核，以及与周边已形成的习惯性的协调。它的客观存在，就是它合理、自然的一面。随意地破坏就会撕裂与周边的关系，以及破坏上、下游的流畅。

"盲目的创新，对已有成熟管理的破坏是不必要的。经过慎重研究，对于有必要的创新，在不可预见的困难中付出一些代价是值得的。因此，要善于研究前人的管理，继承其合理的一面。任何一点小小的变革都要进行充分的认证，反复听取上、下、左、右的意见。也许某个变革对你是好的，但如果对周边是不好的，那么也就破坏了公司的整体效益。不管此变革对局部如何美，它都是一个坏的创新。

"学会向别人学习，学会与周边共同协商，学会以对大目标的可衡量的

贡献来实践和检验自己的管理能力，学会继承与发扬。任何创新都是必须支付变革成本的．总成本大于总贡献的创新是有害于公司的。而且公司已经积累了这么多管理程序，随意的创新是对过去投入的浪费。"

华为在管理创新中倡导要有所继承和发扬，不能盲目；要遵循"小改进，大奖励；大建议，只鼓励"的原则，在小改进的基础上，不断归纳，综合分析。例如，华为在全面引进国外先进管理时，先僵化地学习，"削足适履"，然后在理解消化的基础上结合自身实践加以优化，再把改进后的管理固化，形成具有自身特色的管理。

2020 年，面对美国的持续加压和全球疫情的影响，华为依旧实现了销售收入的稳定增长，关键在于通过管理创新，不断改进管理体系，让管理成为企业的核心竞争力之一。相信在未来，华为也不会停止管理创新。

7.2　优化价值创造管理循环，导向共同奋斗

通过在实践中落实并优化全力创造价值、正确评价价值、合理分配价值的价值创造管理循环，华为不断激发组织活力，为企业的商业成功与持续发展提供了生生不息的动力。

7.2.1　聚集业务发展，全力创造价值

全力创造价值的前提条件是清晰认识价值，在清晰认识价值的基础上，华为会团结一切可以团结的力量、聚焦各要素为客户全力创造价值。在创业初期，华为就已经认识到：企业围绕客户需求，为客户创造价值，才能获得生存的机会，员工的行为要以市场为中心才具有价值。任正非曾经说过："客户的利益所在，就是我们生存与发展最根本的利益所在。我

们要以服务来确定队伍建设的宗旨，用客户满意度作为衡量一切工作的准绳。实现公司的可持续发展，归根结底是要持续满足客户需求。只有客户成功了，才有华为的成功。"正是由于长期以来，华为内部自上而下都对"为客户创造价值"达成了共识，因此以客户为中心也成了华为核心价值观的第一条。

回顾华为 30 多年的成长历程，大家会发现，客户是华为由弱到强的最大依靠。为了给客户创造价值，华为不仅把员工和企业的利益绑定在一起，同时也与客户结成了生命共同体。

当年，华为在印度尼西亚的 M8 项目是公司在海外的第一个融合计费项目，也是当时世界上通信业界屈指可数的融合计费项目之一。因为相信华为，客户把全网搬迁原有计费系统的项目交给了华为，但是也提出了要在 6 个月内交付的要求，这个交付期限几乎只有常规期限的一半。

任务如此艰巨，无论是华为一线工作人员还是总部支持团队，都在工作上和心理上承受着巨大压力。华为前后派出四五批 20 多人的研发专家团到印度尼西亚现场与客户交流，其根本目的就是要弄清楚客户的真正需求，这样才能实现最终的优质交付。

当时，双方五六个团队封闭在当地的一家酒店里，白天开会，晚上输出会议纪要，并相互进行确认。在这个过程中，华为本地员工发挥了很大作用，他们既是一线的工作人员，又在项目实施的过程中担任翻译的角色。研发部门非常卖力，对客户提出的问题，他们都尽可能地在现场给予解答。对于客户提出的要求，他们也会仔细地分类整理为可以做的、必须做的、没必要做的、无法做到的，然后坦诚地与客户进行沟通，直至达成一致。

由于准确把握了客户需求，并突出了重点，从而确保了项目进度，M8项目最终成功地按期交付试用，并获得了客户方的极高评价。

　　坚持以客户为中心，为客户创造价值，这句话说起来容易，做起来很难。而华为不仅说到了，更做到了，有时甚至超出了客户的期望，华为的M8项目就是如此。

　　客户需求是华为前进的最大动力，在华为成为行业领先者之后，华为在《华为公司人力资源管理纲要 2.0 总纲》中对全力创造价值进行了重新阐述。

　　全力创造价值主要包括五点：

　　一是实施"技术创新＋客户需求"双轮驱动，把握好业务发展的方向，构建产业竞争与控制。随着技术进入"无人区"，华为强调在产品创新中要坚持以客户需求为中心和以技术为中心，两者像拧麻花一样，共同驱动企业发展。

　　二是基于信任，简化过程管理，在内外合规下，牵引公司作战力量聚焦多产粮食、增加土地肥力，而不是过度消耗于内部运作。

　　三是适应不同业务及发展特点，差异化组织队形与运作管理，提高组织敏捷性和运作效率。企业在应对新老业务、成熟业务、传统业务上，要用差异化组织队形支持业务发展。各家运营商的需求各不相同，靠"一招鲜吃天下"的方式已然行不通了。

　　四是对内打造具有企业家精神的主管队伍和高度激发的精兵队伍；对外汇聚英才，培育优质的生态资源。

　　五是由职业化管理的职员，构成面向确定性稳定运作的平台支撑；由能上能下的主管和专家，构建面向管理不确定性创新创造的牵引力量，"让创造的力量在稳定的平台上跳舞"。企业做大了以后，要向IBM学习，让组织在很大的情况下还能在平台上跳舞。

　　如今华为在价值创造上更强调业务策略和组织能力的发展，力求更加准确地把握客户需求，并对这些需求实现快速响应，进而在帮助客户获得最大的商业成功的同时，为企业创造更大的价值，实现可持续发展。

7.2.2　简化绩效考核，健全价值评价体系

在全力创造价值的基础上，华为需要正确地评价价值，为下一步合理地分配价值提供可靠的依据。

在对价值评价的探索和实践过程中，华为逐步形成了一元的、清晰的价值评价标准，即价值评价只与贡献结果相关，而与学历、能力、态度和品德等因素无关。无论谁为实现公司战略做出了直接的、间接的贡献，都应得到与其贡献对等的财富及晋升机会。

在坚持结果导向的绩效评价体系上，华为对于不同层级的员工设置了不同的绩效评价关注点（如图 7-1 所示），以进一步完善价值评价体系，为实现价值分配的合理化和科学化提供客观公正的依据。

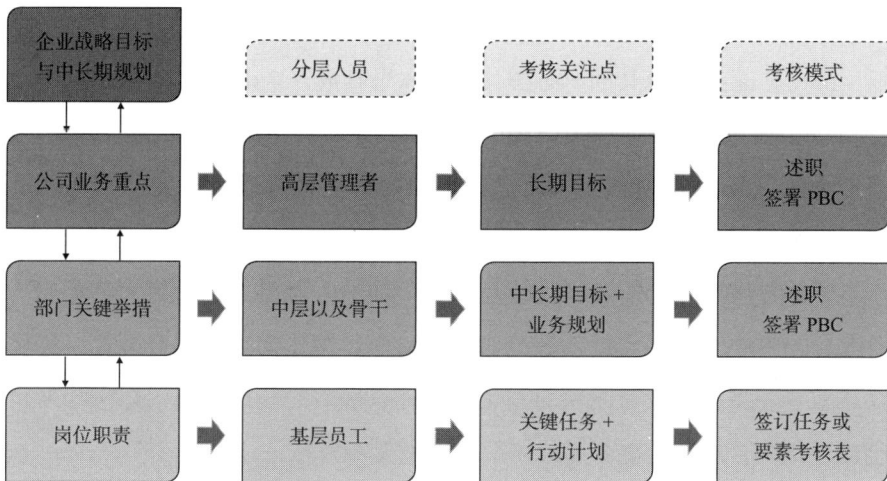

图 7-1　不同层级员工的考核关注点

华为制定分层的考核指标，在高层、中层、基层之间形成了短期和长期均衡的"拧麻花"的考核方案，牵引高层在关注当期经营目标的同时，更多地关注长期目标。通过将年度考核和中长期考核相结合，上岗述职与离任"快照"相结合，主管评价与委员会评价相结合等改进措施，可以避免高层主管的短期行为。

通过研究制订职位管理、奖金激励和荣誉激励等方面的针对性方案，可以优化高层主管的激励机制，牵引其关注长期目标，并完善高层主管的责任回溯机制。

此外，针对公司的不同业务，华为也建立了差异化考评机制。

不同业务的战略与发展诉求是不同的，对它们的考核导向也是不同的。

针对成熟业务，考核要导向精细化经营，不断地提高效益、稳定运营；对于成长业务来说，考核最重要的是要导向积极发展，持续扩大市场规模；对于发展初期的业务，考核要导向战略落地，抓住机会、布局未来。要积极探索支撑"先开一枪，再开一炮"的探索性创造工作的合理考核机制，促进对主航道范围内的领先尝试。

诸葛亮说："欲思其利，必虑其害；欲思其成，必虑其败。"意思就是，任何事都要考虑好坏两面，不能只往好的方面想，坏的方面也要想，做好充分的准备和防范措施。绩效管理、KPI等用得好确实是比较有效的工具，但是用得不好负面影响就比较大了。

绩效考核与评价的最终目的是为了引导员工做出更多、更大的贡献。可是，一些企业试图将绩效评价做得更科学，甚至实现数据模型化，这样做不仅会花费公司大量的精力与资源，而且随着时间的推移，评价维度也会慢慢增多，从而使整个评价体系变得毫无参考意义。

华为的管理能力这么好，也尚未完全做到科学评价，而是通过借鉴美军"上没上过战场，开没开过枪，受没受过伤"的考核方法，逐步简化绩效评价，以确保员工始终充满活力。

随着华为成为行业领先者，产品进入了技术"深水区"和"无人区"，为了鼓励自主创新，华为的一些部门正在尝试用OKR（目标与关键成果法）来替代或优化KPI。因为OKR具有透明公开、敏捷开放、自下而上及目标和评价解耦等特征，且OKR不用做考核，从而使得员工更能放下包袱，做一些突破性创新。

7.2.3 优化价值分配，导向持续奋斗

一家企业的经营机制，说到底就是一种利益的驱动机制，企业能够持续创造价值的前提是价值分配要合理。美国哈佛大学教授威廉·詹姆士研究发现，在缺乏科学、有效激励的情况下，人的潜能只能发挥出20%～30%，科学有效的激励机制能够让员工把另外70%～80%的潜能也发挥出来。

经过数十年的探索与实践，华为已经逐步构建了科学的价值分配制度。华为的价值分配有一个最基本的准则：绝不让"雷锋"吃亏。华为是绝对不会让"雷锋"穿"破袜子"，不能让"焦裕禄"累出肝病的。员工为公司做出了贡献，我就给你体面的回报。这样就是在用制度培育"雷锋""焦裕禄"，而不是用道德培养"雷锋""焦裕禄"。

任何一家企业的人力资源都可以划分为三类人：奉献者（贡献大于回报），打工者（贡献等于回报），偷懒者（贡献小于回报）。正常情况下，无论偷懒者、奉献者和打工者怎么贡献，他们都应该得到与贡献相匹配的回报。而在一个不好的机制下，当奉献者总是吃亏时，他就会反思，对自己的行为做出怀疑，进而减少自己的贡献，使贡献回报与低层次相等，他就变成了打工者。同样，打工者也会向偷懒者转变。结果是，奉献者变成了打工者，打工者变成了偷懒者，最后大家都偷懒了，就没有付出和贡献了。

为了不让"雷锋"吃亏，让奋斗者获得合理的回报，激励员工继续保持艰苦奋斗的精神，华为建立了一套科学合理的薪酬分配制度。奉献者得到更合理的回报，拿得更多，打工者就会因为羡慕而向他们看齐，偷懒者则会受到惩罚。偷懒者只有两个选择：要么离开公司，要么增加投入将自己变成打工者和奉献者。让"坏人"不得志，让"好人"不吃亏，这样，公司就有了正气与正义。正如华为所强调的："如果一个企业让懒人和庸

人占着位子不作为，让不创造价值的人、混日子的人都快乐，那么这家企业离淘汰就不远了。华为的薪酬制度就是要把落后的人挤出去，减人、增产、涨工资。"可见，只有采用正确的价值分配制度，才能激发出员工为公司创造价值的热情和动力。

国内很多企业的管理者总是给员工讲"吃亏是福"，也就是多干活少拿钱，这其实是在害人害公司。华为通过构建不让"雷锋"吃亏的机制，让奋斗者得到合理的回报，让更多员工愿意做"雷锋"，持续为企业奋斗，创造更多价值，这样企业就会出现更多的"雷锋"。

得益于构建了科学合理的价值分配制度，各路英才汇聚华为，为华为的发展注入了强大的生命力，使得华为的组织力量脱颖而出，最终支撑华为成长为 ICT 领域的领导者。华为轮值董事长郭平在 2016 年的新年内部致辞中说："华为未来将继续优化激励机制，让全体员工及时分享到公司的发展成果，鼓励大家去冲锋。"

7.3　多元化激励，激发组织活力

物质激励的驱动作用是直接且高效的，但是高度物质满足可能也导致惰怠及进取心的缺乏。在高收入人群中出现过度追求物质激励的现象，本源是其内心的精神需求没有得到完全满足。为此华为在坚持给予员工物质激励的同时，也注重对员工的精神激励。通过这样一套"组合拳"，实现对员工精准且持续的激励，以使组织在市场竞争中焕发出最大生命力，推动公司不断向前发展。

7.3.1　价值分配上打破平衡

生命的动力就是差异，没有差异就没有生命力。世界如果没有电位差就没有电力，没有水位差就没有水力，没有温差就没有风。正是因为内部存在差异性，才激励员工努力去消除此种差异，内部不平衡的差异才是组织优化自身的动力。

每个员工对组织的贡献是不一样的，是"不平衡"的。这就决定了价值分配上也要"不平衡"，否则就不能真正激励有贡献、有能力的员工，就不能激励全员持续进步，为企业创造更多的价值。华为是非常注重拉开差距的，"给火车头加满油"，薪酬与机会坚定不移地向奋斗者倾斜，向优秀员工倾斜，用差距来对抗员工的懈怠，鞭策员工持续奋斗，这样组织就会被激活了。

在具体执行的过程中，为了科学地拉大差距，华为做了很多努力。比如说，及时提拔和破格选拔优秀人才，给予他们作战的机会。对于华为这样的科技型企业而言，知识的更新迭代速度是非常快的，因此要早些给优秀人才感知市场、服务、生产、交付、财务的机会，这样才能让人才的成长速度更快一些。让优秀的人才在最佳时间以最佳角色产生最佳贡献，同时也一定要给予他们最佳回报。

2018 年，华为表示："首先，公司将持续进行破格提拔，在 15 级、16 级破格提拔 3000 人，17 级、18 级、19 级破格提拔 2000 人，其他层级破格提拔 1000 人，拉开人才的差距，让这些负熵因子激活组织。

"我们的很多科学家、业务专家是很优秀的。我们要拉高专家尖子，把公司的专业技术屋顶撑高，让更多专家获得成就感。现在专家高层级的人数，同比只有我们管理者层级的 1/10，这方面我们做得还很不够。

"其次，针对应届毕业生中的优秀人才，先给个 2% ~ 5% 的指标，定较高的薪酬，像谷歌、三星面试那样直接定薪酬，加大对最优秀人才的吸引；针对外部高端专家，要出台差异化管理机制，用特殊的方法管理；战略后备队员面大一点，重点培养的可以放在艰苦岗位和挑战岗位去锻炼，让新生的苗子成长更快些，实现让优秀人才在最佳时间以最佳角色产生最佳贡献，同时给予他们最佳回报。"

朝受命、夕饮冰，昼无为、夜难寐，善除荆棘、冲锋陷阵、敢打硬仗
的人必然机会无限。华为认为，世界上最不值钱的就是金子，最值钱的是
未来和机会。作为最大的价值分配，对于破格提拔和选拔者，华为会毫不
吝啬地给予他们最丰厚的物质回报和作战机会。

正是因为华为在价值分配上敢于拉开分配差距，敢于破格提拔优秀的
人才，才在公司营造了一种积极的竞争氛围，使得员工始终充满奋斗力
量，从而支撑华为实现了可持续发展。

7.3.2　员工持股，共享利益

《礼记·大学》曰："财聚则民散，财散则民聚。"基于这个理念，华为
创新性地推出了员工持股制度，让员工能够及时共享公司发展的成果。所
谓员工持股制度是指员工在华为工作满足一定期限后，公司就会根据员工
表现给员工一定的股权认购额度，员工可自愿购买并在每年按照股权获取
分红。而且在员工离职时，公司会回购员工所持有的股份。

毫无疑问，华为能始终保持强大的竞争力，离不开员工持股制度的推
行。时至今日，华为仍然奉行着员工持股这一举措。据统计，截至 2020
年年底，华为创始人任正非仅持有公司 0.88% 的股份，剩余 99.12% 的股
份由公司 104572 名员工共同持有，如图 7-2 所示。

华为的员工持股制度并不是一成不变的。随着企业的发展壮大和外部
环境的变化，华为员工持股制度大体上经历了四个阶段：① 1990 年为缓
解公司创业早期的融资困难，开始设计并推出员工持股计划；② 2001 年
年底 IT 泡沫破灭，华为迎来发展历程中的第一个"冬天"，为了保证有充
足的资金流"过冬"，华为开启了"虚拟受限股"变革；③ 2008 年次贷危
机爆发，为了应对挑战，华为推出大力度的饱和配股制度，依据员工的职

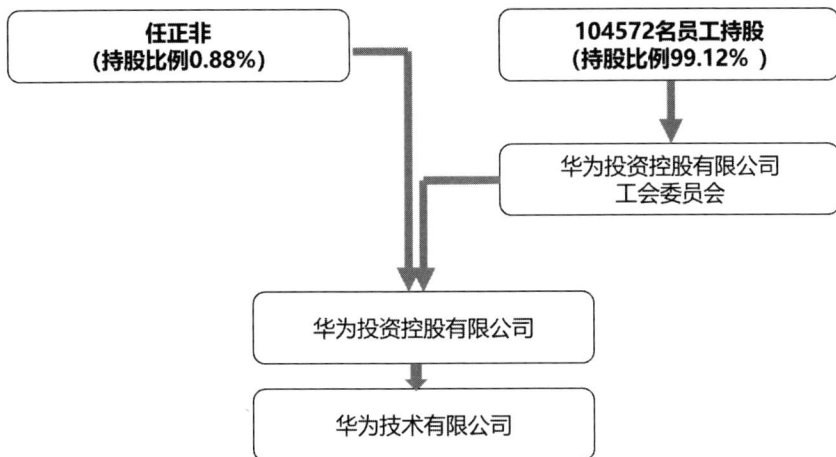

图 7-2 华为股权结构

位级别分配不同的期股额度；④随着华为发展为一家国际化企业，外籍员工越来越多，在 2012 年，华为推出了 TUP（时间单位计划），以解决外籍员工的长期激励问题，吸引全球顶尖人才来到华为。而且 TUP 还有一个好处，就是员工不需要支付股票本金，也就解决了新员工的激励问题，详细介绍如表 7-1 所示。

表 7-1 华为员工持股制度改革以及相关事件

时间	相关事件
1990 年	开始股权激励计划
1997 年	股权改制
2001 年	推出股票期权计划，并获得政府批准
2008 年	推出饱和配股
2010 年	《个人贷款管理暂行办法》《流动资金贷款管理暂行办法》和此前颁布的《固定资产贷款管理暂行办法》《项目融资业务指引》并称为"三个办法一个指引"，规定个人贷款只能用于生产经营和个人消费，银行贷款不得用于固定资产、股权的投资
2012 年	推出 TUP（时间单位计划）

员工持股制度的设计源于任正非的父亲的提醒，任正非的父亲当时建

议任正非可以参考晋商身股模式。

200 多年前，晋商发展迅猛，创造了银股与身股两种分配方式，东家拿银股，也就是今天的资本金投入所占股份；掌柜与伙计拿身股，通过经营业绩、能力和贡献获得股份分红回报，也就是今天企业给职业经理人和骨干员工用贡献换取的股份。我们以乔家大德通票号为例，在设计初期，大德通票号共有银股 20 股、身股 9.7 股。20 年后，银股仍然为 20 股，但是身股已经发展到 23.95 股，拥有身股的人也从开始的 23 人增加到 57 人，身股总数超过了银股。

任正非听从父亲建议，在华为推行了员工持股制度。他在《一江春水向东流》一文中表示："我创建公司时设计了员工持股制度，通过利益分享，团结员工。那时我还不懂期权制度，更不知道西方在这方面很发达……只是凭着自己经历过的人生挫折，感悟到应与员工分担责任，分享利益。创立之初我拿这种做法与父亲商议，结果得到了他的大力支持。这种无意中插的花，今天竟然开得如此鲜艳，成就了华为的大事业。"

通过推行员工持股制度，华为不仅解决了公司的资金压力，还使企业与员工间的关系发生了根本的转变：由原来的雇佣关系变成了伙伴式的合作关系，员工对公司的归属感得到了进一步增强。同时也满足了员工对财富的追求，达到了"以众人之私，成就众人之公"的目的，进而大大提升了公司的核心竞争力。

7.3.3 强化精神激励

多元化年代，人们对激励的理解是不一样的。在面对年龄段不同、层次不同、文化背景不同的各种人才时，除了要给予他们物质激励，公司还要重视精神激励。我们都知道，金钱当然非常重要，但同时我们也要相信人的内心深处有比金钱更高的目标与追求，尤其是当人们不再一贫如洗的时候，愿景、使命感、成就感能更好地激发人。只有物质激励，就是雇佣军，雇佣军作战，有时候比正规军厉害得多。但是，如果没有使命感、责任感，没有这种精神驱使，这样的能力是短暂的，只有正规军才有使命感和责任感，能驱使他长期作战。

于是，华为强调在对员工进行物质激励的同时，也要加强对员工的精神激励，这样才能让员工产生荣誉感、成就感和责任感，进而激发出员工的积极性与创造性。对于知识型员工来说，他们追求的是个性发展，获得更好的发展机会。

华为每年会为员工提供很多培训和学习的机会。在华为，员工不再被当作公司的雇员，而是公司的主人。在公司成长壮大的过程中，他们跟随公司一起发展成长。

另外，对于那些努力工作、为公司创造了巨大价值的员工和团队，华为都会给予其赞誉和肯定，授予各种荣誉奖励，主要有"明日之星"、金牌团队和个人、"蓝血十杰"、"天道酬勤"、优秀家属奖，而且还为每个奖项设计了独具特色的奖牌、奖章以及隆重的颁奖仪式，让人从中得到鼓舞，一生难忘。比如说，"明日之星"的奖牌是华为委托法国巴黎造币厂设计和制作的纪念币；"天道酬勤"的奖牌是水晶做的，上面刻有罗曼·罗兰的名言："伟大的背后是苦难。"

"蓝血十杰"奖是华为管理体系建设的最高荣誉奖，旨在表彰那些为公司管理体系建设和完善做出突出贡献、创造重大价值的人才，该奖项设立于 2013 年 11 月。2014 年 6 月 18 日，华为召开了首届"蓝血十杰"表彰大会，获奖者中既有在职员工，也有离职员工，还有"外脑"咨询公司的顾问。

华为通过颁发"蓝血十杰"奖，让大家牢记历史，并在"蓝血十杰"精神的感召下，努力构建一个严格有序而又简洁的管理体系，支撑华为"多打粮食"。

"明日之星"奖设计的目的是营造一种"人人争当英雄"的文化氛围，

让英雄辈出。它是由群众民主投票选举产生的，数量为员工总数的20%。有人认为这不符合激励原则，组织激励的要素是小比例激励，但是华为认为，肯定绝大多数进步的人，鼓励极少数落后的人，也是一种激励方法。公司要的是"遍地英雄下夕烟，六亿神州尽舜尧"，而不是"几个英雄下夕烟，十三亿神州几舜尧"。

华为还特意在公司内网设立了"荣誉殿堂"模块，向内部员工展示获奖者的风采。这样，受到赞誉的员工的活力会被持续激发，工作起来就会更加卖力，尤其是得到公司高层肯定的基层员工，更是斗志昂扬。

在注重对员工的物质激励的同时，还不断强化对员工的精神激励。这不仅让员工享受到了物质上的回报，同时也获得了精神上的满足。在精神和物质的双重刺激下，华为员工对企业的归属感异常强烈，员工的工作积极性也被充分调动，从而为企业发展注入了源源不断的活力。

7.4　让人力资源管理融入业务

在华为，人力资源部门的定位是业务部门的战略伙伴，人力资源部门不是一个职能部门，它的价值是支撑业务打胜仗。人力资源负责人就如同军队的政委，深入业务，理解业务，设计支撑业务发展中的组织、人才、氛围和激励的解决方案。

7.4.1　人力资源管理要导向业务，导向冲锋

在中国加入WTO（世界贸易组织）开启全球化征程后，越来越多的中国企业进入财富500强榜单。但是在这个榜单中成长最快的中国企业是华为，从2010年的第397位升至2020年的第49位，9年时间提升了348

位。华为能取得今天的成绩，其根本的原因是什么？外界从不同的角度
对此进行了不同的解读，不过也存在诸多误读。《华为人力资源管理纲要
2.0》对此的结论是："人力资源管理是公司商业成功与持续发展的关键驱
动要素。"如图 7-3 所示。

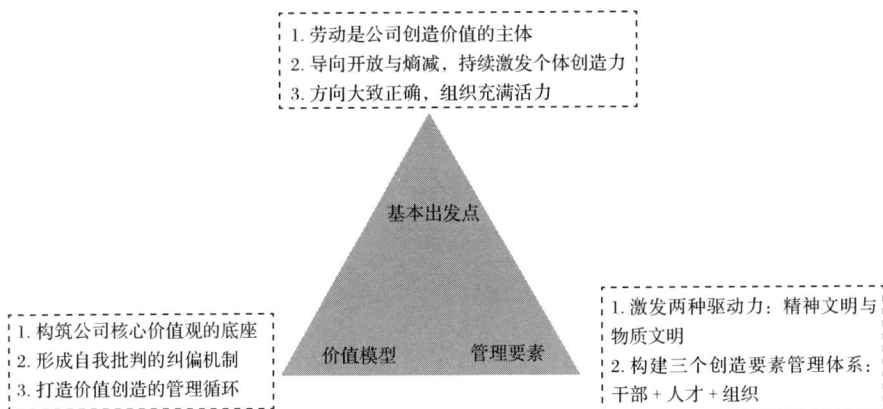

图 7-3 人力资源管理是公司商业成功与持续发展的关键驱动要素

当然，华为的人力资源管理水平不是突然就达到这样一个阶段的，它
是从人事服务到职能化和规范化，到业务伙伴，再到战略人力资源管理，
逐步发展和阶梯式上升的，如图 7-4 所示。

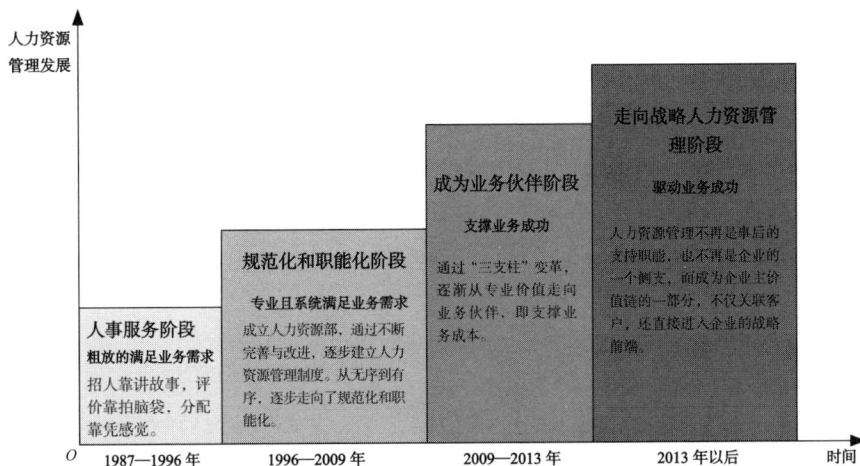

图 7-4 华为人力资源管理的发展历程

作为公司管理的两大核心堡垒，企业的人力资源和财务管理体系的员工大多是科班出身，对业务缺乏足够的了解，有时心里甚至还会对业务产生排斥，华为的人力资源和财务管理体系的员工也不例外。

任正非曾在毛里求斯和新加坡请代表处的财务人员做过测试，现场请他们画出华为代表性产品的基本外形。结果几乎没有一个人画对。任正非因此批评道："你们作为财务人员对业务如此不了解，然后就去指责人家不支持你、不配合你，我觉得你们是太无聊了。

"我认为，财务人员中 15 级以上的干部，如果对公司的业务产品考核不合格，你们的薪酬调整、所有利益调整包括职务调整全部冻结，不准动。高中级干部首先要考过关，否则怎么叫你的部下去考？如果你的部下考过关你没过关，由你的部下来管你。你得听懂业务讲什么话呀！你什么都听不懂，就指责人家这个数据不对，那个数据不对，你怎么指责呀？你怎么服务呀？你是为业务服务的，不是让业务来为你服务的，一定要搞清楚。我们公司是业务为主导、会计为监督的公司。业务为主导就是业务抢粮食的时候，我们后方平台要支撑得上。后方平台不知道抢的什么粮食，也不知道带什么袋子，别人抢的是小米，你拿个很大孔的袋子去装，那不是全漏光了嘛！"

在华为人力资源管理中也存在着类似的情况。在人力资源转型前，最大的痛点是 HR 对业务的理解不深，无法针对业务需求为各部门提供针对性的人力资源解决方案。而公司各级管者希望 HR 能根据不同业务的特点，提供与业务发展相匹配的专业服务，而不是只执行总部的统一策略。

为此华为将 HR 定位做了升级，作为战略伙伴，人力资源人员要参与战略规划，理解业务战略，将业务战略与 HR 战略连接，并组织落地。作为业务的伙伴，HR 始终需要聚焦企业的价值创造，使自身的各项工作能真正起到助力业务的作用，达成为业务服务的目的。

7.4.2　人力资源要在"炮火"中转身

华为人力资源在华为发展过程中为公司的成功做出了很大的贡献，但是也收到了一些抱怨：

第一，部分人力资源人员没有深入过基层团队，基本没去过作战现场，工作重心还偏高，对于炮声听不见，对于问题看不见，这样怎么能洞察需求，帮助部门主管去解决问题？不了解业务、不深入实际、主动担当意识不足，面对不同业务及不同发展阶段的人力资源管理需求了解不够。面对差异化的各类组织形态、资源投入与考核激励的管理存在一刀切的僵化情形。例如，海思的一些科学家因为比例问题必须被"打 C"[1]，结果这些人离开公司后，就被人家抢着聘为 CTO，而且还做得不错。面向不同类人才管理的任职牵引、评价与激励等的机制运作，还存在机械化的教条管控，不能适应不同人群的差异化管理需求……

第二，人力资源管理自身队伍建设滞后业务需求，不敢从专业视角提出意见，没有体现应有的专业力量。

第三，人力资源政策管得太细了，条条框框太死了。各级主管对人力资源的有些政策怨声载道。

任正非多次在内部会议中强调："人力资源不能总是跟在业务屁股后面走，人力资源职员系统不能满足于专业运作，必须了解一线业务的实际需求；人力资源主管必须来自业务领域，是一些成功的项目经理、成功的主管。人力资源主管必须是业务先锋，这样才明白管什么，也才找得到明白人，不然怎么识别人才呢？没有这种业务经验的人力资源人员，要先从一般职员做起，而且不能权力过大，权力应在主管手里，他先从做好支撑工作开始。"

此外，人力资源必须要苦练内功，淬炼出优秀的 HR 队伍，这样才能有更优秀的业务队伍。尤其是美国启动对华为的制裁以后，华为各部门纷纷转入战时状态，人力资源也打起背包、捆起绑腿，深入一线、走进战

1　指绩效考核是低档，往往需离职。

场。通过在现场帮助一线解决问题，锻炼并提升自己管理队伍的能力。

7.4.3　面向业务战略构建人力资源组织

华为人力资源管理一直遵循的是以客户为中心的原则。HR 的客户是公司的管理层、骨干及员工，HR 通过服务他们来支撑公司业务的发展，满足市场客户的需求。

因此，华为的人力资源管理既来自业务，又服务于业务。华为认为，人力资源管理体系的基本使命是"以业务为中心，以结果为导向，贴近作战一线，使能业务发展"。在华为人力管理体系建设中，自然也有外部咨询公司的身影，如前面提到的 Hay Group、IBM、BCG、AON 等。在他们的帮助下，华为按照"先僵化、后优化、再固化"的三部曲，学习和借鉴业界最佳实践的各种人力资源管理方法，构建了独具华为特色的人力资源管理体系。图 7-5 是华为全球人力资源体系的组织结构。

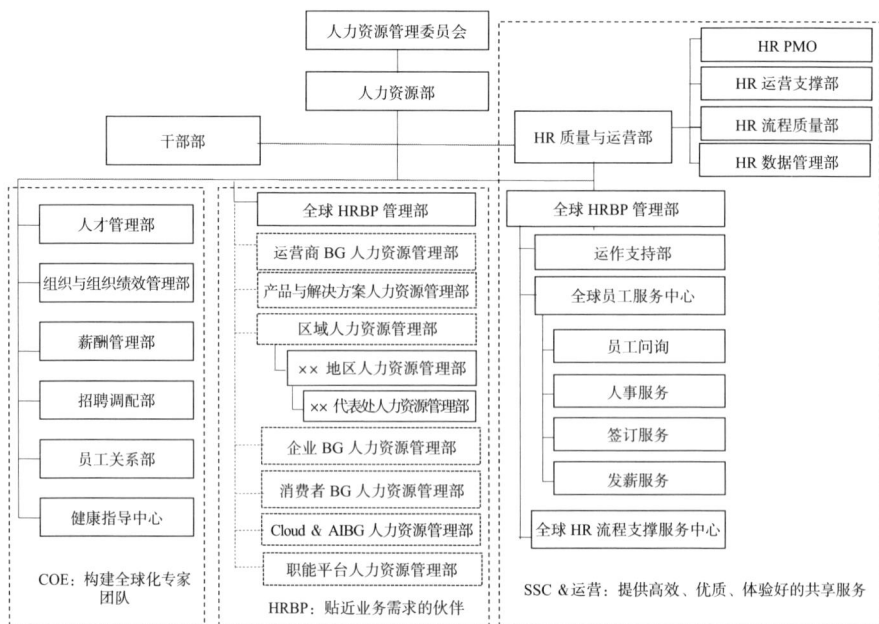

图 7-5　华为全球人力资源体系的组织结构

　　华为总干部部成立于 2018 年，与人力资源部责权分离。这一人力资源管理层面的创新举措，其实在华为内部已经长期孵化并应用，只是在这样一个时间段予以明确和强调。早在 1990 年前后，华为的人力资源管理体系中就已经有了各部门干部部的身影，其设立的初衷是为了减少人力资源管理的中心化，使得公司级的人力资源管理工作有了重要的支撑力量。某种程度上，华为各部门干部部的角色和作用类似于当前流行的 HRBP。

　　此次公开宣布后，华为的人力资源部和总干部部各司其职，协同推进华为的人力资源管理工作。人力资源部的职责主要聚焦于三项工作：

　　（1）基于公司的经营发展战略，制定人力资源管理政策，保证公司人力资源政策的统一，以及企业文化导向的一致。

　　（2）人力资源制度的制定、实施与评估。

　　（3）人力资源管理组织体系和公共平台的建设。

　　总干部部主要负责两方面的工作：

　　（1）落实管理责任，包括公司人力资源政策在本部门的实施与落地，部门组织文化和组织氛围的建设，落实与细化人力资源管理制度。

　　（2）落实业务责任，包括以业务为导向进行人力资源的建设与管理，协助部门主管培养、考核与推荐干部。

　　可以看出，华为人力资源部主要负责专业化工作，即公司人力资源政策与规则的体系性、专业化建设工作；总干部部主要负责差异化工作，即将人力资源部政策与规则和业务部门的实际相结合，最终让政策的效果能达到预期。用任正非的话说："人力资源部体系管理的是长江河道两侧的堤坝；干部部体系就是要管好水里的船和人，让船和人在河道内的主航道里跑。"

　　华为总干部部的设立进一步强化了对各级管理干部这个特殊且重要的人力资源的专项管理工作，同时降低了人力资源管理本身的重心，使得人力资源管理能够真正放下身段，深入业务，为业务做好服务。

7.5　HR 三支柱建设与 HRBP 能力转型

VUCA 时代对组织的要求是迅速敏捷，快速响应客户需求，传统管控式的组织结构已不能适应外部环境的变化，时代呼唤着人力资源管理的进步。为了适应时代的变化，传统职能式的 HR 结构需要将重心从管控式向支持业务转变。有鉴于此，华为构建了客户导向的"HR 三支柱模型"，以更好地为客户提供端到端的服务，确保公司始终保持强大的核心竞争力。

7.5.1　构建客户导向的 HR 三支柱

"HR 三支柱模型"（HR"三驾马车"）的概念是由人力资源管理之父戴维·尤里奇（Dave Ulrich）在 1996 年提出来的。IBM 在戴维·尤里奇提出的理论的基础上，首先开始实践人力资源转型，并不断总结和提高，最终形成了 IBM 公司的"HR 三支柱模型"。

"HR 三支柱模型"的核心思想就是把"人力资源"当作一项业务来运营，重新定位人力资源部门。在这个体系里面，HRCOE（HR Center of Excellence，人力资源专家中心）负责专业技术支持，HRSSC（HR Shared Service Center，人力资源共享服务中心）提供交付服务，而 HRBP（HR Business Partner，人力资源业务合作伙伴）则负责客户关系的维护，也就是与相关业务部门保持联系。对于 HRBP、HRCOE、HRSSC 所担负的职责，IBM 曾做过一个形象的比喻：HRBP 是海豹突击队，在前线侦察敌情，碰到小股敌人就直接干掉，及时解决突发性的事件；HRCOE 是海陆空的专业部队，负责提供远程火力支持；HRSSC 是后勤部队，负责准备粮草和打扫战场。

华为在管理上一直都很有远见。随着公司规模的发展壮大，华为一直在引进国际知名咨询公司来改善公司的管理效率。2009 年，华为开启了人力资源转型，从翰威特引入了"HR 三支柱模型"，构建以增长和效率为导向的 HR 业务管理架构，升级完善 HR 管理新体系。在多年的实践后，华为已经建立了自己的"HR 三支柱模型"，如图 7-6 所示。

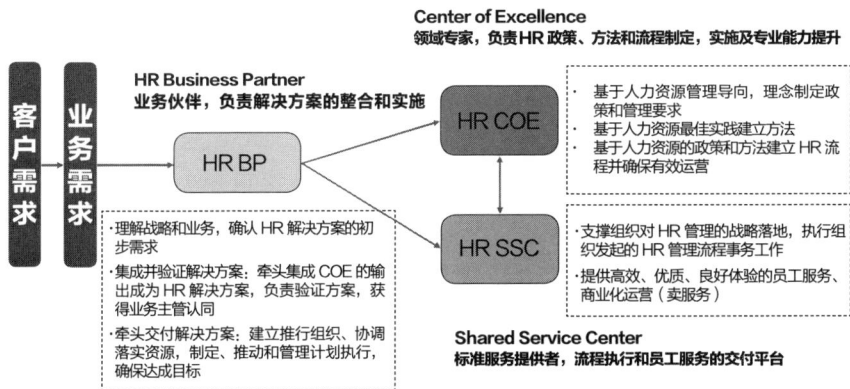

图 7-6 华为的"HR 三支柱模型"

在华为的"HR 三支柱模型"中，HRCOE 是 HR 领域专家，根据公司的战略和人力资源政策，综合运用专业知识，为企业各部门统一设计合适的人力资源政策、流程和方案，并不断进行优化，对人力资源政策和流程的合规性进行管控，控制风险，HRCOE 同时为 HRBP、HRSSC 及相关业务管理人员提供技术支持。

HRBP 是一线主管的 HR 业务伙伴，扮演顾问和 HR 客户经理的角色。华为每 150 人配一个 HRBP，其工作的核心理念是理解业务，识别痛点，能够针对客户痛点提供解决方案。解决方案不一定是人力资源解决方案，但是肯定要能解决业务问题和痛点。

HRSSC 是人力资源共享服务中心。在华为，HRSSC 的主要使命是帮助包括员工和管理者等 HR 服务目标群体，提供高效率、高质量以及低成本的 HR 共享服务。华为从 2011 年开始建设 HRSSC，目前在全球已经建立了四个 HRSSC 中心：中国 HRSSC、亚太 HRSSC、中东欧洲及非洲 HRSSC、美洲 HRSSC。

华为 HRSSC 的主要职责是扮演好以下三个角色：员工呼叫中心，支持员工与管理者发起的服务需求，在线解答员工提出的各种 HR 问题；HR

事务处理中心，相当于政府事务办事大厅，集中办理员工入职、离职、薪酬、考勤、社保、户籍、档案证件等事务，将面对面办理和自助平台相结合；HR 运营管理中心，提供流程、质量、内控、数据、IT 实现等支持，以及对相关供应商进行管理。

华为的"HR 三支柱模型"进一步强调了关注客户需求和业务需求：通过 HRBP 对业务需求的承接，有效整合并实施人力资源解决方案。HRCOE 的功能更多地在于提供专业化的支撑，而 HRSSC 则是以服务为导向，致力于卓越运营的 HR 服务交付。

7.5.2　推行 HRBP 模式的挑战

HRBP 模式的建立与队伍打造是实现人力资源与业务结合的有效方法。Hay Group 的调查显示，国际上约有 43% 的高绩效组织（世界 500 强）推行了 HRBP 模式。华为是从 2006 年开始探索 HRBP 模式的。

华为于 2008 年做出了一项决议：当产品线的团队人数达到 200 人时，公司会在产品线设置专职的 HR 代表（BUHR），以加强对业务的支撑。BUHR 的主要职责是根据业务需求为客户提供有针对性的人力资源解决方案并加以实施，推动绩效管理，提升干部的人员管理能力。

2009 年 2 月，BUHR 正式改名为 HRBP，并开始在研发体系全面推行 HRBP 运作模式。那么是什么促使华为在 HR 领域开启 HRBP 运作模式的呢？

一个是公司业务的需要。华为许多业务主管对 HR 的评价不高，认为公司 HR 乱指挥，动不动以"公司的要求"来"推动"，而 HR 却认为业务人员不服从管理。也就是说，业务主管关注的事情 HR 不关注也不了解，HR 着急的"任务"，业务主管不上心，所以导致公司出现 HR 和业务是两张皮的现象。

另一个是 HR 自身的组织和队伍建设的需求。在业务部门不大的时候，旁边有 HR 支撑。例如，接入网只有几百人的时候，有管理办支撑，但固网产品线有几千人的时候，还是在机关"脖子"上放一个干部部，下面的员工和主管根本接触不到 HR。HR 只看"天气"不接"地气"，没有 HR 专门针对他们的业务需求提供有针对性的解决方案。如果 HR 组织只建在"脖子"上，那么一线就不知道 HR 在哪里，更感受不到 HR 的价值。

HRBP 需要从业务中来，到业务中去，而不是只做一个"二传手"。华为提出要把"把指导员建到连队中去"，在基层团队设立 HRBP，按比例在业务部门配备 HRBP 人员。

对于从哪里抽调懂业务的 HR，华为是这样做的：一方面从干部部抽调一批 HR 到一线做 HRBP，另一方面从业务部门转一些管理者做HRBP。由于从业务部门抽调会导致业务主管减少，因此华为当时"妥协"了一下：转过来的干部可以继续支撑本产品线，只在本产品线内交叉到另外一个部门做 HRBP，也就是说网络产品线 A 部门的管理者，继续在网络产品线，但是到网络产品线 B 部门做 HRBP，这样业务部门就有动力输出优秀的管理者做 HRBP。

为了让业务主管愿意转做 HRBP，华为在内部达成了一种机制：优先选拔有人员管理经验的优秀管理者做 HRBP，同时承诺在 HRBP 岗位工作两年时间，就可以选择回业务部门，以解除他们的后顾之忧，吸引更多优秀人才的加入。在该机制的助力下，在一年之内华为就几乎配齐了所有的HRBP。而且在 HRBP 岗位工作了两年、干得比较好的业务主管，回到业务部门后大部分都得到了升职。

另外，有业务主管可能担心转做 HRBP 后"做不好"。为了解决这个问题，华为首先会通过很多专业工作，比如说，人力资源战略（BLM 项目）、TSP（干部继任计划）、PLDP（项目经理发展计划）/PMDP（项目管理发展计划）等项目，来提升 HRBP 的人员管理、团队建设、组织发展等的水平，确保业务主管来了以后能力确实能提高。

提倡每打一仗就总结一次，在实战中提升能力（第一次跟着别人做，第二次在别人的辅导下做，第三次自己独立做），让大家感受到 HRBP 工作经历对自己的能力是一种提高，同时也认同 HR 工作的价值。

总的来看，业务主管既懂业务又了解业务的需求，通过赋能，他就能掌握人力资源的政策、工具与方法，转岗 HRBP 后就能与业务实现更好的连接，从而有效解决 HR 与业务两张皮的现象。HRBP 由于在一线，也能及时了解客户需求，所以可以针对性地提供解决方案，进而让业务主管充分体会到 HR 的价值。实践也证明，华为研发体系在引入 HRBP 之后，业务主管对 HRBP 价值的认可程度与以前相比，有了显著的提升。

7.5.3　HRBP 的职责和使命

HRBP 又被称为人力资源业务合作伙伴，主要协助各业务单元高层及经理在员工发展、人才发掘、能力培养等方面的工作。

当前很多企业的业务部门其实是不太理解 HRBP 的工作的，认为他们不仅没帮上忙，反而还添了乱。出现这种情况的原因主要有两个：一是业务部门对 HRBP 的工作职责理解不到位，存有抵触心理；二是部分 HRBP 对自身的定位有偏差，甚至不知道本人要做什么，往往都是按照以往的经验在业务部门做着异样的 HR 工作。他们认为自己是来管理业务部门的，而业务部门成功与否和他们没有关系。

为了解决这些问题，HRBP 首先需要明确自己的角色定位。在华为的 HR 向 HRBP 转变的过程中，华为提炼出了一个 HRBP 的角色模型——V-CROSS 模型，这一模型专门定义了 HRBP 的六个角色（如图 7-7 所示）。对于每个角色的具体定义以及关键任务的详细介绍如表 7-2 所示。

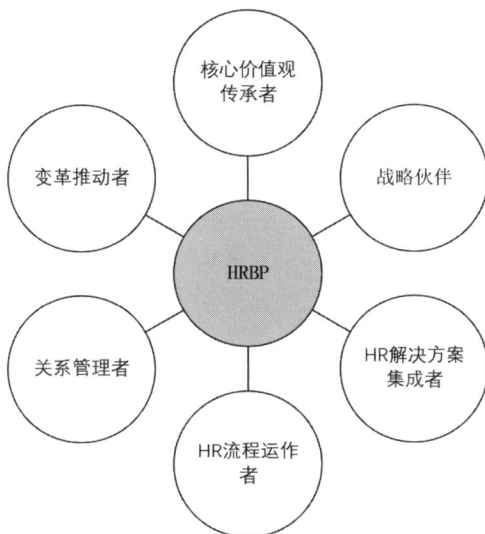

图 7-7　HRBP 的六大角色

表 7-2　华为 HRBP 的角色定义与关键任务 [1]

角色	角色描述	关键任务
战略伙伴	理解业务战略，参与战略规划，连接业务战略与 HR 战略，并组织落地	· 战略理解：参与 SP/BP · Outside-in：理解客户需求 · 战略连接：组织制定人力资源战略 · 执行落地：制定 HR 年度工作计划，纳入 AT 议题
HR 解决方案集成者	理解业务需求和问题痛点，整合人力资源专家智慧，制定人力资源解决方案，连接业务诉求与人力资源解决方案，组织落地实施	· 理解业务需求：准确把握业务需求和痛点 · 制定解决方案：集成 COE 的专业化工具和方法 · 组织执行落地：发挥业务主管、HRCOE、HRSSC 的作用 · 总结和回顾：总结固化经验
HR 流程运作者	合理规划并有效运作人力资源工作，提高人力资源工作质量与效率	· 制定 HR 工作日历：保证 HR 工作规范化和可视化 · 制定方案与实施：结合业务需求制定针对性方案 · 运作 AT：规划议题沙盘，提高决策质量 · 赋能主管：借助教练式辅导、90 天转身等工具

1 杨爱国. 华为奋斗密码 [M]. 北京：机械工业出版社，2019：276-277.

续表

角色	角色描述	关键任务
关系管理者	理解变革需求,有效识别风险和沟通利益相关人,推动变革成功实施	·变革风险识别:识别变革中组织、人才、氛围方面存在的阻力和风险,提供应对方案 ·利益相关人沟通:制定沟通计划并实施 ·变革实施:负责组织、人才、氛围等方面的变革实施 ·评估与固化:评估变革效果,固化变革成果
变革推动者	有效管理员工关系,提升员工敬业度,合法合规用工,营造和谐积极的组织氛围与工作环境	·敬业度管理:组织气氛测评,组织改进 ·矛盾调停:建立例行沟通渠道 ·员工健康与安全:压力测试、3+1活动 ·突发事件和危机处理 ·雇主品牌建设
核心价值观传承者	通过绩效管理、干部管理、激励管理和持续沟通等措施,强化和传承公司核心价值观	·干部身体力行:通过干部选拔、辅导和管理,让干部践行核心价值观 ·员工理解实践:通过绩效管理、激励分配、树立标杆等方式 ·建立沟通渠道 ·跨文化传承:尊重不同文化背景的员工,制定针对性方案

从表7-2中可以看出,华为的HRBP充分强调发挥对组织战略与业务的支撑作用,同时也体现了"以客户需求为指引"的特征。与此同时,华为的HRBP多数是由优秀的业务主管转型而来,能真正发挥对业务的支撑价值。

HRBP要对自身的工作职责有清晰的理解。HRBP需要前瞻性地考虑业务战略对人力资源管理的需求,主动去与业务需求对接,并思考如何确保业务战略的有效实施。从业务战略制定,到业务需求挖掘,到解决方案制定,再到如何让解决方案有效落地,HRBP在其中都承担着巨大的职责,而且越到后面,职责越大,如表7-3所示。

表 7-3 业务主管和 HRBP 的职责

阶段	业务主管职责	HRBP 职责
业务战略制定	负责组织制定业务战略	·参与制定业务战略 ·理解业务中存在的挑战和机遇
业务需求挖掘	·思考并提出业务战略执行过程中对组织能力的要求 ·和 HR 人员共同探讨提升组织能力	·帮助与引导业务主管思考 ·澄清业务战略对组织能力的需求 ·寻求业务战略最终在组织、人才、氛围上的落脚点
解决方案制定	·参与讨论、制定解决方案 ·审视、批准解决方案的实施	·负责制定组织、人才、氛围上的解决方案 ·在方案制定过程中，HR 人员既要进行内部充分讨论，又要听取业务人员的意见与建议
有效实施交付	·关注解决方案的实施效果 ·及时发现实施过程中的问题，指导或要求 HR 解决	负责整合运用各种资源，有效实施解决方案的交付

华为副董事长胡厚崑表示："HRBP 应该是'眼高手低'的人。所谓'眼高'，就是你要能站在领导的位置，或者他旁边，看到业务昨天发生的、今天发生的和未来将要发生的事情，从公司的业务战略、业务环境中，解读出作为 HR 所关注的组织能力方面需要解决的问题是什么，甚至要比业务领袖更早地发现因为业务的变化，组织能力将要面临的挑战。

"'手低'就是你要扎扎实实地拿出解决问题的方法，这个靠的是专业能力。HRBP 如果没有 HR 专业的能力，那就会变成另外一种'眼高手低'——什么都敢想，却什么都做不出来。"

第 8 章
华为组织变革管理

没有落地的变革都是"纸上谈兵",整体的落地布局、有力的组织保障、与实际业务场景匹配的动态实施、最终的落地效果评估及围绕落地过程中的宣传和沟通缺一不可。华为的组织变革之所以能持续成功,主要原因在于拥有规范化的组织变革管理体系及科学合理的变革管理运作流程。

8.1　组织变革的文化引领

变革的文化只有融入组织的血液才能持久。如果新的态度和行为没有深入根植于企业文化中,那么只要压力消失,它就会退化。华为通过建设企业文化来统一思想,并且以制度化的方式来牵引变革融入公司文化,引导大家去认识变革,推动变革。

8.1.1　组织变革与思想共识

组织成员对变革的态度在很大程度上决定了组织变革的成败,企业再造之父麦克尔·哈默说:"2/3 的企业变革都已彻底失败,都是员工不愿意继续提供支持而且管理层——尤其是高级管理层自身的无能和恐惧造成的。"为了解中高层管理者为何会成为变革的主要阻力,张鼎昆博士于 2004 年对国内 103 位企业中高层管理者做了一次问卷调研。通过对调研数据进行分析后发现,约有 66% 的管理者难以改变过去的观念、思维习惯和行为模式。

任何一项管理体系的变革,都要重视核心利益关系人思想的统一。如果不能统一思想的话,变革是做不下去的,甚至做下去也是注定失败的。变革前"土"松得越好,企业的变革就越容易推动。在华为,由人民大学教授帮忙起草的《华为基本法》,不仅结合了所有华为人的思想与智慧,还详细阐明了公司变革的指导思想、原则以及路径,统一了员工的思想;而且,华为在变革中采用"目睹—感受—变革"模式,确保了变革的顺利开展与推进。

从外部看,企业是一个整体,具备独特的企业思想;从内部观察,健康企业应具备五脏六腑,功能结构完整。构成企业的是各个部门,管理各个部门的人称为中层管理者，而管理中层管理者的高层管理者是 CEO。作为企业核心的各个部门担任具体的职责、任务，对具体问题有独特的解决办法。每个部门的职责、任务实质上有千丝万缕的联系，因此部门的思想一定要与企业思想统一。

对于初创企业来说，这点是比较容易达成的，因为在组建团队的时候，已经相互沟通、交流思想的创业成员处于达成共识的状态。不过随着企业的发展，企业会不可避免地走上扩张之路，从而导致核心思想分散，各个部门思想混乱并具备鲜明的"自我意识"。《华为基本法》的初衷是使企业上下思想统一。华为经过 10 年宝贵的探索与积累，在吸收业界先进的思想与方法后，再提升一步形成基本法，成为指导华为前进的理论。

如今《华为基本法》制定已经 20 年了，但是它的思想、管理方法、管理内容不会被时间蒙尘。真金不怕火炼，《华为基本法》的思想或许就像那陈酿美酒，越久越香醇。

除此之外，为了让公司上下接受变革，华为借鉴了毛泽东统一党内思想的方法，不断地强调公司需要"批评"和"自我批评"。提倡干部和员工自我批判，通过民主生活会机制将自我批判扩大到公司的各个代表处和基层组织。

总的来看，企业在变革前要让内部上下达成思想共识，这不仅能在一定程度上消除企业上下对变革的阻力，还能保证变革朝着正确的方向发展。

8.1.2　关注与人相关的八个关键要素

据不完全统计，企业开展的各种变革中，完全成功的比例大概只有8%，完全失败的也仅为 8%，绝大多数是介于成功和失败之间的，而且明显偏向失败的一边。导致这种结果的原因是多种多样的，其中关键的一点是变革推行极其复杂。变革的复杂性具体表现有：变革项目类型多种多样，输出的方案复杂程度也有很大的不同，推行活动有很大差异；变革项目组的推行人员的技能、数量情况不一，推行能力也不一样；管理层对推行的时限要求也有不同，有的要求很急迫，有的则没那么紧急。

　　因此，企业在变革前要首先了解企业当前的状态，确定所要达到的理想状态，并分析它们之间的差距，一般是从人（组织）、流程以及技术等方面来分析造成差距的原因，其中最重要的是人。相较于技术、流程方面的问题，人的问题是最难解决的，因为没有可借用的先进工具，也没有固定的模式。但是华为基于多年变革经验，整理出了影响组织变革的、与人相关的八个关键要素，分别是沟通、关键人物的支持力度、团队建设、变革准备度、组织文化调整、组织及职责重设计、绩效管理及奖励、教育及培训，如图 8-1 所示。

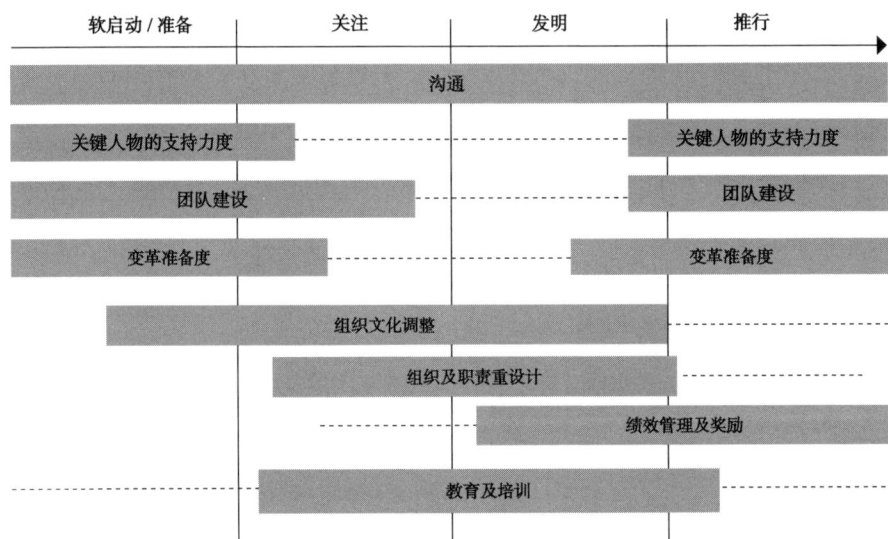

图 8-1　变革中与人相关的八个关键要素

　　（1）沟通。在变革的整个过程中要有充分的沟通，上下级之间、同事之间、团队内部、团队间都要沟通。沟通一定要充分。如果沟通不够充分，那就很有可能使组织变革得不到认同，从而无法顺利展开。华为当时推行 IPD 变革的时候，通过公司内部各种宣传渠道如《华为人报》《管理优化报》、高层会议、邮件和 IPD 项目汇报等做变革的"松土"动作。沟通是一项长期的工作，从头到尾贯穿于变革项目全过程。

当然，对不同的员工应该有不同的沟通策略与沟通内容，这样才能起到作用。如果沟通策略不恰当，可能会导致他们对变革产生逆反心理。要做到在正确的时间，通过正确的渠道，将正确的信息传递给正确的人。

（2）关键人物的支持力度。很多变革失败的主要原因之一是未识别出关键人物，应寻求他们的支持，并让他们投入到变革中去。

（3）团队建设。任何变革要想对企业的发展产生积极性影响，就需要倡导与之对应的企业文化。作为企业文化的载体，企业在变革中就要重视并加强团队建设。

（4）变革准备度。采用访谈、问卷调查等方法收集有关企业变革的数据，以全面了解企业当前存在的问题，确定需要集中解决的问题以及可能会遇到的主要阻力。如果忽视变革阻力或管理太迟，就有可能使变革得不到既定的收益。

（5）组织文化调整。在变革准备就绪后就要分析现有组织的特性和能力，确定为了支持变革需要对现有组织中哪些方面进行优化调整。如果缺少组织文化调整，那么企业就没有共同价值观来支持变革。

（6）组织及职责重设计。组织及职责重设计是流程再造的一部分，主要是对各个角色进行详细定义并完成未来组织的设计。组织及职责重设计中关键的一点是明确职责，要确保员工清楚自己的职责，以及和其他员工职责间的关系。

（7）绩效管理及奖励。为了支持新的工作系统，需要设计新的绩效管理及奖励机制来评价各部门及新流程的绩效。倘若没有建立新的绩效管理及奖励制度，员工就看不到组织变革后的好处，可能会怀疑企业领导层是否是真的想变革。

（8）教育及培训。从很多公司变革的经验来看，在变革过程中，一段时间内常常会出现业绩下滑的现象，不过这种业绩下滑是比较自然的，因为人们理解一个新的思维模式是需要时间的，关键是要使业绩下滑的幅度尽可能小，让过渡的时间 Δt 尽量缩短，绩效变化量 ΔP 尽量小，如图 8-2 所示。IBM 的经验表明，在变革过程中，加强对受新的技术及工作系统影响的员工的教育和培训是很重要的，在变革开始前及时地进行相关培训尤其有效。在华为的 IPD 变革过程中，变革前的华为产品研发周期是 24 个月，变革一年后的产品研发周期却比变革前增加了 4 个月，变革后第五年的产品研发周期才达到变革前设定的目标：研发周期缩短一半。

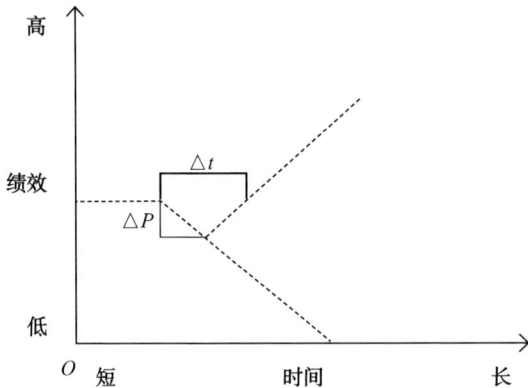

图 8-2　变革过渡期工作效率下降分析

如果在组织变革过程中能把与人相关的八个关键要素做到位，充分发挥它们在整个变革过程中的作用，就能让企业的组织变革更稳健、更顺畅。

8.2　组织变革的试点导入

为了提升组织变革的成功率，华为在全面推进变革前会选择试点。通过在试点试行变革项目，总结经验、改进完善变革项目方案，为变革的全面推广夯实基础。

8.2.1　树立正确的变革观念

为了确保变革的顺利开展。企业应当树立正确的变革观念。变革观念主要包括变革目标、推行责任、变革要点以及变革的核心工作等。

变革目标不仅仅是切换业务、系统上线，而是要改变业务，创造价值，一切变革活动都需要为之服务。华为变革的目标是员工多打粮食、组织精兵简政、流程清晰简单。

变革是业务部门的需求，是为业务部门管理改进服务的，因而变革落地是业务部门的责任。华为认为，变革落地是一线地区部和代表处的责任；变革项目组仅仅是接受业务部门委托进行设计、充当教练，作为变革专业人员指导一线进行变革，但是它并不是变革落地的首要责任人。

华为在推行 IFS 时，采用了问责制：不只是对部门问责，还要对岗位问责。如果岗位职责应承担的工作没有做到，那么就要对该岗位进行问责。例如，你已经签约，但没有正确地传递合同信息，这就是过失，需要进行问责。

另外，IFS 试点验证期间，由试点地区部总裁和国家代表担任组长，IFS 项目组担任副组长。全面落地阶段，地区部总裁和国家代表负责落地，IFS 项目组提供支持。

IFS 项目核心人员要实际融入流程、业务运作中，保证变革成果落地和持续优化。各部门需要在 2009 年业务及组织职责规划中，承载 IFS 变革带来的对业务部门的职责改变和要求。流程负责人对流程变革的成功落地负责，所以一定要解决流程负责人的权力问题，并建立流程负责人的考核机制。

变革要点是指在变革推行实施时，需要充分考虑变革方案中的业务场景与一线实际业务情况不匹配的情况，不能强行硬推。企业可以从两个方面来考虑：一是定制化的变革方案能否满足一线需求；二是变革方案能否牵引客户走向标准业务场景。

变革实施的核心工作包括两个：一是思想转变和技能传递，其重要性胜于系统上线、业务切换；二是把变革点嵌入现有业务并能正常运转，能切实改进业务。

通过树立正确的变革观念，华为不仅让员工对变革有了更深入的了解，还能在一定程度上缓解变革的阻力。

8.2.2　明确变革步骤，科学推进变革

管理大师赫尔曼·西蒙说："任何管理上的变革，都是有迹可循的，都能总结出一套方法，用于指导未来的实践。"通用电气前总裁杰克·韦尔奇也表达了类似观点："在每次变革时，都要制订清晰的目标，建立支持改革的团队，清除反抗者，抓住每一个机会，包括那些源自其他人的不幸的机会。"华为基于自身多年持续变革的实践经验，归纳总结了具有华为特色的变革八步法，如表 8-1 所示。

表 8-1　华为变革八步法

具体步骤	示例：IPD 产品研发体系改革
1. 营造足够的变革紧迫感 （1）要说服至少 75% 的管理者，让他们相信现状比想象得更危险 （2）认真考察市场和竞争情况 （3）找出并讨论企业当前的危机、潜在的危机和重大机会	发表《华为的冬天》，传播危机意识
2. 组建强大的变革领导团队 （1）建立一个强有力的变革领导团队 （2）让变革领导团队协同作战	任命变革指导委员会
3. 树立明晰的愿景战略 （1）用言简意赅的语言把变革愿景描述清晰，指导变革 （2）制定实现愿景的战略	印发 5000 本宣传手册

具体步骤	示例：IPD 产品研发体系改革
4. 沟通并传播变革愿景 （1）利用所有可能的传媒手段和渠道，持续沟通和传达新的愿景和战略 （2）变革领导团队要做出表率，言出必行	开展 48 期变革研讨会
5. 及时移除变革阻力 （1）改变阻碍变革愿景的制度系统和组织结构 （2）鼓励冒险和非传统的观念、活动和行为	授权行动任命分层推行团队
6. 系统规划并取得短期成果 （1）寻求不需要获得强烈反对者的支持即能实现的短期目标 （2）全面分析制定的短期目标，确保能够顺利达成 （3）公开表扬和奖励为变革短期胜利做出贡献的员工	采用试点推行方式
7. 促进变革的深入 （1）总结当前阶段的变革成果，如华为采用 TPM（变革进展指标）来衡量变革进展情况 （2）用新的项目、主题和新变革推动者，来激励促进变革深入	流程持续优化升级
8. 固化变革成果，形成制度，融入文化 （1）阐述变革取得的成果跟公司成功之间的关系，如 2014 年华为曾邀请 IBM 第一任项目经理来为在华为变革中做出贡献的员工颁发"蓝血十杰"奖励 （2）要以制度化的方式把变革融入公司文化	客户需求导向文化

员工天生都是理智的，在变革前他们会向领导层询问："什么程度的变革才是公司需要的？公司是不是行进在正确的方向上？个人是不是值得致力于使转变切实发生呢？"在华为，通过成立变革机构、明确变革步骤的方法，将企业变革定义成一种正式、正规的重大事件，并把公司的愿景以书面形式公布出来，从而实现领导层和员工层在思路上的统一，并促进公司整体团队协作，推动变革层层叠进，从点到线、到面形成完整的变革成果，实现科学的组织变革。

对于华为而言，知道怎样变革比知道为什么变革和变革什么更为重要。华为变革都是按照建立起规范化的变革程序来推进的，这也是华为变革持续成功的关键之一。

如今，变革八步法的基因已经深刻地植入了华为的企业程序中，融入了组织的血液，保证企业能够实现科学的组织变革。同时，这在一定程度为其他企业提供了一个很好的方法上的借鉴。

8.2.3 试点先行，由点到面推进变革项目

组织变革在正式推行前是需要试行的，而要试行就需要选择试点。通过在试点推行变革项目，华为可以不断累积经验和教训，优化具体变革方案。

对如何选择试点，华为主要从以下三个角度来考虑。

第一，区域业务场景匹配度上：业务场景要有很强的典型性，与项目组方案设计时的典型场景有很高的匹配度。如一个试点满足了所有的典型场景，那可选择多个点。

第二，试点区域的意愿与能力上：试点区域的变革意愿非常强烈，领导强烈支持。试点区域的业务承接部门能力强，或者区域变革力量（流程IT人员）强，并且能提供很好的支持。

第三，试点影响上：试点区域要有足够的影响力，能起到样板点的作用。试点区域例外场景很少或者没有，加大成功的可能性，提升业务部门的信心。

在试点运行阶段，试点需要不折不扣、认真推行，争取快速获得短期收益，这样就为变革的全面推行夯实了基础。此时，企业可以用"事实胜于雄辩"的力量告诉那些变革的反对者，变革已经取得了局部成功，还等什么？同时告诉那些变革的支持者，变革已经取得了局部成功，大家更要铆足干劲向前冲！

在华为的 IPD 变革中，华为挑选了三个有一定战略地位且开发进度不是特别紧急的项目进行试点，并且其团队配合度高、愿意分享和氛围开放。

2000 年 5 月 17 日，华为无线业务部大容量移动交换机 VMSCa6.0 产品作为 IPD 的第一个试点，在 IBM 顾问的指导下，研发周期长达 10 个月，

完成了首次试运行 IPD 流程。经过三个产品历时一年的试点，IPD 流程的实施在华为达到了比较好的效果，产品研发总周期缩短了 50% 左右。

PDT 试点成功后，为华为培养了一批具备 IPD 实际运作经验的 PDT 经理、成员与引导者，确保后续 IPD 变革的全面开展有充足的人员准备。同时，华为 IPD 项目组还对试点的成功经验进行了总结，然后通过培训等方式在企业相关部门宣传。

表 8-2 是华为在经过试点运行后总结出来的各种变革推行策略，企业可以根据自身实际情况，选择恰当的策略来确保变革项目顺利地推行。

表 8-2　华为变革推行策略的种类

策略	描述
一次性实施	所有区域和组织按照计划一次性推行 ·所有功能一次性"上线" ·一般只适用于小型及中型项目 ·整体的一次性推行和当地的一次性推行
阶段实施	分阶段实施 试点（"概念验证"）及落地两种不同的策略 ·由简单到复杂：选取具有代表性的小部分内容推行，并在后续的推行过程中逐步展开其他内容 ·由复杂到简单：制定几乎覆盖整个功能的推行方案，并在业务较简单的国家推行
按区域推行	按地区部实施（如按站点、国家或国家群） ·可根据业务影响、设计复杂度问题或法律实体的要求来确定实施顺序 ·在最初的设计阶段以及推行过程中，应考虑时区差异
按分部推行	按不同功能部门实施
按功能推行	按组织功能推行（如销售＆分销、生产制造等） 传统的 ERP 实施方案：1. 财经；2. 物流
按流程推行	按业务流程链实施（如"投标至回款"） 跨组织功能、跨 ERP 模块
按业务推行	介于按区域推行、按功能推行、按分部推行和按流程推行之间的一种混合推行方法 针对同一业务、分部、产品群或分销渠道的实施 优点：1. 范围被限制在更小的组织、更少的站点和更少的流程等之内；2. 在单一业务线或分部内，业务需求的一致性提高了，从而更容易达成一致意见
按系统推行	将当前的 IT 逐步置换

华为在每次的变革中都是先在某一个项目小组试点，获得成功的变革经验后再逐步推广。通过一个点、一条线再到一个面，循序渐进，不断获得高层领导的支持，推动变革逐步深入，最终实现落地。

8.3　变革项目的计划管理

为保障变革项目规范、系统、高效地开展，华为将引进的先进管理理念、经验及方法在企业推行、落地，最终实现变革目标。华为在变革中会依据变革项目总体设计方案，实施项目推行的全面计划管理。

8.3.1　基于现状和准备度，进行项目规划

企业的变革项目来源主要有公司战略制定时提出的变革要求、各领域负责人基于公司现状及发展需要提出的变革需求等。在收集和汇总变革需求后，华为会提交给 EMT 评审，由 EMT 研讨确定公司阶段变革方向和目标，确定需开展的具体变革项目、项目目标及时间节奏等，进而制定项目规划。

俗话说"不打无准备之仗"。变革准备作为变革实施的第一个阶段，华为对推行实施小组、推行管理组以及变革推行区域在该阶段需要做哪些准备有明确规定。

推行实施小组要做好与方案初步匹配的业务预调研；选拔并任命推行成员，并让推行成员参加推行培训；做好后勤准备（签证、宿舍等）；召开变革推行区域现状分析会；确定当地推行策略，制订推行实施计划；召开推行开工会；建立推行实施小组内部运作机制。

针对推行区域的业务预调研，华为是按照调研准备、调研实施及调研

总结来推进的。在每个环节主要要做好以下工作：

在调研准备阶段，要识别基础业务场景，设计基础业务场景推行方案，收集推行区域的基础信息，预匹配推行区域业务场景、推行方案，确定调研内容，设计调研问卷及制订调研计划。

在调研实施阶段，要做好推行预沟通，调研业务方案，适配基础业务场景，验证推行方案。

在调研总结阶段，要分析推行区域的准备度，并提出对试点调研总结 / 推行方案的建议。

在调研完成后，要对收集的问题进行归纳总结：哪些是共性问题，哪些是个性问题，哪些是急需解决的问题，哪些是可以延后处理的问题等。例如，在开展 LTC 流程变革前，华为首先做的是调研：面向全球一线人员发问卷调查，当面访谈一部分一线人员，再结合从一线回来的专家的意见，归类总结出面临的、急需解决的问题。

推行管理组要做好推行人员的任命与培训，制定调研问卷，参与 GAP 与需求问题分析，评审推行实施计划。

变革推行区域要做好的准备工作主要包括确定推行区域参与变革推行人员，参与初步业务调研与访谈，参与推行区域现状分析会，参与制定推行策略与推行实施计划讨论，参与推行实施开工会。

通过明确规定各方在推行实施准备阶段的责任，可以确保随后的变革推行稳步推进，不偏离正确方向。整个变革的组织准备、人员准备、业务准备都要先做好，千万不能仓促开始，草草收场，从而对企业整个业务的发展产生极大的负面作用。对于变革准备度，华为会从意愿、能力、业务环境等方面来评估变革推行准备度，如表 8-3 所示是华为对试点区域变革推行准备度的评估结果。

表 8-3 华为变革区域推行准备度评估（示例）

序号	要素	评估结论	内容
1	代表处推行收益	高	解决方案经匹配能够很好地解决代表处目前合同管理的痛点，改善 DSO 和超长期 AR
2	代表处推行意愿	高	地区部领导、代表、副代表明确全力支持，并认可变革阶段可能对业务带来的影响
3	市场环境支撑	高	经营：代表处订货、收入和利润指标均完成正常，但是 DSO、超长期 AR 是代表处的一个短板 客户：其国有客户接近国内客户，客户关系在销售和回款环节扮演很强的角色
4	周边流程支撑	高	合同交接：做得不正式，也缺少 IT 系统的支撑 合同变更管理：合同变更遵从流程，更改后文档会归档在 OCDS 代表处曾与机关共同针对 CANTV 在 2006 年梳理过端到端流程，流程清晰
5	周边 IT 支撑	高	ERP：已经上线 iCoding：重大项目均已经使用 iSite：重大项目均已经使用 ERP：已经推广使用 工时系统：GTS 已经全面推广使用
6	组织支撑	中	CSO 建设：主管——地区部和代表处主管都已经任命，且能力和主动性强；员工——目前组织还未完成整合，员工有 8 人的编制但是不能新增招聘 代表处推行团队组建已经基本完成，但能力还有不足
7	推行与沟通能力	中	代表处推行管理人员主要是业务人员，没有推行管理经验，但沟通能力尚可

华为认为，如果参与变革的人能够懂业务，能够联系业务，就不会简单僵化地去思考，不会说业务部门的考核比例不符合要求，也不会生搬硬套一些规则。通常来说，当变革项目组制定的变革方案齐备且验证通过，推行人员基本到位且掌握基本技能，同时业务部门认可并同意推行变革方案，试点结果获得认可时，变革才会在公司全面推行。

华为在 IPD 变革项目前，在选择变革推行人员时做了如下规定：每个部门都派一个最有经验的人参与到项目组中。

之所以出台这样的规定，是因为当时华为的公司级变革项目要求所有项目组的核心成员脱产，当时每个部门都选了最闲的人也就是新员工过来。做流程研讨的时候，新员工会说刚来公司报到，不知道业务现状如何运行。后来就解散了这个项目团队，并重新构建项目组，要求每个部门派的人必须要具备一定的资格，比如说，在公司的从业时间、职位等级及过去三个季度的绩效考核成绩必须要达到某种要求，核心组的成员还要经过顾问组的面试才能进入这个团队。用任总的话来说，要认清变革项目组就是在培养你。所以人员选择很重要，一定要让最了解业务的人参与流程优化。

可见，变革准备度的评估是非常重要的。企业在变革前基于现状和准备度，做好变革项目的规划，就能在一定程度上降低变革失败的风险，提升变革的成功率。

8.3.2　项目方案适配与融合

在完成项目规划后，企业需要根据变革目标，并结合业务实际，主动进行工作融合与改进，使变革项目高效率地开展。

在该阶段，企业应该先针对推行区域调研收集的问题进行澄清与确认。华为是如何澄清与确认的呢？①针对前期调研的问题列表，按照全业务场景，逐一与推行区域沟通确认；②及时发现新的问题或需求，并详细记录，最好有场景描述；③所有问题描述，尽可能要求有书面文档支撑。

在问题进行澄清与确认后，华为会得到 GAP 与需求列表，如表 8-4 所示。而 GAP 与需求要及时反馈给变革项目组的方案设计人员，以便与项目组就 GAP 与需求的描述及解决方法进行研讨，达成共识。对未达成共识的 GAP，需要进行跟踪管理。随后，GAP 与需求列表需要与变革项目方案进行匹配度分析，如表 8-5 所示。

表 8-4　GAP 与需求列表（示例）

序号	问题 / 需求描述	涉及的方案环节	提出人	提出时间	相关文档记录
1	××	合同评审	×××		×××

表 8-5　与变革项目方案的匹配度分析（示例）

方案模块	方案匹配度				说明
	匹配类型	完全匹配	基本匹配	不匹配	
合同条款改善	流程落地	○			目前条款尚可，且可以继续改善
PO 打通——合同注册	流程落地		○		一个项目下的服务 PO 的下发情况系统还不能有效统计管理
	IT 落地		○		
PO 打通——订单验证	流程落地		○		
	IT 落地	○			
PO 打通——在履行环节贯通	流程落地	○			
	IT 落地	○			
PO 打通——在交付环节贯通	流程落地	○			iCoding 和 iSite 已经在代表处推广使用
	IT 落地	○			

最后，根据匹配度分析结果，列出变革点清单（如表 8-6 所示）；针对推行区域的实际业务情况，按照客户群逐一制定具体改进措施。改进措施要 SMART 化，并且要与相关人员达成共识；所有改进措施要请执行人及主管签字确认，明确变革的主体并不是项目组；推行区域以正式发文的形式，公布改进措施及责任人。这样一来，推行管理组可以优化和调整变革项目方案，确保方案有的放矢。

表8-6　华为变革改进措施清单

序号	方案模块	具体要求	现状描述	改进建议	承诺部门	角色名称	签字承诺人
1							
2							
3							

在得到定制化的变革项目方案后，项目推行小组就可以制定总体推行计划与实施计划，确保变革的有序展开，并监控变革项目的落实情况，保障变革目标的实现。

8.3.3　总体推行计划与实施计划

变革计划推行是企业促进组织变革落地工作步调一致、分阶段攻坚克难的作战纲领，为此，企业需要制定变革的总体推行计划与实施计划。

变革的总体推行计划不是简单地对任务和完成时间进行罗列，而是由变革项目负责人或变革项目负责人与顾问依据变革项目总体设计方案制定的项目推进计划和具体工作安排，包括项目的阶段目标、工作内容、工作时间、输出的交付件、责任人等。

对于总体推行计划的编制，华为是按照如下步骤进行的。

（1）试点时总结经验数据，估算一个实施周期的大致时间，这是推行计划的基础。一个推行往往包含多次实施。

（2）根据推行所要覆盖的范围及资源限制，基本可以确定推行总时长，根据推行策略和风险分析可以确定推行的批次，进而确定里程碑计划及各推行时点。

在制定推行计划时，华为会充分考虑以下三个因素。

（1）推行策略和节奏：它决定了推行计划的基调，由此可基本确定推行计划的大致轮廓。华为在变革推行的过程中十分注重对变革节奏的把握，坚定不移地执行"先形式，后实质"的原则。耐住性子，一步步地改善，循序渐进，谋而后动。这种渐进式的变革进程让企业与员工都有足够的时间去适应新的管理方式，同时也减少了很多可能对公司有害的激烈冲突。表 8-7 是华为制定的 IFS 推行计划部分示例。

表 8-7　华为 IFS 推行计划（部分）

片区	地区部	DM	代表处	负责人	上线时间	开工会时间
亚太片区	南太	何辉	孟加拉国、澳大利亚、新加坡	胡嘉辉	8 月 22 日	7 月（预计）
	东南亚	周楷	柬埔寨(老挝)、斯里兰卡	彭飞	8 月 22 日	7 月（预计）
中东北非片区	中东	方习洋	阿联酋、阿曼	方习洋 / 杨彪	4 月 22 日	3 月 7 日
			科威特、黎巴嫩、约旦	方习洋	7 月 24 日	6 月
	北非	张国友	突尼斯、马里	何辉	4 月 22 日	3 月
			阿尔及利亚、塞内加尔	邢广伟 / 诸小四	8 月 22 日	6 月
拉美片区	拉美北	蒋业睿	厄瓜多尔	常栋	3 月 22 日	2 月
			C&C（3 小国：科威特、尼泊尔、乍得）	常栋 / 蒋保平	5 月 22 日	4 月
	南美南		巴西	蒋业睿	8 月 22 日	4 月 4-8 日
独联体片区	俄罗斯	赵昊水	俄罗斯	赵昊水 / 黄家庆	8 月 22 日	6 月 10-20 日

（2）推行资源：它是推行计划的限制因素，计划要基于足够的推行资源，在资源不够的情况下，计划要尽可能谨慎。推行资源要多考虑利用外部资源，目光不能仅仅局限在本项目组内，业务承接部门、管理部门等都可能成为推行资源。

（3）推行风险分析：推行风险分析包括业务复杂性、承接部门支持度等分析。风险较高时，计划要放缓；风险较低时，计划可适度激进一些。

作为推行计划中的进一步细化，实施计划的制定要点如下。

（1）任务确定：根据机关推行管理组提供的推行实施计划模板做调整或细化。

（2）任务颗粒度：渐进明晰，主从计划及周计划配合。

（3）责任分工：尽可能按照方案维度确定责任人。

（4）推行计划弹性：充分考虑各种风险因素。

（5）计划形式：建议将计划打印上墙，状态直观可视，方便项目组沟通。

（6）计划基线：充分与项目组、代表处、机关沟通，并建立基线。

表 8-8 是笔者在为 A 银行做企业文化建设服务时制定的部分推行实施计划。

表 8-8　《A 银行企业文化理念手册》编写项目推行实施计划（部分）

任务模块	序号	细化行动	交付成果	责任人	第一周	第二周	第三周	第四周	第一周	第二周	第三周	第四周	备注
项目统筹规划	1	输出企业文化建设资料查阅清单	1 份 Excel 版实施计划			■							
	2	分析资料，理解总部企业文化				■							
	3	解码分行企业文化的应用层次					■						
	4	确定企业文化建设框架和成果标准	1 份 Excel 版实施计划					■					
	5	输出企业文化建设实施策略和计划						■					
	6	召开项目变革讨论会，研讨规划方案											
文化理念手册	1	细化《A 银行文化理念手册》框架	1 份 Word 版《A 银行文化理念手册》解读本							■			

续表

任务模块	序号	细化行动	交付成果	责任人	第一周	第二周	第三周	第四周	第一周	第二周	第三周	第四周	备注
文化理念手册	2	输出企业文化理念建设的展开与引导方式（调研问卷、访谈提纲、众创会等）	1份Word版《A银行文化理念手册》解读本						■	■			
	3	广泛征集员工对于文化理念的想法与创意								■			
	4	整理各方意见，研讨确定《A银行文化理念手册》解读本初稿编写标准											
	5	编写《A银行文化理念手册》解读本初稿										■	
	6	研讨和审读《A银行文化理念手册》解读本初稿										■	
	7	优化完善《A银行文化理念手册》解读本											■

　　在制订变革项目的推行实施计划时，最好细化到以周为单位，确保整个推行步步为营。通常来说，作为推行实施进度基线，推行实施计划经变革推行管理组评审后，一般情况下不能更改。

8.4　变革项目的组织保障

　　变革不是一个部门可以单独完成的，而是需要一个统筹协同横向职能与纵向多层级的专门组织机构来保障的。众多企业实践表明，一个成功的变革需要设置专门的变革组织，以推动组织变革工作的稳步落地。

8.4.1　组织变革机构设计

变革是一项复杂的系统过程，如果企业要实施组织变革并希望把变革的目标落到实地，就需要强有力的组织保证。

在华为的财经体系变革过程中，华为在组织结构层面成立了财经变革指导委员会，以监督财经服务变革项目的推行。该指导委员会成员包括华为的核心领导层，如当时的首席法务官郭平、首席销售和服务官胡厚崑及首席财务官梁华。其中，郭平任变革指导委员会的主席。他们三个人共同决定财经服务变革项目中的重要事项，并直接向 EMT 汇报。在财经服务项目变革中，华为项目团队约有 200 人，而 IBM 顾问团队有接近 60 人。

除了财经变革指导委员会，华为在公司层面还设立了项目管理办公室，以监督财务服务变革项目中子项目的进展与推进情况。

华为在变革中会设立变革指导委员会（RSC）、变革项目管理办公室（PMO）及变革项目组三个层级的变革机构，以保障变革的顺利实施与推进。

组织变革往往涉及企业多个部门，而且涉及的面很宽，程度也很深，设立变革指导委员会对领导整个变革很重要。在华为，变革指导委员会的成员都是由来自企业各一级部门的一把手来担任。变革指导委员会主要负责变革项目中阶段性、关键性的重大决策，从战略层面上确保变革朝着正确的方向推进。

作为变革指导委员会的常设机构，变革项目管理办公室的职责为：收集变革需求，组织变革项目的立项评审；统筹不同项目组之间的资源调配，协调不同项目组之间的沟通，避免可能存在的组织冲突；推进多个变革项目，组织实施项目的考评与激励，负责变革过程中的具体事务等。变革项目管理办公室的成员都是有成功业务经验的专业人员。

变革项目组团队的成员来自公司各部门，是真正走完企业变革"最后一公里"的机构。在华为，每一个变革项目都有一个"项目赞助人"，该赞助人通常由公司副总裁或更高层级的管理者来担任。

变革项目组不仅要对项目目标的达成承担全部责任，也要对变革的业务目标承担责任，因为变革说到底是为业务服务的。同时，还要确保解决在项目进展过程中产生的风险和变化带来的问题，尽量减少变革对当前公司业务的影响。

除此之外，企业在变革中有时还会邀请外部咨询公司及其顾问团队，他们的主要职责是提供变革项目设计方案，进行变革项目相关理念、方法、流程等知识的讲解培训，指导企业形成项目推进过程的作业指导等。国内企业在开展变革时，需要结合自身实际情况及变革涉及的范围大小来成立变革的组织结构。

8.4.2　项目推行组织的设置

任何组织变革都不可能由某一个人来单独推进，因此企业需要设置一个变革项目的推行组织。那么项目推行组织的成员需要具备什么素质与能力呢？这些问题不解决，要成功穿越这个"异常艰辛的变革峡谷"，是不可想象的。华为在变革前期是以社群为主，变革后期则以推行为主，成立以业务为主的项目推行工作组，让输出的东西真正推动业务运转起来，形成闭环。华为设置项目推行组织的几个要点如下。

（1）项目推行组织不能只考虑项目组，还要将变革落地的承接部门、主管部门纳入。

（2）变革推行时，要注意人员和技能的转移及落地。

（3）对复杂的项目来说，项目推行组织包括两个层级：①总体推行管理团队。它是指在机关进行总体协调的管理团队，主要由推行经理、推行监控人员、需求收集人员、方案开发人员等构成。②推行实施团队。它是指在变革推行实施地点进行现场工作的团队，主要由推行实施经理、业务推行人员、流程 IT 人员等构成，如图 8-3 所示。

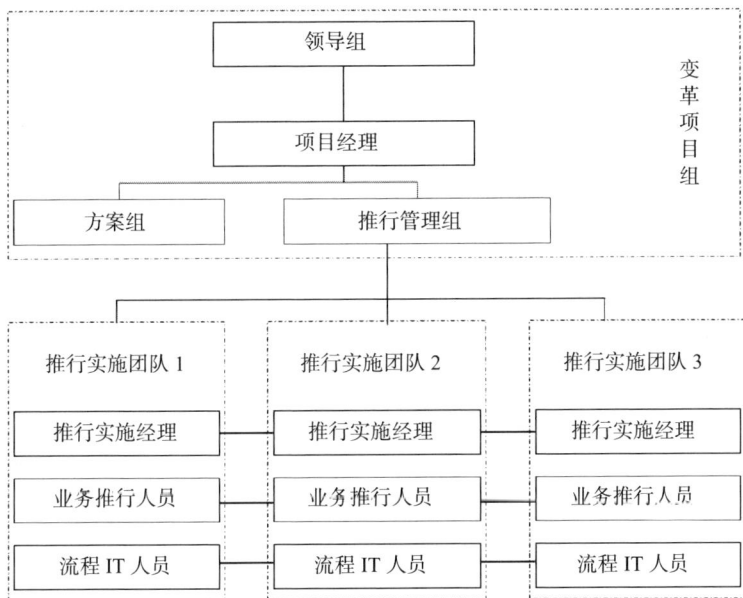

图 8-3　复杂项目推行组织的架构

　　设计复杂项目的项目推行组织时，要注意几点：一是当变革是由项目组与承接部门共同推行时，一定程度上要以承接部门为主。二是项目组和承接部门在推行角色上要一一对应，便于技能传递，同时复制出一个区域推行团队，条件成熟时可以独立承担推行任务，减轻项目组的推行压力。三是项目组还应有独立于推行团队的管理组，协调变革的推行活动。四是方案组要收集各推行实施团队反馈的优化需求并及时修改业务方案，按版本进行优化发布。方案组也由业务人员、流程人员、IT 人员共同组成。

　　（4）简单项目的推行组织比复杂项目要简洁（如图 8-4 所示）。其中，简单项目是指项目方案简单，对业务影响小，变革阻力小，容易实现。在简单项目中，通常会把项目组全转化为推行组，一般通过外围组员的形式借助承接部门的力量。

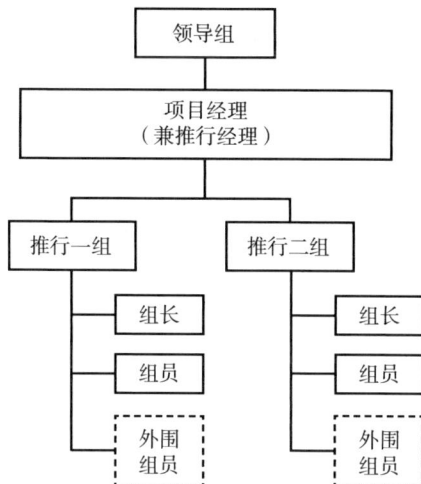

图 8-4　简单项目推行组织的架构（示例）

对于推行组织的成员，华为对他们的要求主要有：①明确定义推行人员的职责——第一是积极推行变革，并且支撑培养周边人员参与变革；第二是在推行组织离开后，要代表推行组支撑与监控相关变革点的落地。②推行人员要保证有足够的投入时间，充分参与。③推行组织的成员要充分理解变革方案及系统操作。

在华为的 IFS（集成财经服务变革）过程中，为支撑 IFS 的规模推行，华为成立了 IFS 全球推行领导组，销售服务体系总裁任组长；地区部成立了 IFS 区域推行领导组，地区部总裁任组长，是区域推行落地的第一责任人。

区域组织要提前介入 IFS 推行。各区域及代表处应按照 IFS 推行计划，提前两个月委派骨干人员参与 IFS 变革工作，以保障本区域变革的顺利推进及成果传承。

CSO（合同经理）组织要在 IFS 推行前先行建立并正常运作，这是

IFS 推行的必要支撑组织。为保障 IFS 的后续推行，销售、GTS、供应链、财经要大力投入，以培养一批懂得变革、理解业务的人员。流程与 IT 管理部的"PO（采购订单）打通"项目组与 IFS 合并推行，由 IFS 对推行结果负责，流程与 IT 管理部要保证资源的投入。

华为的组织变革能持续成功的原因之一是在变革中会成立项目推行工作组，同时明确工作组和具体业务部门、职能部门的工作职责、边界。这样一来，大家守土有责、守土担责，变革就能实现深入推进。

8.4.3　变革各阶段的宣传方案与培训

变革要成功，企业需要做好变革各阶段的宣传方案与培训。表 8-9 是华为在变革各阶段的宣传方案。对于需要进行变革的企业来说，可以借鉴表 8-10 来制定变革不同阶段的宣传方案。

表 8-9　华为变革各阶段的宣传方案

阶段	目标	宣传重点	宣传内容
推行实施准备	松土造势 营造氛围	·方案、收益介绍 ·明确职责分工	1. 推行管理组提前做好下列宣传材料，推行前发给推行实施小组： ·方案要点、基于角色的业务变化点手册 ·宣传海报 ·光碟 ·桌面卡、台历、小礼品等 ·通用的松土宣传材料 2. 推行实施组负责推行区域推行事迹及人物报道，推行管理组提供宣传平台： ·推行开工会 ·推行重大事件及优秀人物报道 ·切换及上线公告 ·经验共享 ·推行大事记 ·推行访谈
方案适配			
方案制定和实施	实况报道 鼓舞士气	·一线重大事件宣传 ·团队建设宣传	
系统验证			
业务 / 系统切换			
上线后支撑	展示收益 分享经验	一线收益、用户反馈及推行经验	

表 8-10　企业组织变革的宣传计划表

推行阶段	宣传主题	宣传对象	宣传目的	宣传内容	宣传频次	宣传平台	信息提供责任人	宣传责任人	备注

　　除了宣传工作，企业在变革过程还需要对变革推行人员进行培训。在华为，变革项目负责人在项目启动前，会协同顾问通过培训等形式，将相关理念、理论知识、方法、工具等传授给项目组成员、各业务负责人及相关人员，以确保相关人员具有推进项目所需的能力。可见，培训在变革管理中是非常重要的，正如任正非在推行 IPD 变革时要求的："要把 IPD 培训做到家喻户晓，高层领导要亲自抓推广培训。"

　　在培训前，要先识别培训对象。根据变革方案的关联性，识别各岗位需要了解和掌握的最终使用者（End user）名单以及相关需培训人员，表8-11 是华为 ISC 变革中对培训角色的识别。

表 8-11　华为的培训角色识别

流程角色	合同	PO 打通					
	合同条款	合同交接	PO 不打包	合同注册	订单验证	PO 在履行环节贯通	PO 在交付环节贯通
客户经理	○	○	×				
产品经理	○	○	×	×			
商务经理	○	○		×			

流程角色	合同	PO 打通					
	合同条款	合同交接	PO 不打包	合同注册	订单验证	PO 在履行环节贯通	PO 在交付环节贯通
合同评审组织人		○	×	×			
供应链合同管理员				×	○	○	
物流专员						○	
回款管理经理	×	×		×			

注："○"表示应会；"×"表示应知。

培训开始时，所有参加培训的人员必须签到，以便识别未参与培训的人员。培训完成后，对未参与培训的人员要进行补训，同时帮助学员回顾培训内容。1999 年 6 月，IBM 顾问对华为高层和 IPD 项目组成员做变革管理和 Design Flow 方法论的封闭式培训，培训内容主要是变革管理对于业务重整的重要性、变革管理的八个基本要素和方法。

同时，培训后要通过考试来检验推行组织成员的知识技能掌握情况。无论是工作组成员本身，还是需要参与到管理变革执行中的人员，都要参加培训和考试，如果考试没有通过，说明他们对工作要求和流程规范性没有完全掌握，这样的员工就要淘汰。表 8-12 就是华为对推行人员开展培训与考试的监控表。

表 8-12　华为培训与考试监控表

业务领域	子模块	模块责任人	培训课程	对象	课程内容	培训时长（小时）	总培训需求	已培训数量	完成率	11 月 1 日	11 月 2 日
总体	总体	×××	IFS IDS 方案介绍	代表处全体管理者、业务骨干和所有最终使用者		2	24	0	0		
OTC	PO 源	×××	合同注册业务方案	PO 专员		2	13	13	100.0%		

业务领域	子模块	模块责任人	培训课程	对象	课程内容	培训时长（小时）	总培训需求	已培训数量	完成率	11月1日	11月2日
OTC	ISC打通	×××	订单验证	CSO供应链人员		2	5	5	100.0%		
			ISC打通	CSO供应链人员		2	4	4	100.0%		
	GTS打通	×××	交付触发开票和收入	CSO/GTS PA人员		2	33	29	87.9%		
	AR管理	×××	计费解决方案整体介绍	项目财务、SSC AR人员			9	9	100.0%		
			AR管理-预测/回顾	项目财务、SSC AR人员			1	1	100.0%		
			AR管理-争议管理	项目财务、SSC AR人员		1	46	33	71.7%		

　　组织变革不仅是一个长期、逐步深入的项目，同时还是一个实践性非常强的项目，光靠几次集中培训肯定是不够的。华为还会通过公司内部的各个宣传媒体渠道（如《管理优化报》《华为人报》等）开展多种宣传和培训，大张旗鼓地告诉所有员工，变革推行势在必行。

8.5　变革项目过程管控

　　当前有不少企业在开展变革时，只是花费大量时间去制定完美的变革方案，却很少去管控变革项目的过程，从而导致变革流于形式。华为在变革推行的过程中，会从整体上协调项目推进情况，评审把控项目的进度和交付质量，及时推动解决项目推进中的问题，确保不偏离变革目标。

8.5.1　关注组织变革的失败因子

很多企业殚精竭虑地试图推行组织变革，最终却以失败告终。不成功的变革各有不同的原因，如果企业能够关注一些会导致变革失败的原因，那么就会有助于企业正确地进行变革。导致变革失败的常见原因及相应的后果如图 8-5 所示。

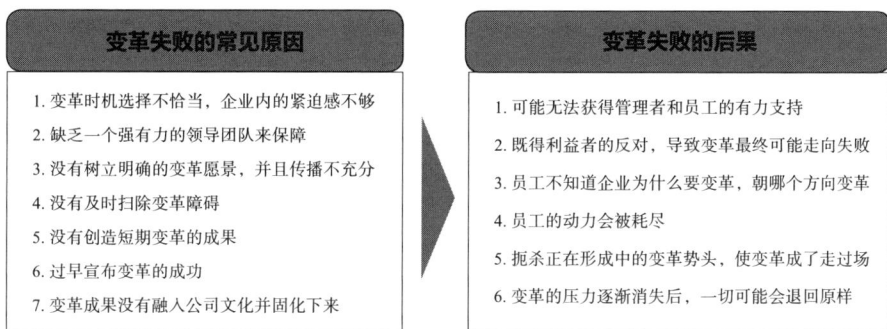

变革失败的常见原因	变革失败的后果
1. 变革时机选择不恰当，企业内的紧迫感不够 2. 缺乏一个强有力的领导团队来保障 3. 没有树立明确的变革愿景，并且传播不充分 4. 没有及时扫除变革障碍 5. 没有创造短期变革的成果 6. 过早宣布变革的成功 7. 变革成果没有融入公司文化并固化下来	1. 可能无法获得管理者和员工的有力支持 2. 既得利益者的反对，导致变革最终可能走向失败 3. 员工不知道企业为什么要变革，朝哪个方向变革 4. 员工的动力会被耗尽 5. 扼杀正在形成中的变革势头，使变革成了走过场 6. 变革的压力逐渐消失后，一切可能会退回原样

图 8-5　导致组织变革失败的常见原因以及相应的后果

这些错误并非无法避免，只要企业在变革中关注这些容易导致变革失败的原因，适当采取一些措施，至少能在一定程度上降低它们带来的后果，从而使组织变革更为顺利。

2012 年 1 月 19 日，拥有 131 年历史的传统胶片巨头柯达正式申请破产保护。这样的消息对于那些已适应数字产品、用惯数码相机但熟知传统胶片相机的人来说，还是稍微有点突然。柯达曾经是世界 500 强企业，占据了全球 2/3 的胶片市场，利润率高达 90%，是什么导致了巨头的没落呢？

自柯达成立至 20 世纪末期，柯达所在的胶片行业可以说是得到了空前发展。1999 年，柯达的民用胶片营业额达到了 74.11 亿美元，而 2000 年的营业额却比 1999 年少了 500 万美元，企业开始出现负增长。2000 年也是数码相机在主流市场开始迅速普及的关键一年，可是在这样关键的时刻，柯达没有针对市场需求的变化做出积极响应，仍是躺在利润丰厚的传统胶片市场里"睡大觉"。

柯达是缺少技术创新和变革能力吗？并不是，世界第一台数码相机是柯达公司的工程师史蒂芬森·萨松研制出来的，但是当时他们的胶卷业务实在太好，在 1999 年以前年销售额增长率达到了 14%，如果加大投入研发数码相机，那么胶片业务势必会受到影响。为了保持传统胶片市场份额和垄断地位，继续赚取丰厚的利润，柯达高层做出了搁置研究成果的决策。2000 年，柯达的利润开始出现下滑，其后下滑趋势更是不可逆转。公司高层被迫开始做出改变，转向数码产品市场，但是已经错过了最佳的战略转型期，数码市场已经被佳能、三星和索尼等公司的产品占据，传统胶片行业已经日落西山。

柯达的没落有多方面的原因，其中最主要的是企业高层已经没有了变革的意愿。华为副董事长兼轮值 CEO 郭平在 2014 年的华为质量与变革联合颁奖典礼上说道："摩托罗拉、柯达这些曾经处于巅峰的企业，因为没有跟上时代变化的步伐而衰落甚至灭亡了。面对未来，华为没有选择，必须不断适应变化的环境，顽强地生存与发展。变革需要动力，要让公司上下全体员工都认识到变革的紧迫性。"

人们往往喜欢变革，但不喜欢被变革，所以在变革前要做好准备工作，使绝大多数相关人员有发自内心的想变革的欲望，就可以极大地推动变革的进行。

8.5.2　变革项目过程监控与问题管理

为了确保变革方向不偏离目标，企业需要根据变革项目的进展情况，定期组织项目组进行阶段分析总结，以了解变革项目的推行情况，及时发现变革实施过程中的问题，进而配置项目所需的资源，协调解决对应的问题，确保项目目标的完成。

在华为，变革项目组会定期出具项目简报，内容包括项目进度、重点工作开展情况、项目开展中存在的问题及资源需求等，并交到变革项目管理办公室。变革项目管理办公室每月组织项目例会，项目负责人汇报项目进展、风险、需协调解决的问题等，共同研究风险应对及问题解决办法并推动实施。

在每月召开的 EMT 例会上，变革项目管理办公室主任、项目负责人分别汇报变革项目整体开展情况，重点说明存在的风险、问题及资源需求，并由 EMT 决策解决。

以变革推行过程的监控为例，华为会设置项目推行管理组（如图 8-6 所示），与推行实施小组通过周例会（如表 8-13 所示）和项目进展报告等措施，来对变革项目的实施情况进行监督。

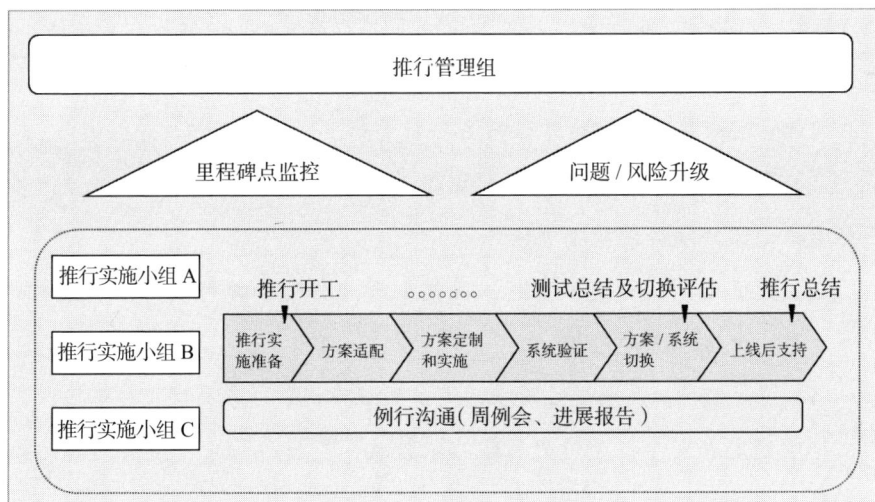

图 8-6　华为变革项目推行的过程监控（示例）

表8-13　华为变革项目推行的会议记录

会议名称	议题内容	组织者	参与者	时间频度
推行实施状态审视	·各推行实施小组汇报进展/问题/风险/需求 ·推行管理组反馈问题/风险/需求并解决问题 ·方案的最新进展	推行管理组	推行管理组、各推行实施组组长	每周一次
需求与问题进展审视	与方案/IT人员审视需求与问题的进展情况	推行管理组	推行管理组、方案组	每周一次
资源管理周例会	·推行资源分布及状态 ·推行资源培训计划及进展 ·推行资源沟通及协调	推行管理组	推行管理组、HR	每周/双周一次
推行管理组周例会	推行实施情况讨论、计划修正、内部管理杂项事务	推行管理组	推行管理组	每周一次
与重要利益干系人的会议	推行实施进展、变革收益/问题、资源求助等沟通	推行管理组	推行管理组、重要利益干系人	根据需要而定

推行管理组在变革推行过程的主要职责如下。

（1）计划管理：总体推行计划管理（制订推行计划、计划变更）；各推行实施小组详细计划的指导和评审。

（2）进度监控：关键里程碑、关键例外事件——推行实施进度监控；方案、系统大版本进度监控。

（3）质量监控：质量监控活动的关键里程碑识别；各关键里程碑输入、输出标准制定和发布；关键里程碑组织验收，交付件管理；重大问题的推动解决；客户关怀。

（4）推行资源管理：推行资源的滚动需求管理；推行资源状态管理、总体协调和安排；推行实施小组关键角色的确定及组织任命的签发。

（5）上线后支持：上线支持策略的明确，逐步向业务承接部门的转移；上线支持的相关标准制定——周期、人员安排、职责等；改进事项、关键问题、重大需求的推动落实。

在收集并归纳好变革项目中遇到的问题后，华为的推行管理组还会跟踪问题的解决进度（如表 8-14 所示），确保变革项目能如期推进。

表 8-14　每周推行管理组问题进展跟踪（示例）

序号	问题和简单描述	来源类别	来源地区	提出日期	预计解决日期	提出人	责任人	跟踪人	处理进展	状态	关闭日期	预警状态	备注
1	泰国 CSO 人力资源薄弱，短期合同经理缺失，会后机关 CSO 何金有与交付副代表再沟通一下	周例会	泰国	2010/7/19	2010/7/23	×××	×××	×××		OPEN		周例会	
2	由于推行计划的改变，对机关 CSO 合同注册的资源需求增加了，机关 CSO 目前资源不足，请确认在上线时能否保证资源到位	周例会	东南非	2010/7/19	2010/7/23	×××	×××	×××		OPEN		周例会	
3	马其顿合同是否要上 IFS 的问题，需要代表在业务上给出一个意见	周例会	保加利亚	2010/7/19	2010/7/23	×××	×××	×××	已准备好材料，周四与代表沟通	OPEN		周例会	
4	HTM（Huawei Transport Management）上线后与 iTrigger 集成问题，杜金花提供之前讨论的背景材料给赵昊水参考	周例会	意大利	2010/7/19	2010/7/23	×××	×××	×××	HTM 与 iTrigger 的材料已经发给赵昊水	OPEN		周例会	

企业要确保变革项目目标不偏离方向，应该做好变革过程的监控，以审视变革实施情况，并做好变革中的问题管理。这样，参与变革的人就能更积极地参与到变革中去。

8.5.3　建立项目组沟通机制

在变革的落地过程中可能遇到各类难点、卡点，为了能及时发现并解决这些难点、卡点，华为建立了项目组沟通机制，以开工会、例会、汇报会等形式让大家深入沟通、研讨（如表 8-15 所示）。

表 8-15　华为变革推行中的沟通机制（示例）

沟通方式	频次	沟通人群	发起人	沟通内容	输出
推行实施组内例会	·推行中高峰期每日一次 ·推行实施前末期每周一次	推行实施组成员	推行负责人	·计划执行情况 ·问题风险等	会议纪要
推行实施组汇报进展	每周一次	·推行管理组 ·机关领导组 ·利益关系人	推行负责人	·推行实施进展 ·重大问题、风险	××代表处推行实施进展周报
测试例会	系统测试期间每日一次	·参与测试的最终使用者 ·参与测试的实施人员	测试管理人员	测试进展／问题	测试进展
测试总结报告及上线准备会议	上线前一次	·推行实施组成员 ·代表处领导	推行负责人	测试情况、上线准备情况、应急计划、恢复计划、上线准备度评估	会议纪要（含上线许可结论）
推行实施总结会议	推行实施后一次	·推行实施组成员 ·代表处领导 ·推行管理组 ·重点用户	推行负责人	推行回顾、后续优化责任部门、文档转移	承接部门承诺、工作移交结论

比如说，华为组织变革的推行开工会。在开工会会前，推行项目组会明确开工会的沟通策略，如要澄清什么、争取什么等；要制定开工会材

料，包括推行范围、目标、计划及验收标准、资源投入及面临的困难等内容；还要充分识别与会对象，并做好关键利益人的会前沟通；最后是会务准备，即预先准备好宣传材料 / 手册等。

在开工会进行时，华为会要求推行项目组做好会议纪要（必要时录音），详细记录关键利益干系人的需求；强调并澄清项目范围、目标、计划及验收标准；现场争取领导对代表处资源投入的承诺；对关键利益人的变革期望，要合理承诺。

在开工会会后，推行项目要及时整理出会议纪要，调整或刷新项目计划，在代表处及机关范围进行变革推行宣传，如发送开工会快讯等。

国内企业在开展组织变革时，需要结合自身的管理现状构建项目组沟通机制，这样就能及时发现组织变革实施过程中遇到的问题，并调动一切资源解决它们，确保组织变革的顺利开展。

8.6　变革项目激励与持续改进

为更好地激发变革团队的活力，保证项目目标的达成，支撑公司的持续发展，华为会制定绩效评价办法对所有参与变革项目的人员进行考评和激励。同时，在变革项目完成后，会持续改进与优化与变革相关的工作。

8.6.1　变革效果的评估与绩效激励

组织变革的最终目标是取得良好的业务成果，那么企业在变革后需要评估变革项目的效果。判断变革有效的唯一标准是企业通过变革能否帮助一线多打粮食，如果变革不能促进一线多打粮食，对于变革的方向和目标，就要再进行审视。华为采用变革进展指标（Transformation Progress

Metrics，TPM）来衡量变革效果。在评估时，不仅要考虑变革的推行程度与效果，还要与业界标杆对比。评估后，对照 TPM 评估标准（如表 8-16 所示），就能了解公司的变革项目目前处于哪个阶段。华为每年会在评估后制定有针对性的改进计划然后进行追踪，在下一年评估时再回顾当年改进计划的实施效果，制订新一年的改进计划，形成闭环，如此循环往复，持续改进。

表 8-16　TPM 评估标准

推行程度	级别	推行效果	级别
0.1～1.0	试点级：试点运作，市场与研发存在断点	0.1～1.0	试点级：有成效，流程存在较大的缺陷
1.1～2.0	推行级：在局部、个别产品线中开始推行	1.1～2.0	推行级：关键衡量指标有部分改进，流程缺陷较小
2.1～3.0	功能级：在大部分产品线中得到应用	2.1～3.0	功能级：大部分衡量指标得到改进，实施有成效
3.1～4.0	集成级：推行完成度超过80%	3.1～4.0	集成级：大多数衡量指标有很大改进，实施非常有成效
4.1～5.0	世界级：完成推行，及时与新的 IPD 理念保持一致	4.1～5.0	世界级：实施质量不断提升，竞争力领先

以华为的 IPD 变革为例，在采用 TPM 指标来评价 IPD 变革效果时，主要从业务分层、结构化流程、基于团队的管理、产品开发、有效的衡量标准、项目管理、异步开发、共用基础模块、以用户为中心的设计九个方面来评价。

TPM 是运用开放式提问来衡量 IPD 的推行情况的，通过完成问卷得出 TPM 得分。该分数说明了公司的 IPD 处于哪个阶段。经过 20 年的努力，华为 IPD 的 TPM 得分从最初的 1.06 分提高到了 2016 年的 3.6 分，已经达到了华为当初制定的 3.5 分的目标。这表示 IPD 推行已经跳出研发内部，与周边相关流程实现了集成并有效运作，为企业实现持续性发展奠定了坚实的基础。

同时，为了激发变革项目组的活力，华为还会在变革推行中修正完善各部门的绩效考核项，优化绩效考核权重配置，向变革倾斜。对于在变革中绩效表现优秀的员工，会优先给予职级提升、加薪等机会，让更多的人愿意融入变革，在变革中做出贡献。而对于抵制、拒绝变革的人员，则采取降职、降薪乃至末位淘汰等措施。

作为评估变革项目落地的关键闭环，评价也是评估变革项目有效性的重要工具。它不仅可以有效呈现变革的效果，展现公司全体对变革项目落地执行的心声，还能通过对变革效果的衡量，帮助企业发现可能仍然存在的问题，从而为管理的持续对改进优化提供依据。

8.6.2　变革的持续推进与优化

当变革项目做完后，所在的企业有没有将变革项目融入运营呢？变革专家里克·莫瑞尔说："变革是从一个平衡被打破，然后不断地去寻找下一个平衡的过程。它是一个生生不息的过程。"华为强调，在变革项目完成，相关工作纳入正常流程管理后，各领域负责人要进行相关工作的持续推进与优化。

从 1998 年 IBM 顾问进驻华为启动 IPD 变革开始，到 2003 年 IBM 顾问完成 IPD 改革撤出企业为止，华为成功实现了 IPD 变革。

随着 IPD 流程的成功实施，华为研发在产品开发周期、产品质量、成本、响应客户需求、产品综合竞争力上都有了根本性的改善。同时，以 IPD 为代表的业务流程和管理体系先后让华为顺利通过了国际知名运营商（BT、O2、沃达丰等）的严格认证，极大促进了华为进军发达国家（地区）运营商市场的步伐，与当时的思科、爱立信、西门子、阿尔卡特、朗讯等国际一流厂家同台展开竞争。

然而，这些成绩并没有让华为停止对 IPD 的持续优化。任正非表示：

"值得庆幸的是，在 IBM 顾问的帮助下，到现在我们终于可以说 IPD、ISC 没有失败了。注意，我们为什么还不能说它们是成功了呢？因为 IPD、ISC 是否成功还要看未来数千年而不是数十年的努力和检验的结果。"

自 2011 年开始，随着华为的业务从运营商业务逐渐扩展到专业服务、消费者业务、企业业务、云业务等领域，华为每年都会讨论 IPD 该如何优化和改进。在核心思想和框架不变的前提下，华为会根据业务发展需要对角色、活动、模板、支撑流程、工具等坚持不懈地进行优化。例如，针对服务产品，华为摸索出了 IPD-S 流程，S 代表 Service。通过 IPD-S 设计的服务产品收入大约是运营商业务总收入的 1/3。

截至 2021 年，华为的 IPD 已经优化了八个版本，跟 20 年前相比，已经发生了巨大的变化。华为 IPD 流程已经成为一个能够自我优化和迭代的有生命的机制，推动着华为从偶然的成功不断走向持续的成功。

由此可见，变革项目结束并不意味着变革已经完成。企业在随后应该根据公司的发展情况和变革项目的实际运行情况，持续不断优化相关工作，以不断巩固变革的成果，助力企业实现健康且可持续的发展。

参考文献

[1] 阿什肯纳斯，尤里奇，吉克，等. 无边界组织：移动互联时代企业如何运行 [M]. 姜文波，刘丽君，康至军，译. 2 版. 北京：机械工业出版社，2020.

[2] 白睿. 改写人力资源管理：组织发展的七项全能 [M]. 北京：中国法制出版社，2019.

[3] 德鲁克. 成果管理 [M]. 朱雁斌，译. 北京：机械工业出版社，2009.

[4] 丁伟，陈海燕. 熵减：华为活力之源 [M]. 北京：中信出版社，2019.

[5] 黄志伟. 华为管理法：任正非的企业管理心得 [M]. 江苏：古吴轩出版社，2017.

[6] 黄卫伟，殷志峰，成维华，等. 价值为纲：华为公司财经管理纲要 [M]. 北京：中信出版社，2017.

[7] 黄卫伟，殷志峰，吕克，等. 以奋斗者为本：华为公司人力资源管理纲要 [M]. 北京：中信出版社，2014.

[8] 卡梅隆，奎因. 组织文化诊断与变革 [M]. 王素婷，译. 3 版. 北京：中国人民大学出版社，2020.

[9] 库泽斯，波斯纳. 领导力：如何在组织中成就卓越 [M]. 徐中，沈小滨，译. 6 版. 北京：电子工业出版社，2018.

[10] 拉姆勒，布拉奇. 流程圣经：让流程自动管理绩效 [M]. 王翔，杜颖，译. 北京：东方出版社，2014.

[11] 兰涛. 华为智慧：转型与关键时刻的战略抉择 [M]. 北京：人民邮电出版社，2020.

[12] 李文波. 敏捷转型：智能商业时代的组织变革 [M]. 北京：电子工业出版社，2019.

[13] 彭剑锋，蔡青. IBM 变革之舞 [M]. 北京：机械工业出版社，2013.

[14] 施炜. 管理架构师：如何构建企业管理体系 [M]. 北京：中国人民大学出版社，2019.

[15] 田涛，殷志峰. 厚积薄发 [M]. 上海：上海三联书店，2017.

[16] 田涛. 理念·制度·人：华为组织与文化的底层逻辑 [M]. 北京：中信出版社，2020.

[17] 田涛，吴春波. 下一个倒下的会不会是华为：故事、哲学与华为的兴衰逻辑 [M]. 终极版. 北京：中信出版社，2017.

[18] 韦斯伯德. 组织诊断：六个盒子的理论与实践 [M]. 胡智丰，张小雨，译. 北京：电子工业出版社，2020.

[19] 吴春波. 华为没有秘密：华为如何敬畏和坚守常识 [M]. 珍藏版. 北京：中信出版社，2016.

[20] 吴晓波，穆尔曼，黄灿，等. 华为管理变革 [M]. 北京：中信出版社，2017.

[21] 杨爱国. 华为奋斗密码 [M]. 北京：机械工业出版社，2019.

[22] 杨国安. 组织能力的杨三角：企业持续成功的秘诀 [M]. 2 版. 北京：机械工业出版社，2017.

[23] 杨国安，李波，芮益芳. 变革的基因——如何创新战略、搭建团队、提升战斗力：实践篇 [M]. 北京：中信出版社，2017.

[24] 杨国安，李晓红. 变革的基因：移动互联时代的组织能力创新 [M]. 北京：中信出版社，2016.

[25] 尤里奇. 人力资源转型：为组织创造价值和达成成果 [M]. 李祖滨，孙晓平，译. 钻石版. 北京：电子工业出版社，2019.